यशपाल

बरेली केन्द्रीय जेल

४ सितम्बर १९३५

मेरी जेल डायरी

मेरी जेल डायरी

यशपाल

सम्पादन एवं समन्वय

आनन्द

विप्लव कार्यालय, लखनऊ
की ओर से

लोकभारती प्रकाशन

पहली मंजिल, दरबारी बिल्डिंग, महात्मा गाँधी मार्ग, इलाहाबाद-1

विप्लव कार्यालय, लखनऊ
की ओर से

वेबसाइट : www.viplava.com

लोकभारती प्रकाशन
पहली मंज़िल, दरबारी बिल्डिंग, महात्मा गाँधी मार्ग
इलाहाबाद-211 001

वेबसाइट : www.lokbhartiprakashan.com
ईमेल : info@lokbhartiprakashan.com

शाखाएँ : 1-बी, नेताजी सुभाष मार्ग, दरियागंज
नई दिल्ली-110 002

अशोक राजपथ, साइंस कॉलेज के सामने
पटना-800 006 (बिहार)

36-ए, शेक्सपियर सरणी
कोलकाता-700 017

प्रथम संस्करण : 2014

इण्डियन प्रेस प्राइवेट लिमिटेड
इलाहाबाद-211002 द्वारा मुद्रित

MERI JAIL DIARY
by Yashpal

ISBN : 978-81-8031-845-0

मूल्य : ₹ 400

प्राक्कथन

यशपाल जी की 'जेल डायरी' मुख्यतः उनके १९३५ में बरेली केन्द्रीय जेल तथा १९३६ में नैनी केन्द्रीय जेल में आजीवान कारावास की सज़ा भुगतते समय लिखी गयी थी। इस बीच ७ अगस्त, सन् १९३६ को उनका विवाह बरेली जेल में ही अपने क्रान्तिकारी दल की साथी प्रकाशवती जी से हुआ था।

डायरी में उनकी अनेक रचनाएँ अपने प्रारम्भिक या ड्राफ्ट रूप में हैं। इसमें उनके निजी अनुभव, प्रकाशवती जी के घर छोड़कर क्रान्तिकारी दल में सम्मिलित होने की घटना पर आधारित एक कहानी के अंश भी हैं जो परिवर्तित रूप में कभी नहीं लिखी गयी। जेल से छूटने के बाद की 'पहिली झाँकी' की सामग्री का समावेश उन्होंने अपने संस्मरणों 'सिंहावलोकन' के चौथे भाग (अपूर्ण) में किया था।

उनके द्वारा कारावास के दौर में बनाये कुछ चित्रों में से चार इस पुस्तक में प्रकाशित किये जा रहे हैं।

आशा है पाठक इस बात का ध्यान रखेंगे कि डायरी यथासम्भव बिना किसी सम्पादन या अधिकांश में वाक्य-विन्यास/पंचुएशन संशोधन के अपने मूल रूप में प्रकाशित की जा रही है।

आनन्द

भूमिका

अपनी क्रान्तिकारी एवं साम्राज्य विरोधी गतिविधियों के लिए, पुलिस-मुठभेड़ के बाद यशपाल २३ जनवरी, १९३२ को इलाहाबाद में गिरफ़्तार हुए। इसके लिए उन्हें आजीवन कारावास की सज़ा हुई जो रात-दिन मिलाकर चौदह साल होती थी। बाद के राजनीतिक घटनाक्रम में विभिन्न प्रान्तों में कांग्रेस मन्त्रिमण्डलों की स्थापना के बाद अपेक्षाकृत बहुत विलम्ब से उनकी रिहाई २ मार्च १९३८ को हुई। अपने कारावास के दौर में वे नैनी, सुलतानपुर, बरेली, फतेहपुर आदि विभिन्न जेलों में रहे। राजनीतिक बन्दी होने से बी क्लास की सुविधाओं के कारण, जीवन की कोई विशेष आशा न होने पर भी उन्होंने अपने इस समय को पढ़ने-लिखने और विभिन्न भाषाएँ सीखने में लगाया। उन्होंने कहानियाँ लिखीं और पढ़ी गयी सामग्री के विस्तृत नोट्स लिये। दोस्तोव्स्की, जूलियस फ्यूचिक, ग्राम्शी और भगतसिंह आदि की तरह जेल जीवन में एक तरह से उनका अधिकतर समय इस रचनात्मक उद्यम में ही बीता। पर्याप्त विलम्ब से ही सही, यशपाल की जेल डायरी अब प्रकाशित हो रही है।

किसी भी राजनीतिक बन्दी के लिए जेल का एकान्त एक तरह से उसके चिन्तन एवं आत्मनिरीक्षण का काल होता है। सब ओर से कटकर वह अपने को सहजने-सँवारने की कोशिश करते हुए अपने भविष्य की कल्पना करता है। बाहर की दुनिया से उसका सम्पर्क कभी-कभार आये चन्द मुलाकातियों के अतिरिक्त जेल के कर्मचारियों, प्रकृति और जेल के अहाते में ही आनेवाले पशु-पक्षियों के माध्यम से सम्भव होता है। ये ही कदाचित् उसके जिन्दा रहने और होने का अहसास बनाये रखते हैं। दोस्तोव्स्की ने अपने 'नोट्स फ्राम द डेड हाउस' अपने असह्य एवं भयावह एकान्त में जेल परिसर में एक बकरी के बच्चे के आ जाने का ज़िक्र गहरी मानवीय संवेदना के साथ किया है। वह बच्चा अपने किसी आत्मीय की तरह उनके मन में गहरी मोह-माया ही नहीं जगाता, बाहर की जीवित दुनिया के बीच होने की अनुभूति भी पैदा करता है। फिर अचानक उसका आना बन्द हो जाने से वे अपने ऊपर छायी गहरी उदासी का ज़िक्र करते हैं। बाद में किसी तरह जेल कर्मचारियों द्वारा उसे मारकर खा जाने की सूचना उन्हें मिलती है। यह सूचना उनके लिए एक गहरा सदमा थी। प्रकाशवती जी को जेल से लिखे अपने पत्रों में, एक पत्र की याद मुझे आज भी है। गहरी पीड़ा के साथ उन्होंने इस बात का उल्लेख किया था कि कई दिन से उन्होंने किसी स्त्री का चेहरा नहीं देखा है। कमोड साफ करने जो मेहतरानी आती थी, उसके बदले भी कई दिन से कोई आदमी आ रहा है। ये छोटी-छोटी चीज़ें जैसे जेल जीवन के एकान्त भर और तोड़कर जैसे आदमी को ज़िन्दा रहने का हौसला देती हैं।

जेल-प्रवास का दौर यशपाल के लिए वस्तुत: ढेर सारे फ़ैसलों का दौर भी था। जीवित बाहर निकलने के बाद भविष्य की चिन्ता तो थी ही यह भी तय करना था कि अब करना

क्या है। उनके पास जो विकल्प थे, उनमें से उन्हें चुनाव करता था। चित्रकला और लेखन के बीच चुनाव भाषा के स्तर पर चुनाव कि लिखना पंजाबी में है, अंग्रेजी या हिन्दी में? अपने नाम को लेकर भी उन्हें चुनाव करना था। इसी डायरी में अनेक टीपों के साथ उनके पूरे नाम यशपाल बांटरा/बांत्रा—Yashpal Bantra—का उल्लेख है। 'बांटरा' उनका कुल नाम था। उनके अपने बच्चे तो नहीं, लेकिन उनके छोटे भाई धर्मपाल के परिवार के लोग बाक़ायदा इस नाम का उपयोग करते थे।

यशपाल की यह डायरी उनकी रचनात्मक तैयारी का साक्ष्य है। इसमें उन अनेक कहानियों का पहला ड्राफ्ट मिलता है, जो बाद में 'पिंजरे की उड़ान' और 'वो दुनिया' में संकलित की गयीं। 'नीरस रसिक', 'दूसरी नाक', 'परसराम' आदि कुछ ऐसी ही कहानियाँ हैं। अपनी इन रचनाओं में यशपाल अविभाजित पंजाब और हिमाचल के धर्मशाला-मण्डी आदि स्थानों का ज़िक्र गहरी ललक के साथ करते हैं। अनेक टीपों के नीचे मौसम और उनकी मनोदशा का संकेत उल्लिखित है—a very rainy day या a breezy night आदि। इस डायरी से यह भी स्पष्ट होता है कि आर्य समाज वाली अपनी सघन पृष्ठभूमि से कैसे वे आर्य समाज के वैदिक विचार दर्शन और कर्मकाण्ड के विरोध में एक वैज्ञानिक एवं तार्किक जीवन की ओर बढ़ते हैं। Confession एक आर्य समाजी युवती के इसी रूपान्तरण की कहानी है जिसकी परिणति कालान्तर में 'धर्मरक्षा' जैसी कहानियों में होती है। यशपाल की माँ अन्त तक आर्यसमाजी बनी रहीं। मैंने उनके जीवन के अन्तिम काल में भी इसी रूप में देखा था। परिहास में जब-तब यशपाल उन्हें स्वामी दयानन्द का नाम लेकर चिढ़ाते थे।

इस सामग्री में महात्मा गाँधी की अहिंसा और सत्याग्रह, लेनिन की राजनीतिक पद्धति और फ्रॉयड के मनोविश्लेषण-जैसे परस्पर विरोधी विचार सरणियों तक पहुँचने और चीज़ों को देखने-समझने की यशपाल की चिन्ता को देखा जा सकता है। कुल मिलाकर यह सारी सामग्री उनकी उस रचनात्मक बेचैनी का साक्ष्य है जिससे उबरकर ही वे एक पत्रकार और लेखक के रूप में अपना रूपान्तरण करते हैं। इन टीपों में, जो अधिकतर कच्चे माल की तरह हैं, उनकी कुछ अप्रकाशित और असंकलित कहानियाँ मौजूद हैं। उन्हें उनके जीवन के समानान्तर रखकर पढ़ा जा सकता है। अपनी पुस्तक 'क्रान्तिकारी यशपाल' के लिए जब मैंने प्रकाशवती जो को एक संस्मरण लिखने को कहा तो मेरा अनुरोध था कि वे यशपाल के प्रसंग में एक क्रान्तिकारी के निर्माण और गठन की प्रक्रिया पर अपने को केन्द्रित करें। यशपाल की यह जेल-डायरी उनके लेखक के निर्माण और गठन को समझने की सुविधा हमें देती है। इसमें कुछ सामग्री उनके जेल से बाहर आने के तत्काल बाद की भी है। उसी जेल-डायरी पर लिखने होने से वह भी जेल-डायरी का हिस्सा है। 'The non-violence—Duality of non-violence' शीर्षक टीप के नीचे 'चन्द्रभवन' के साथ तिथि १२.४.'३८ अंकित है। यह वस्तुत: रिहाई के बाद चिकित्सा के लिए उनके भवाली-प्रवास में लिखित सामग्री है। यह एक तरह से 'गाँधीवाद की शव-परीक्षा', 'रामराज्य की कथा' की भूमिका है जिसका ही एक रूप 'सेवाग्राम में दर्शन' में उनके गाँधी-सम्बन्धी संस्मरण में मिलता है। ये सिर्फ़ कुछ उदाहरण हैं कि यशपाल की यह जेल-डायरी उन्हें कैसे एक बेहतर रूप में समझने का अवसर देती है।

मधुरेश

यशपाल : 1929
लार्ड इरविन की गाड़ी के नीचे बम विस्फोट के समय

चढ़ी हुई, बाइसिकलों में भी और उनके दाम घटते हैं। बाइसिकलों में [illegible] 26
तो ज़िंदगी की तेज़ी आ जाती है। जब्बार ने घुमा, और आइ को (सीने में) दबा कर [illegible]
बदल लिया।

[illegible] बेटे का [illegible] बिस्तर ना पा [illegible] ने देखा
गया। ~~[illegible]~~ ~~शहर का हाल जो कुछ~~ शहर का हाल मेरा क्या है, मगर [illegible]
है, [illegible] यहाँ जो कुछ है रातों के लिये है। रोज़ी का सहारा यह दोस्त है।
यह भी जानते [illegible] ~~[illegible]~~ ज़िंदगियों की लड़ाई पर रोटी कूटने की मज़दूरी
करेगा। लोग यही कहेंगे, किंतु बाज़ार का बेरा मज़दूरी करने लगा। [illegible]
इसकी कि लगन थी में बना [illegible] रहूँगा। [illegible] दोनों उसकी वजह से
बाज़ार में बने [illegible] और शब्बू [illegible] बहुत बनकर आया है। N.P. शब्बू को
इस बात का अनुमान नहीं था कि उसकी [illegible] लोगों [illegible]
जुटाई गई है। पानी भरने जाती आधा ही घड़ा लेकर लौटती, बहुत
[illegible] ~~[illegible]~~ [illegible], [illegible]
नहीं। [illegible] होता है कि [illegible] रोज़ [illegible] पड़ेगी कि [illegible]
[illegible] N.P. शब्बू ने अपनी [illegible] ~~[illegible]~~
[illegible] और [illegible] कहाँ और [illegible]। मेरे [illegible]
[illegible] कर मुझे [illegible] तो यहाँ [illegible]
मुझे [illegible]? तेरा क्या है? तेरे [illegible] में तू [illegible]
[illegible] हो जायगी तो एक और [illegible]। N.P. [illegible] और
[illegible], जिसमें [illegible], [illegible]
पानी लेने जाती। ~~[illegible]~~ [illegible] की [illegible]
[illegible], और बाहिर जाती, उस पर पानी का [illegible]
उठे [illegible]। [illegible] अपने [illegible] और [illegible]
[illegible] की [illegible] और ~~[illegible]~~ [illegible]
[illegible], देखो तो [illegible] कर [illegible]
पर मुझे [illegible] अपने [illegible] ही [illegible]

यशपाल : 1938
जेल से, लम्बी बीमारी की अवस्था में,
मुक्ति के पश्चात भुवाली पहाड़ पर

यशपाल : 1939

"An out line of Modern Knowledge

Publishers Victor Golancz London

Price 5$.

Riddle of the Universe to day"

by Joseph McCabe published by Watson & Co

London

Rs 3/

For Cataract (Incipient)

By daily instillation of

Succus Cineraria Maritima

From Walker Pharmacal Co

St. Louis, Mo, U.S.A.

मेरी जेल डायरी

पैसा अपना ?

रघुवर दयाल ने जिस अधीनता से सिर नीचा कर स्कूल के दिन बिताये थे उसे वह शायद अपनी समृद्धि के दिनों में भी भूल नहीं गये थे। परिश्रमी थे प्रायः जमायत में पहले या दूसरे नम्बर पर पास होते थे लायक़ कहलाते थे लेकिन आँख ऊँची नहीं कर सकते थे। जो मुफ़्त फीस दिये बिना स्कूल में पढ़ेगा उसे अभिमान करना सोह नहीं सकता। हेडमास्टर की सहानुभूतिपूर्ण दृष्टि में भी एक 'डाँट' छिपी रहती थी। जो नालायक़ हैं प्रायः ग़ैरहाजिर रहते हैं बदचलन हैं उनके लिए फटकार में भी आदर का एक पुट मिला रहता है आख़िर तो डबल फीस देते हैं। पैसा ख़राब करते हैं वक़्त बिगाड़ते हैं तो अपना स्कूल के बाप का तो कुछ लेते नहीं—किसी के घर माँगने नहीं जाते तो फिर दूसरों को सिर दर्द क्यों हो? तबीयत में ज़रा शोख़ी है—नयी जवानी में हुआ ही करती है।

रघुवर दयाल के लिए कॉलेज में पढ़ने का सवाल उठ ही नहीं सकता था। एक ठेकेदार के यहाँ सिफ़ारिश से उसे अट्ठारह रुपये की नौकरी मिल गयी। ढाई बरस के बाद ही रघुवर दयाल ने युक्त प्रान्त की राह ली। वहाँ शारदा नहर में कच्चे काम की ठेकेदारी वह स्वयं करने लगा। अट्ठारह-अट्ठारह के दो-तीन नौकर स्वयं उसके हो गये। क़द्रदान लोग तारीफ़ करने लगे लेकिन वह किसी की निन्दा-स्तुति की परवाह किये बिना दाँत पीसकर पैसा कमाने लगा था। शारदा के बाद उसने सिन्ध की राह ली वहाँ तीन बरस काटकर वह लौटा इसके बाद पाँच बरस वह आसाम की तरफ़ रहा, उसकी गली-मुहल्ले के लोग उसे शायद भूल चुके थे एक दिन सुन पड़ा कि शहर के नये टाउन-हॉल का

ठेका जिस रघुवर लिमिटेड ने लिया है वह वही मुन्शी देवी दयाल का लड़का रघुवर दयाल है। सब लोग हैरान थे डेढ़ लाख की इमारत का ठेका!

कुछ बिरादरी का हित चाहनेवाले मि. रघुवर दयाल के विवाह की बातचीत चलाना चाहते थे परन्तु कहाँ फ़ुर्सत! मि. दयाल मशग़ूल थे सतलज ब्रिज का ठेका लेने में। जब दूसरी दफ़े बात उठी उस समय नयी दिल्ली में अजायबघर के टेण्डरों का झगड़ा आ खड़ा हुआ। मि. दयाल का पालन-पोषण किराये की एक कोठरी में हुआ था परन्तु इस समय उनके निज के मकान थे बँगले थे उमर चालीस के आस-पास परन्तु चेहरे-मोहरे पर थकावट और चिन्ता के चिह्न पर्याप्त मात्रा में मौजूद थे। देखने से पचास के नीचे ही जान पड़ता था। विवाह योग्य कन्याओं के पिता उन्हें देखते थे परन्तु किसी के सम्मुख चर्चा करते उन्हें संकोच होता था। मि. दयाल संसार में अकेले हैं इस ओर स्वयं उनकी दृष्टि कभी नहीं गयी। होश सँभालने के दिन से उन्होंने केवल एक चीज़ को चाहा था एक ही चीज़ की चिन्ता की थी, अनन्य भाव से जोखिम झेलकर सेहत को दाँव पर लगाकर उन्होंने रुपये की आराधना की थी सो इस समय रुपया उनके आगे-पीछे ऊपर-नीचे था। एक तरह से रुपया ही उनका जगत था। उसी में वह रहते थे उसी को वह पैदा करते थे। ज़रूरत न होने पर भी जीवन का धर्म समझकर वह उसे पैदा किये जा रहे थे। किस लिए? वह किसी काम आयेगा? यह सोच कभी उन्हें नहीं हुआ था।

रतन एण्ड कम्पनी ने मण्डी के आगे पहाड़ों में गिरजाकुण्ड रोड का ठेका लिया था। काम मामूली नहीं था दो बड़े पुल कम-से-कम दो-दो लाख की लागत के और छोटे-छोटे अनेकों। एक तो काम मुश्किल उसपे अकाल वर्षा ने बना-बनाया चौपट कर दिया। ऐसी विपदा में मि. दयाल के सिवा कौन सहायक हो सकता था। आठ आने की पत्ती पर मि. दयाल ने सहयोग दिया। एक आँख में वे भाँप गये इंजीनियरों ने कहाँ भूलें की थीं। मि. दयाल ने गिरजाकुण्ड के उष्ण स्रोतों को देखकर कहा, क्या मूर्ख देश है। इन चश्मों में से जल नहीं रुपया बह रहा है। उस रुपये को बटोरने का उन्होंने निश्चय भी कर लिया। परन्तु आस-पास की ज़मीन जिन पण्डों की थी वे मानें तब तो।

गिरजाकुण्ड की सड़क बनकर अभी पूरी नहीं हो पायी थी कि गिरजाकुण्ड के आस-पास अफ़वाह फैल गयी कि गिरजाकुण्ड उजाड़कर सरकारी छावनी पड़ेगी। घबराकर लोग अपनी-अपनी जगह बेचने के उतावले हो बैठे। कोई आधे दाम को भी जगह को नहीं पूछता था। आख़िर मि. दयाल ने गिरजाकुण्ड के तप्त स्रोतों के आस-पास की मनोरम घाटी का पाँच एकड़ का टुकड़ा मिट्टी

के भाव ख़रीद लिया। छह मास नहीं बीतने पाये थे कि जगह-जगह ज़मीन पर नक़्शे-से बन गये और नींवें खुदने लगीं। भारत के प्रमुख पत्रों में बड़े-बड़े विज्ञापन अभी से छप रहे थे। 'गिरजाकुण्ड'

आगामी ग्रीष्म में गिरजाकुण्ड एक हाथ अद्भुत स्वास्थ्य दूसरे हाथ अदृश्य पूर्व प्रकृति सौन्दर्य। सूर्योदय और सूर्यास्त की शोभा हिममण्डित शिखरों पर निहारिये और जहाँ तक दृष्टि दौड़ाइये पुष्पित हरी मखमल के कालीनों के फ़र्श। आधुनिकतम आवश्यकताओं की पूर्ति के अनुकूल होटल और बँगले। परामर्श के लिए योग्य डॉक्टर और स्वास्थ्यवर्द्धक रोगनिवारक ओषधि का समुचित प्रबन्ध। गरम जल के कुण्डों में स्नान कीजिये। उनका जल पीजिये। मण्डी पहाड़ी रेल स्टेशन से केवल पच्चीस मील दूर। मोटरों का प्रबन्ध। इसके साथ ही इंग्लैण्ड, फ्रांस और जर्मनी के प्रसिद्ध रसायनशालाओं के प्रमाण-पत्रों की नक़लें थीं जिनसे प्रमाणित था कि गिरजाकुण्ड के उष्ण जल में वह खनिज ओषधियाँ सम्मिलित हैं जो हृदय रोग, उदर रोग, फेफड़े के रोगों तथा चर्म रोगों की अचूक ओषधियाँ हैं। ऐसा जान पड़ता था यात्री अब कार्ल्स बाद और जापान के तप्त कुण्डों को भूलकर गिरजाकुण्ड ही आ पहुँचेंगे।

पचास छोटे-छोटे बँगलों, दो होटलों, कुण्ड के समीप एक क्लब इतनी इमारतों का काम बड़े ज़ोर-शोर से चल रहा था। जाड़ों में बरफ़ के बावजूद भी काम जारी रखकर मार्च से पहले इस स्थान को बसने योग्य बना देने का मि. दयाल ने निश्चय कर लिया था। कुण्ड के समीप दुमंज़िला छोटा-सा बँगला प्राय: बन चुका था। इसी में मि. दयाल और उनका दफ़्तर चलता था। शेष सब अभी आधा ही बना था। मण्डी से बिजली लाकर रात को भी काम शुरू था। वे पहाड़ी घाटी को देख रहे थे और कैश-बुक देखकर यह भी सोच रहे थे कि पंचनद बैंक पर नया चेक जारी करें या केन्द्रीय बैंक पर। नवम्बर जा रहा था। आकाश बादलों से घिरा था। कभी-कभी फुहार-सी पड़ने लगती थी लेकिन उससे काम में कुछ हरज नहीं था। काम चल रहा था। मि. दयाल सर्दी खा गये थे। कई दफ़े मन हुआ कि नीचे जा लाहौर या दिल्ली में आराम करें परन्तु काम का फ़िक्र था। वे खिड़की से बाहर देख रहे थे। बाहर एक छोटे-से दियार के पेड़ के नीचे एक मज़दूर दो-तीन दिन से पत्थर तोड़ने का ठिया बनाकर बैठा था। दोपहर को उसकी घरवाली उसके लिए रोटी लेकर आती थी। पिछले तीन दिन से जब वह अपने आदमी को रोटी खिला रही थी तब सब काम छोड़ मि. दयाल उसे देखते रहे थे। एक काँसे या पीतल के कटोरे में दूध या मठे में उसकी घरवाली अपने हाथ से रोटी चूरती जाती थी और वह

मुँह भर-भर ग्रास खा रहा था और घरवाली से बात भी करता जाता था। उनका बच्चा जो माँ की गोद चढ़कर आया था कपड़े को जिस पर बैठा था खींच-खींचकर किलक रहा था। मि. दयाल न साहित्यिक थे न कवि न चित्रकार परन्तु यह दृश्य उन्हें भी बहुत अच्छा लगा।

आज वह मज़दूर अपने ठिये पर नहीं था। उसकी टाँकी की टक-टक सुनने में मि. दयाल दो ही दिन में अभ्यस्त हो गये थे। आज उसके अभाव में उनका ध्यान ठीक काम में नहीं लग रहा था मानो जैसे बिना साज़ के संगीत भटक-सा जाता है।

काम अधिक था और मज़दूर कम। एक तो जगह पहाड़ी बस्ती कम तिस पर जाड़ा। डेवढ़ी-दुगनी मज़दूरी देकर काम कराया जा रहा था। कमरे का दरवाज़ा खुला एक मुन्शी ने झुककर कहा हजूर एक मज़दूर और जा रहा है। किसी तरह नहीं मानता। मि. दयाल ने रूमाल से नाक दबाते हुए कहा क्या? मुन्शी ने बात को दोहराकर कहा, साहब उसकी औरत उसको बहकाकर ले जाती है। मि. दयाल ने अपनी आदत के विरुद्ध कहा, "अच्छा उसे इधर बुलाओ।"

उस मज़दूर के साथ ही उसकी औरत भी बच्चे को गोद में लिये भीतर घुस आयी। मि. दयाल उसे देखते ही पहचान गये। यह वही उनके समीप टक-टक पत्थर काटनेवाला मज़दूर था जिसके पारिवारिक दृश्य को वे तीन-चार रोज़ से टकटकी लगाये देखा करते थे। मि. दयाल ने पूछा, "काम क्यों छोड़ते हो?" मज़दूर के कुछ बोलने से पहले ही बच्चे को गोद में झुलाते हुए कहा, "हमें नहीं यहाँ काम करना। हमारा आदमी जाड़ा खाकर बीमार हो गया है दिन भर यहाँ ठण्डी हवा में न आग है और न कोई हवा की रोक। मि. दयाल को काम की बहुत फ़िक्र थी परन्तु उतनी ही चाह उन्हें उस पारिवारिक दृश्य को देखते रहने की थी। उन्होंने मज़दूर की तरफ़ देखकर कहा, "थोड़ा तकलीफ़ है तो दूर हो जायगा काम करो!" मज़दूर ने दबी ज़बान में कहा—"साहिब हम जायगा।" लेकिन उसकी घरवाली ने तेज़ स्वर में कहा, "नहीं हमें काम नहीं करना है जान पहिले है या काम?" मि. दयाल ने कहा, "मज़दूरी और ज़्यादा देगा।" और मज़दूर की ओर देखा परन्तु उत्तर दिया औरत ने। उसने कहा, "हमें नहीं चाहिए तुम्हारी मज़दूरी, हमारा आदमी जाड़े में बीमार कर दिया।" मि. दयाल ने उसे शान्त करने के लिए कहा, "अरे बीमार तो हम भी हैं।" औरत ने तड़ाक से जवाब दिया, "तुम्हारा फ़िकर तुम्हारे अपने करेंगे, हमें अपने का फ़िकर है।"

मि. दयाल की मुस्कराहट काफ़ूर हो गयी। वे धक से रह गये। मुन्शी को हाथ के इशारे से हिसाब कर देने के लिए कह दिया और उठकर पलँग पर जा लेटे। आँखें कुछ भीग-सी आयीं तो शाल ओढ़ लिया। अगले सुबह उठकर उन्होंने निश्चय किया कि अपनी सब पूँजी बैंकों से निकालकर आस-पास बहुत-सी जगह लेकर इस जगह का नाम रख देंगे 'रघुवर नगर' और यहीं उनका 'अपना' घर होगा।

घर उनका अपना होगा लेकिन उन्हें कौन अपना कहेगा? यदि कोई इसी युवती की तरह उन्हें अपना समझकर दावा करनेवाला होता।

यशपाल बांत्रा

५/१२/३५

एक प्याला या शकुन

माघ का अन्त था। जाड़ा बुढ़ा के अलविदा लेना चाहता था। फागुन की हवाएँ शरीर में फुरफुरी लाने लगी थीं कि अन्तिम दिन पूर्णिमा के रोज़ उमड़-उमड़ काले बादलों ने आकाश घेर लिया। जल भरी पुरवाई इस ज़ोर से चल रही थी कि मोटे-मोटे गरम कपड़ों को छेदकर शरीर के रोंगटे खड़े किये देती थी। हम लोग अँगीठी रखे बैठे खिड़की में से वर्षा और तेज़ हवा से अपने हाते में फूलों का नाश देख मन मसोस-मसोस रह जाते थे। साढ़े पाँच बजने को थे। अभी तक हम लोगों ने चाय नहीं पी थी। 'कौल' की प्रतीक्षा थी। पाँच की गाड़ी से उसके आने की बात थी पर निश्चित तौर पर नहीं। स्टेशन दूर नहीं था पर अब तक वह आया नहीं था। जीजी ने कहा, "आज अब वह न आवेंगे।"

बाहर बरामदे में किसी के भीगे जूतों की आहट सुनायी दी। कौल तो इस वर्षा में ताँगे पर ही आता लेकिन मैंने झाँककर देखा तो कौल ही थे। पूछा, हैं, स्टेशन पर कोई टाँगा-वाँगा नहीं मिला। कौल ने विद्रूप से मुस्कराकर कहा, मिला था पर स्टेशन से फर्लांग भर पर ही घोड़ा फिसल पड़ा। वह बरसाती कोट तक नहीं पहने था। जाड़े के मारे उसकी नाक और ओठ नीले पड़ रहे थे। तुरन्त उसके कपड़े बदलवा दिये। अँगीठी के पास उसके आकर बैठने से पहले चाय आ गयी थी। एक प्याले में चाय भर जीजी ने कौल के सम्मुख रखकर कहा, "झटपट एक प्याला चाय पी लीजिये।" कौल ने चौंककर जीजी की ओर ऐसे देखा कि उनके चेहरे पर लाली दौड़ गयी। कौल ने तुरन्त उधर से नज़र हटा ली और गम्भीर भाव से चाय के घूँट भरने लगा।

जीजी की झेंप मिटाने के लिए मैंने कौल की ओर देख मुस्कराकर कहा, "क्यों, एक प्याला पी लेने की बात से झेंप क्यों गये?" गहरे विचार में डूबे

हुए की भाँति कौल ने स्थिर दृष्टि से मेरी ओर देखकर उत्तर दिया, ''नहीं झेंप नहीं गया। पिछली घटना याद हो आयी—बात यह है कि चाय की प्याली का शगुन ठीक नहीं है।'' और वह फिर चुपचाप खिड़की से बाहर देखने लगा। कुछ न समझ मैंने पूछा, ''क्यों उसमें सगुन की क्या बात है?'' कौल ने मानो केवल मुझे ही लक्ष्य कर कहा, ''है कुछ।'' मैंने पूछा, ''क्या?'' आँखें झुकाकर कौल ने कहा, ''फिर किसी वक़्त कहूँगा।'' जीजी के मुख पर कौतूहल का भाव देखकर मैंने कहा, ''नहीं अभी कहो।'' कुछ देर कौल चुप रहा लेकिन मेरे अनुरोध करने पर उसने कहा—''पाँच बरस पहले यानी सन् तीस में जब मैं पहले-पहल सर्विस में आया था तो मुझे काँगड़ा घाटी के पुलों का जो रतांग तक चले गये हैं बरसात में निरीक्षण करने की ड्यूटी मिली थी। मैं उस ओर से बिलकुल परिचित नहीं था। पिता जी के एक परिचित वकील भागसू में थे उन्हीं के यहाँ जाकर ठहरना निश्चय किया था। जिस समय मैं भागसू पहुँचा ख़ूब पानी पड़ रहा था ठीक इसी तरह। जिस समय मैं पहुँचा वे लोग साँझ को चाय पीने के लिए बैठे थे। मुझे सर्दी से ठिठुरते देख वकील साहब की लड़की ने कहा, ''झटपट एक प्याला चाय पी लीजिये।'' उसकी इस सरलता से मैं कुछ संकुचित-सा हो गया। चुपचाप चाय पीने लगा परन्तु संकोच को छिपाने के लिए मेज़पोश की सोजनकारी को बहुत ध्यान से देख रहा था। मेरी दायीं ओर कुर्सी पर सरला बैठी थी। चाय परसने में उनके हाथ की सोने की दो चूड़ियाँ कभी खनक जाने से जो अस्पष्ट-से शब्द होते थे वह तक मेरे कान सुन रहे थे। उसकी साड़ी से जो एक बेमालूम-सी कस्तूरी की गन्ध आकर मेरे मस्तिष्क में छा गयी। मुझे यह मालूम न हुआ कि मेरे प्याले में चाय ख़तम हो गयी है। उसके खाली हो जाने पर भी जब मैं घूँट भरने के लिए उठाने लगा तब हँसी रोककर उसने कहा, ''ठहरिये।'' और मुस्कराते हुए मेरे प्याले को भर दिया। उस समय मुझे इतनी लज्जा अनुभव हुई कि मानो उसी बरसते में वहाँ से लौट पड़ूँ।''

ओठों पर की हँसी को दबाकर जीजी ने कौल के खाली प्याले को फिर भर दिया। कौल ने जीजी की ओर आँख उठाये बिना ही कहा, ''मैं पी चुका हूँ।'' जीजी ने मेरी ओर देखकर कहा, ''आज भी कहीं खाली प्याली उठाकर पीने के कारण बरसते में जाने की ज़रूरत न पड़ जाय।'' कौल हँस पड़ा। उसने जीजी की ओर देखकर कहा, ''अब मैं उतना अल्हड़ नहीं हूँ। ख़ैर शुक्र है।''

"हाँ फिर क्या हुआ?" मैंने पूछा।

कौल ने कहना शुरू किया, "कुछ नहीं सन् इकत्तीस में तुम जानते ही हो मेरी शादी हो गयी थी और मिस सरला कोल्ही मिसेज़ सरला कौल हो गयीं।"

मिसेज़ कौल का देहान्त सन् २९ में हो गया था निमोनिया से। उसकी याद आने से हम सब चुप हो गये।

निगाह नीचे झुकाये कुछ सोचते-सोचते उस काली चाय की प्याली को उठाकर उसने घूँट भरना शुरू कर दिया। यह देख जीजी ने उसमें एक चिमची चीनी और थोड़ा दूध छोड़ दिया। प्याली ख़तम कर रूमाल से मुँह पोंछते हुए कौल ने कहा, "फिर उसके बाद सन् तैंतीस में (A difference of at least 5 years between the affairs) छह मास की छुट्टी एकान्त में बिताकर मन स्वस्थ होने पर मेरी बदली फिर काँगड़ा घाटी को हो गयी मैं ज्वालामुखी की सड़क पर दौरा कर रहा था। रानीताल से पाँच मील गया था। सड़क के एक गड्ढे में घोड़े की अगली टाँग खम खा गयी। बारिश ज़ोर की थी ज्वालामुखी तक उसी तरह भीगता-भीगता पहुँचा। बारिश और जाड़े का यह हाल था कि आधा मील आगे डाक-बँगले में सब प्रबन्ध था परन्तु वहाँ तक पहुँचने की हिम्मत न होती थी। एक घना पेड़ देख उसके नीचे खड़ा हो गया। सामने टीले पर एक छोटा-सा दुमंज़िला पहाड़ी ढंग का झोंपड़ा था। सतृष्ण दृष्टि से उस ओर देखा। खिड़की में से एक आदमी का सिर दिखायी दिया। उसने संकेत से झोंपड़े में आ जाने को कहा। प्राण बच गये। ऊपर जाकर देखा मिट्टी की बड़ी-सी अँगीठी को घेरे वह अधेड़, उसकी औरत, उसकी जवान लड़की बैठी हुई थी और अँगीठी पर पानी गरम रखा था। बूढ़ा हुक्का पी रहा था। लड़की और उसकी माँ एक कथरी सी रही थीं। हाथ के चीथड़े नीचे डाल लड़की ने सहसा पहाड़ी बोली में कहा, "थोड़ी चाय गरम-गरम पी लो तो" और आश्चर्य से उँगली ठोड़ी पर रखकर मेरी ओर देख बाप की ओर घूमकर देखने लगी। उसकी माँ ने उसे गिलास लाने को कहा। काँसे का एक छोटा-सा ख़ूब भारी-सा गिलास ला उसमें गुड़ और काली-काली चाय मिलाकर मेरे सामने रख दिया गया। बिर्जिस पहने था। चटाई पर बैठने में असुविधा हो रही थी। बुढ़िया ने स्नेह से कहा, लातें फैलाकर बैठ जाओ। ख़ूब गरम चाय से तबीयत ज़रा ठिकाने हुई। वह राजपूत का घर था। जात पूछकर उसने हुक्के से चिलम

उतारकर मुझे देनी चाही परन्तु धन्यवाद दे मैं जेब से केस निकाल वह सीले हुए एक सिगरेट को पीने लगा। उस बन्द-से झोंपड़े में लकड़ी का धुआँ भर रहा था। राजपूत की लड़की ज़रा हटकर एक ओर बैठ गयी और बड़े ध्यान से मेरी बिर्जिस, कालर, नेकटाई, टोपी को देखने लगी। लेकिन जब भी मैं उसकी ओर देखता उसकी आँखें नीची हो जातीं। जाने दीजिये, उसने कहा, आगे की बात आपके सामने कहने की नहीं। उसने जीजी के अभिप्राय से कहा। बहुत ख़ुशामद से उसने फिर कहा,

"ज्वालामुखी डिवीज़न से न हटने का मैंने बहुत यत्न किया। व्यास के पुल का एस्टीमेट बाँधने में वहाँ दो महीने काट दिये। मण्डी तक जाता और लौटकर फिर ज्वालामुखी में हेडक्वार्टर कर लेता। एक पहाड़ी ओवरसियर था। उससे मैंने नौकरी छोड़कर अपने वहीं बस जाने की इच्छा प्रकट की। उसने जी-जान से मुझे सहायता देने का वचन दिया। लोगों की उँगलियाँ उठने लगी थीं इसलिए ज्वालामुखी छोड़ मैं रानीताल के जंगलात के बँगले में जा ठहरा। (बाप की रज़ामन्दी से by payment) ओवरसियर वहीं रहा। एक रोज़ ओवरसियर ने आकर कहा सब ठीक है लड़की तैयार है कल उसका बाप एक गवाही में गोपीपुर मुन्सफ़ी में जायगा। कल ही वह उसे लारी में ले जाकर पठानकोट पहुँचा देगा। फिर पहाड़ी बन्दर बगल झाँका करेंगे। मुझे उसने सन्देह से बचने के लिए अगले दिन लौटकर ज्वालामुखी में मौजूद हो जाने की सलाह दी। तीसरे पहर घोड़े पर मैं ज्वाला जी जा रहा था। ज्वाला जी से दो मील इधर सड़क पर भयानक काण्ड देख मैं खड़ा हो गया। सड़क की एक पुलिया से खड्ड की ओर के रेतीले पत्थर खिसक गये थे। उधर से लारी आ रही थी। उसे पुलिया टूटने की बात मालूम नहीं थी। लारी नीचे खड्ड में गिर पड़ी। डेढ़ सौ फुट तक नीचे गेंद की तरह लारी उछलती चली गयी। उसका क्या बच सकता था। पुलिस और पास-पड़ोस के गाँवों के आदमी लाशों को ढूँढ़-ढूँढ़कर सड़क पर ला रहे थे। सबसे पहले मुझे दो लाशें दिखायी दीं—एक ओवरसियर की और दूसरी—एक दफ़े और मेरे सुख की कल्पना का बुलबुला फूट गया। मैं चाय की प्याली पीने के निमन्त्रण से बहुत डरता हूँ।"

बातचीत में हमेशा मैं बहुत फ़िक्र ज़ाहिर किया करता था कि जीजी ब्याह करने को राजी नहीं होती लेकिन मन में एक स्वार्थ की अनुभूति सन्तोष देती थी कि जीजी मुझे इतना मानती है कि मुझे छोड़ जाने के डर से ब्याह नहीं करना चाहती। मेरा यह ख़याल था कि कौल ने निहायत बेवक़ूफ़ी करके जो अपनी उच्छृंखलता की कथा जीजी के सम्मुख सुना डाली है उससे उनके मन में कौल

के प्रति वितृष्णा तथा अनादर का भाव उत्पन्न हो गया होगा। जिस रोज़ कौल ने कुछ उदास भाव से कहा था कि 'कल तो मुझे ज़रूर चले ही जाना होगा।' उस समय अचानक मेरी दृष्टि जीजी के मुख पर जा पहुँची मैंने देखा मानो कौल के जाने की ख़बर से उन्हें चोट लगी हो। उस रोज़ एक अभाव का पूर्वाभास खला था।

आज जीजी को पत्र लिखकर जब लिफ़ाफ़े पर मिसेज़ कौल लिखना पड़ा तो उस अभाव की वास्तविक विषमता का पूरा अनुभव हुआ। जब मिस दत्त लिखता था तब एक अपनापन अपना अधिकार उसमें अनुभव होता था परन्तु मिसेज़ कौल लिखकर मानो बयनामे की रजिस्ट्री पर दस्तख़त कर दिये हों।

यशपाल बांत्रा

जनवरी, '३६

बिन्दू-मदन

एक नगर के आँचल में छोटा-सा बँगला है। बँगले के सामने अर्द्धवृत्ताकार छोटा-सा मार्ग (drive) बँगले के सड़क से लगे दोनों फाटकों से मिला हुआ है। मार्ग के किनारों पर गुलाब की झाड़ियाँ तराशी हुई करीने से लगी हैं और सुर्खी बिछे मार्ग से घिरे दूब के अर्द्धवृत्त में सड़क से लगी दीवार के साथ कामिनी की तराशी हुई आदमक़द से ऊँची दीवार खड़ी है और जगह-जगह कुछ-कुछ अन्तर से फूलों के छोटे-छोटे चक्कर बने हैं, जिनमें विलायती फूल पेंज़ी, फ्लाक्स, केण्डी वगैरह लगे हैं। मिस्टर अरोड़ा कामिनी की बाड़ के समीप खड़े बहुत चिन्तित भाव से एक सिगरेट पी रहे हैं। मि. अरोड़ा लम्बे दुबले आदमी हैं। रंग साँवला, आँखों पर चश्मा, गाल धँसे हुए हैं, आयु पैंतीस के लगभग। यूरोपीयन पोशाक पहने हैं। कालर ख़ूब सफ़ेद है और नेकटाई ठीक ढंग से बँधी है। एक हाथ पैण्ट की जेब में डाले और दायें पैर पर सब बोझ डाले वे सिगरेट पीते हुए कुछ सोच रहे हैं। कभी-कभी कश खींचना भी भूल जाते हैं। कुछ निश्चय कर वे बँगले की ओर लौटे और भीतर चले गये। दस सेकेण्ड बाद उनके साथ उनकी पत्नी मिसेज़ अरोड़ा भी बाहर आयीं। मिसेज़ अरोड़ा को देखते ही सुन्दर कहा जा सकता है। रंग गोरा, गुलाबी झलक लिये। चेहरा चकला गोल और बड़ी-बड़ी पनियारी आँखों से चंचलता छलक रही। ओठों से हँसी फूटी पड़ती है। माथे की लाल-लाल गोल बेंदी ज़रा बड़ी-सी स्वभाव की तेज़ी प्रकट कर रही है। पकी लौकी के रंग की रेशमी साड़ी पर दालचीनी रंग का शाल सँभालते हुए वे पति की ओर मुस्करा-मुस्कराकर उसे हँसा देने के यत्न में हैं। लेकिन मि. अरोड़ा की आँखें लगातार पैरों पर हैं। बँगले के भीतर की धर-उठा से जान पड़ता है किसी असाधारण अवसर की तैयारी हो रही है। मि. अरोड़ा जिस जगह पहले वे अकेले खड़े थे वहीं आकर खड़े हो गये। अपनी पत्नी की ओर घूमकर दोनों बाँहों को सीने पर बाँध एक सरसरी नज़र से मिसेज़ अरोड़ा के चेहरे की ओर देखा और फिर दृष्टि एक

ओर कर ली। मि. अरोड़ा उसी प्रकार मुस्करा रही थीं। चपल आँखें झपक-झपक जातीं और मोती-से दाँत गुलाबी ओठों में झलक मार जाते थे। परन्तु मि. अरोड़ा पर इसका कुछ भी प्रभाव न पड़ रहा था।

मि. अरोड़ा ने धीमी गम्भीर आवाज़ में कहा—"मुझे आपसे दो-एक ज़रूरी बातें कहनी हैं।" मिसेज़ अरोड़ा ने परिहास में मुस्कराकर कहा, "क्या?"

परन्तु उस मुस्कराहट को मि. अरोड़ा ने नहीं देखा।

मि. अरोड़ा—"बात यह है, आपका ख़याल यह है मेरी वजह से या मेरी भूल से जैसे भी हो, आपको कई तरह की उलझनें झेलनी पड़ती हैं।"

मिसेज़ अरोड़ा मुस्कराकर "हूँ"। मि. अरोड़ा ने मुस्कराहट पर ध्यान नहीं दिया।

मि. अरोड़ा—"मैं यह नहीं चाहता कि मेरी वजह से आपको इस तरह की उलझनों में फँसना पड़े। आपका यही निश्चय है कि हमारे मिलनेवाले लोगों के सम्मुख मेरे व्यवहार में प्राय: ऐसी उपेक्षा के चिह्न पाये जाते हैं जिसके कारण कुछ लोग आपकी अवज्ञा करने लगते हैं। मैंने प्राय: आपकी इस बात को चुपचाप सुन लिया है। परन्तु यों बात को दबा देने से उसका मौक़ा पाकर उठ आना अनिवार्य है। मैं चाहता हूँ कि विशेष घटनाओं को लेकर उनके कारण और परिणाम की जाँचकर हम इस प्रकार के प्राय: आ जानेवाले खिंचाव को फिर से न होने देना असम्भव कर दें।"

मिसेज़ अरोड़ा मुस्कराकर, "आज तुम्हें यह क्या सूझा है। हटो, मुझे इतना काम है दस बजे बिन्दू आ जायगा। उस समय मुझे बाज़ार जाना पड़ेगा तब तक इतना काम है।"

मि. अरोड़ा ने एक गहरी साँस ले मिसेज़ के चेहरे को स्थिर दृष्टि से देखते हुए कहा, "बिन्दू के लिए आपको पर्याप्त समय मिल जायगा। लेकिन मैं आज ही कुछ निर्णय कर लेना चाहता हूँ। मैं भी आदमी हूँ और कपट वेश को दूर कर मैं अपनी स्थिति ठीक पहचान लेना चाहता हूँ।"

मिसेज़ अरोड़ा की मुस्कराहट उड़ गयी। उन्होंने कहा, "कपट वेश कैसा?"

मि. अरोड़ा—"यही कि मैं तुम्हारे प्रति उचित न्यायोचित व्यवहार नहीं कर

रहा हूँ?''

मिसेज़ अरोड़ा—यह मैंने कब कहा?

मि. अरोड़ा—आपका यह ख़याल है कि मेरे निकट सम्बन्धी और मित्र आपका उचित सम्मान नहीं करते।

मिसेज़—यह ठीक है मैं अब भी कहती हूँ।

मि. अरोड़ा—और आपका ख़याल है कि इसका उत्तरदायित्व मुझ पर है।

मिसेज़—हाँ है ज़रूर।

मि. अरोड़ा—ठीक। हरि या जीजी के व्यवहार से आपको क्या शिकायत है।

मिसेज़ अरोड़ा ने कुछ उद्विग्न होकर कहा, हरि सब लोगों की उपस्थिति में ऐसे घृणा से मुँह फेर लेता है।

मि. अरोड़ा—लेकिन हरि को भी तो यही शिकायत है कि आप उसकी अवज्ञा करती हैं।

मिसेज़—यह उसका ख़याल है मैं किसी की अवज्ञा नहीं करती। वह बिन्दू से ईर्ष्या करता है।

मि. अरोड़ा—और जीजी?

मिसेज़—(घृणा से) जीजी के विषय में मैं कुछ नहीं कहना चाहती। अपने सिवा वे सबको असच्चरित्र समझती हैं। मैं ऐसा अपमान नहीं सह सकती।

मि. अरोड़ा—आख़िर जीजी ऐसा क्यों समझती हैं? और किसी को उनके व्यवहार में ऐसा अपमान अनुभव नहीं होता।

मिसेज़—आप उनके सामने सदा मेरी उपेक्षा करते रहे हैं।

मि. अरोड़ा—आप ऐसा कहती हैं आप कहती हैं मैं उनके सम्मुख आपकी उपेक्षा करता रहा हूँ। लेकिन उपेक्षा का वह कौन-सा व्यवहार है?

मिसेज़—यह मैं क्या बताऊँ आप स्वयं जानते हैं। जितनी अच्छी तरह वह आपसे बातचीत करती हैं उतनी ही बुरी तरह मुझसे बोलती हैं।

मि. अरोड़ा—आप भी तो हरि से उस तरह नहीं बोलतीं जैसे वह चाहता है।

मिसेज़—(घृणा और उदासी से) मैं इस विषय में कुछ नहीं कहना चाहती।

मि. अरोड़ा—(मिसेज़ की ओर देखकर) एक समय मैंने जो पत्र जीजी को लिखे थे और मिस लाल के पत्रों के विषय में आपको आपत्ति थी।

मिसेज़—हाँ, मुझे यह मालूम भी नहीं था यदि आप मुझे वे पत्र दिखाकर लिखते तो और बात थी वैसे मैं किसी से ईर्ष्या नहीं करती।

मि. अरोड़ा—लेकिन आपके और बिन्दु के पत्र-व्यवहार के विषय में लोगों का क्या ख़याल है यह भी तो आप जानती हैं। मौसी ने उसमें से पत्र देखे हैं या बिन्दू की चाची उन पत्रों के विषय में क्या समझती हैं यह तो आपसे छिपा नहीं है।

मिसेज़—आपने मुझसे यह कभी स्पष्ट नहीं कहा कि आपके दिल में ऐसे विचार हैं। (आँखें पोंछते हुए) मुझसे यहाँ खड़े नहीं रहा जाता।

मि. अरोड़ा—आप ठहरिये बात का ठीक उत्तर दीजिये। मैं स्वयं कुछ भी नहीं कह रहा हूँ और न समझ रहा हूँ। जो और लोग समझ रहे हैं या देख रहे हैं वही कह रहा हूँ। मैं सहता हूँ लेकिन बिलकुल उल्लू नहीं हूँ....।

मिसेज़ लड़खड़ा जाती हैं। मि. अरोड़ा उन्हें झपटकर थाम लेते हैं। लेकिन वे अपने को सँभाल नहीं पातीं। अरोड़ा कठिनता से उन्हें सँभालकर बरामदे तक ला भीतर ले जाते हैं। एक काउच पर मिसेज़ को लेटाकर बेबसी और क्रोध से दाँत पीसते हुए एक अख़बार से उन्हें हवा करने लगते हैं। आहट सुन नौकर भीतर आना चाहता है। उसे अरोड़ा डाँटकर कहते हैं। फिर खिड़की से काफ़ी ठण्डी हवा आती देख अख़बार फेंक कमर के पीछे दोनों हाथ बाँध तेज़ क़दमों से कमरे में टहलने लगते हैं। स्वयं ही क्रोध में कहने लगते हैं यह मूर्च्छा भी ख़ूब समय देखकर आती है। इस मूर्च्छा की धौंस में सीने पर पत्थर रखकर हमेशा लहू का घूँट पी जाना पड़ता है। इसके डर के मारे चुपचाप अन्याय सहे जाओ। इस समता और न्याय का अर्थ है Cuckold बनो। औरत मर्द के सामने अपनी प्रेम-लीला करे। एक आदमी की पत्नी बनकर समाज में प्रतिष्ठा की ओट ले मन बहलाव के लिए खेल खेले वह कुछ नहीं वह केवल विशुद्ध मैत्री है, भाई-बहन का निष्कलंक प्रेम है परन्तु यदि पुरुष किसी दूसरी स्त्री से आत्मीयता प्रकट करे तो वह उच्छृंखल है। यदि अपनी स्त्री को उच्छृंखल कहो तो स्वयं अपनी नाक कटाओ। बल्कि दूसरा संकेतमात्र भी करे तो स्त्री के सम्मान की रक्षा के लिए उसे दण्ड दो नहीं तो तुम कापुरुष हो। यदि स्त्री की रहस लीला तुम्हें पसन्द नहीं तो तुम ईर्ष्यालु हो, संकीर्ण हृदय हो, स्वयं तुम्हारे मन में मैल है।

बाहर टाँगे के घोड़े की टाप सुनायी देती है। परन्तु अरोड़ा मन के क्षोभ के कारण उसे सुन नहीं पाते।

बरामदे में से आवाज़ आती है, "आभा! आभा!"

बिन्दू की आवाज़ पहचानकर अरोड़ा ने फिरकर देखा। बिन्दू दरवाज़े के भीतर आ रहा था। काउच पर छत की ओर मुख किये और एक हाथ नीचे लटकाये आभा काउच पर पड़ी थी उस ओर बिन्दू की दृष्टि जाने पर अरोड़ा सकपका गये। बिन्दू ने मिसेज़ की ओर देखकर आश्चर्य से कहा, 'हैं; क्या हुआ? क्या बेहोश!' यह कह वह मिसेज़ के सिराहने बैठ उसका माथा सहलाने लगा।

'भैया' अरोड़ा ने देखा 'कुंज जीजी' मुस्कराती हुई आयीं परन्तु अरोड़ा के मुख का भाव देख मुँह की बात मुँह में ही रह गयी। काउच पर लेटी मिसेज़ के समीप जा उसके नीचे लटकते हुए हाथ को ऊपर उठा और शाल के आँचल को ढीला कर दूसरे हाथ को सीने पर से हटा वे उसे सहलाने लगीं। अरोड़ा एक कुर्सी पर बैठ संकोच छिपाने के लिए मेज़ पर रखे कुछ काग़ज़ों को उलटने-पलटने लगे। जीजी आभा को सहलाती जाती थीं और अरोड़ा की ओर देखती जातीं।

मिसेज़ ने आँखें खोल दीं। बिन्दू ने आश्वासन के स्वर में पूछा, "क्यों आभा जी कैसा है?" आभा ने बिन्दू की ओर देखा और कुंज जीजी की ओर। फिर बिन्दू की ओर देख, धीमे स्वर में पूछा, "वे कहाँ हैं?"

बिन्दू [ने] आभा के सिर पर हाथ रखे ही पुकारा, "भैया, अरोड़ा भैया, आभा पुकार रही हैं।"

अरोड़ा ने काग़ज़ों पर से दृष्टि हटाये बिना ही कहा, "पुकार रही हैं तो मैं क्या करूँ?"

आभा ने फिर आँखें मूँद लीं। बिन्दू ने आभा के सिर को हिला-डुलाकर पुकारा, "आभा, आभा, आभा।" आभा को फिर मूर्च्छा आ गयी थी।

बिन्दू ने कहा, "भैया तुम कैसे आदमी हो? तुम्हें ज़रा इनके मन की अवस्था का ख़याल रखना चाहिए। यों बेहोशी-पर-बेहोशी आने से क्या परिणाम हो सकता है। ज़रा यहाँ आकर बैठो। तुम यों उपेक्षा प्रकट करोगे तो उनका और कौन है?"

फाइल को मेज़ पर पटक दाँत से ओठ काटते हुए अरोड़ा कुर्सी छोड़ काउच के समीप आ खड़े हुए। कुछ मिनट बाद आभा ने फिर आँखें खोलीं।

बिन्दू ने आभा के केशों में उँगली चलाते हुए कहा, "भाभी, भैया यहाँ खड़े हैं।"

आभा की आँखों में दो बड़े-बड़े बूँद आँसू के आ गये। कुंज जीजी ने आभा को उठाकर बैठा दिया। फिर वे उसे पकड़कर भीतर ले गयीं। बिन्दू उठकर बाहर गया और बसन्ती गुलदाऊदी के बहुत बड़े-बड़े फूलों के चार गुलदस्ते लाकर उसने मेज़ पर रख दिये। अरोड़ा ने मुस्कराकर कहा, "वाह बड़े ग़ज़ब के फूल हैं।" बिन्दू ने हँसकर कहा, "भैया, रानी साहिबा के जन्मदिन पर मामूली फूलों का क्या मतलब।" और बादामी चिकने काग़ज़ में सफ़ेद डोर से बँधी एक बण्डल और रखते हुए कहा, "बीस गेस्ट्स के लिए ही तो इन्तज़ाम है न!"

दूसरे कमरे में कुंज जीजी कह रही थी, "वाह रानी अब बसन्ती साड़ी और शाल क्यों नहीं पहनती? आज बसन्त है तुम्हारा जन्मदिन है। न भई यह अच्छी बात नहीं वह तुम्हें पहनना होगा।"

खिन्न स्वर में आभा ने उत्तर दिया, "भैन जी रहने दीजिये इस समय मेरा मन ठीक नहीं।"

जीजी ने कहा, "वाह इसी दिन के लिए तो मैंने भैया से वह कहकर मँगवाया था। अच्छा चार बजे लोगों के आने से पहले बाज़ार से लौटकर पहन लेना।"

मुँह धोकर आभा जीजी के साथ लौटी। उन बहुत बड़े गुलदस्तों की ओर संकेत कर अरोड़ा ने मुस्कराकर कहा, "यह लो तुम्हारे जन्मदिन के उपहारों का सिलसिला शुरू हो गया। यह बिन्दू और जीजी तुम्हारे लिये लाये हैं।" बिन्दू ने कहा, "एक-एक गुलदस्ता हम दोनों की ओर से भैया को और एक-एक भाभी को।"

जीजी ने बात काटकर कहा, "हिश्त ऐसे नहीं—एक भैया को, एक भाभी को, एक मि. अरोड़ा को, एक मिसेज़ अरोड़ा को।" यह कह जीजी खिलखिलाकर हँस पड़ी। और फिर कहा, "भैया बड़े वैसे हैं। डरते हैं कहीं बच्चों के जन्मदिन मनाने पड़ेंगे।" और स्निग्ध हँसी भरी दृष्टि से उन्होंने अरोड़ा की ओर देखा।

बिन्दू ने कहा, "भैया साढ़े दस हो गये। बाज़ार से फ्रूट वगैरह लेने कब जाना होगा। फिर लौटकर कितना काम है क्यों भाभी?"

आभा ने वितृष्णा से कहा, "बिन्दू तुम तीनों चले जाओ मैं यहाँ का काम कर लूँगी।"

जीजी ने कहा, "न भाई मैं अभी तो आयी हूँ।"

अरोड़ा ने आभा के कन्धे पर हाथ रखकर कहा, "तुम जाओ तुम और बिन्दू जाओ। मुझे यह फाइल ज़रा देखनी है, जीजी यहाँ का काम देखेंगी।" आभा ने गर्दन झुकाकर इनकार किया परन्तु अरोड़ा ने स्नेहभरी झिड़की से कहा, "पागल हो क्या? मैं कहता हूँ जाओ!"

बिन्दू और आभा बाहर खड़े टाँगे में बैठ चले गये।

अरोड़ा ने कुंज जीजी के समीप काउच पर बैठते हुए उदास स्वर में कहा, "जीजी आज तुमसे एक ज़रूरी बात की सलाह लेनी है।" कुंज ने सहानुभूति भरी दृष्टि से अरोड़ा की ओर देखा।

अरोड़ा ने फ़र्श की ओर देखते हुए कहा, "जी...मनुष्य जीवन के मार्ग में किसी समय आवेश में आये एक क़दम बिना सोचे-समझे उठा लेता है फिर वह भूल सम्पूर्ण जीवन को किरकिरा कर देती है।" कुंज ने एक निगाह से अरोड़ा की ओर देखा इसका अभिप्राय था "मैं तुम्हारे मन की व्यथा को समझती हूँ। मुझे तुम्हारे प्रति पूर्ण सहानुभूति है।"

अरोड़ा ने एक गहरी साँस खींचकर कहा, "जी...देखता हूँ कसूर मेरा है आभा का कुछ नहीं। मेरी और उसकी आयु का अन्तर कुछ कम नहीं। उसकी आयु अधिक-से-अधिक पचीस की होगी दस बरस वह मुझसे छोटी है। यदि उसकी प्रकृति मुझसे नहीं मिलती तो यह स्वाभाविक ही है। उसमें चंचलता स्वाभाविक है इसलिए हम दोनों में यह विषमता रहती है।"

कुंज ने सिर झुकाकर कहा, "हाँ सो तो उसके स्वभाव में वह बात तो है। भाभी तुम्हें समझ नहीं पाती इसी से उसका मन कुछ वैसा रहता है।" अरोड़ा का हाथ अपने हाथों में लेते हुए कुंज ने मुस्कराकर कहा, "भैया तुम उदास मत रहा करो।"

अरोड़ा का दु:खी हृदय इस सहानुभूति की ऊष्णता से पिघल गया। काउच पर पीठ पर सिर टिकाकर आँखें मूँद उसने एक गहरा निश्वास खींचा। मानो मन के बोझ को वह बलात् दूर फेंक देना चाहता है। कुंज फ़र्श की ओर देख अरोड़ा के हाथ सहलाती रही। कुछ देर बाद अरोड़ा ने कहा, "इस सब आडम्बर के बीच मन कैसे ठीक रह सकता है। आज आभा का जन्मदिन है आज ही मुझे हम दोनों की आयु का यह अन्तर कितना खटक रहा है। देखो बिन्दू से उसका मन किस तरह बहलता है। उन दोनों की आयु का अन्तर भी ठीक है केवल तीन बरस! तुम जी..बिन्दू से दो-तीन बरस बड़ी होगी?" कुंज ने अरोड़ा की आँखों में देखकर संकोच से गर्दन झुका ली।

अरोड़ा ने कहा, "यदि मैं आभा की इस संकट से किसी प्रकार सहायता कर सकता? उसे इस झंझट से छुड़ा सकता? जी...मनुष्य से भूल होना स्वाभाविक है वह जीवन में भूल करता है। उसे सुधारने का उसे हक़ होना ही चाहिए और जीवन की सबसे भूल हो सकती है उसी को हम सुधारने न पायें तो इससे बड़ा अनर्थ और क्या होगा?"

"भैया मैं ज़रा रसोई देखूँ" कुंज ने कहा। अरोड़ा ने उसके कन्धे पर हाथ रखकर कहा, "ज़रा बैठो।"

दूसरा दृश्य

दूसरा दिन। रात के नौ बजे अरोड़ा और मिसेज़ अरोड़ा बरामदे में बेंत की मोढ़ेदार कुर्सियों पर बैठे हैं। कुर्सियाँ बिलकुल सटी हुई हैं। बरामदें में अँधेरा है परन्तु बन्द खिड़कियों और दरवाज़े के धुँधले काँच से छनकर आये प्रकाश से कुछ उजाला हो रहा है। अरोड़ा इस समय धोती-कुर्ता और ऊपर से मोटा ओवरकोट पहने हैं और मिसेज़ अरोड़ा भी ओवरकोट पहने हैं। मि. अरोड़ा एक सिगार से धुआँ खींचते जाते हैं। बातचीत बहुत धीमे-धीमे हो रही है।

मि. अरोड़ा ने कहा—"देखो आभा मैं उद्वेग या क्रोध में कुछ कह रहा हूँ सो बात नहीं। हम दोनों का भला जिस बात में हो वही बात व्यर्थ संकोच को छोड़ हमें करनी चाहिए। मेरे मन में तुम्हारे प्रति किसी प्रकार की शिकायत या वैर नहीं है। देखो छह बरस हम दोनों का विवाह हुए हो गये, इतने समय में मैंने तुमसे कभी छल नहीं किया। यह तुम्हें मानना ही पड़ेगा। तुमने भी मुझसे किसी प्रकार का दुराव नहीं रखा। उसी आधार पर आज परस्पर की भलाई के लिए यह बात तुमसे कहा रहा हूँ। स्त्री-पुरुष का सम्बन्ध एक रूप में सामाजिक ज़रूर है परन्तु इसका मुख्य प्रयोजन स्त्री-पुरुष का वैयक्तिक हित ही है। इसलिए समाज के उँगली उठाने की परवाह हम उस समय नहीं करेंगे जब हमारे वैयक्तिक हार्दिक भावों को ठेस पहुँचने का भय उपस्थित हो। यानी विवाह के आभ्यन्तरिक प्रयोजन का सवाल हो। दूसरी बात ठीक इसके विपरीत है। हम समाज की सम्मति की परवाह ज़रूर करेंगे जब विवाह के बाह्य रूप का सम्बन्ध हो। पहले हम दोनों के सम्बन्ध के बाह्य रूप को लो। मान लो हम दोनों का स्नेह यथावत् है। लेकिन समाज कें हमारे मिलने-जुलनेवाले इस बात

पर विश्वास नहीं करते। कल ही जो लोग यहाँ आये थे उनकी कनखियों से और मौसी तथा बिन्दू की चाची के निर्णय के आगे हम लोगों के हज़ार कहने की भी कुछ क़ीमत नहीं है। वह तो तुम्हारे और बिन्दू के जो पत्र लिये फिरते हैं—सब लोगों की दृष्टि में वे अकाट्य प्रमाण हैं हम दोनों चाहे उसे विशुद्ध मैत्री या भाई-बहन का भावोद्गार ही समझें। इसलिए जब तक तुम लोगों की दृष्टि में अरोड़ा की स्त्री रहोगी तब तक बिन्दू की प्रेयसी भी बनी रहोगी। इसे तुम मेरी निजी राय समझकर क्षुब्ध न होना—मैं समाज की बात कह रहा हूँ। सुनो समाज कहता है बिन्दू की बहन जो पत्र बिन्दू को लिखती है या बिन्दू जो पत्र बहन को लिखता है उसमें वैसा भावोद्रेक और प्रेम विनिमय तो लोगों को नहीं मिलता जैसा कि तुम्हारे और बिन्दू के पत्रों में लोगों को मिलता है। यह मत समझो कि मैं चिढ़कर ऐसा कह रहा हूँ। एक समय मैं जो पत्र जीजी को लिखता था या मिसेज़ लाल को लिखता था उसमें आपको भी इस प्रकार भाव दीख पड़ता जो कुछ उचित नहीं था पर मुझे तो वह भाव नहीं दिखायी पड़ता था। असल में हम लोग जो कुछ अपने-आपको समझते हैं और संसार जो कुछ हमें समझता है उसमें कुछ फ़र्क़ रह जाना कुछ स्वाभाविक-सा है। मैं यह समझता हूँ कि इस मामले में समाज की अवहेलना करने से हम लोगों का मन शान्त न रह सकेगा। अच्छा मेरे दृष्टिकोण से भी देखो ज़रा। जो लोग तुम्हें बिन्दू की प्रेयसी समझते हैं वे मुझे निरा काठ का उल्लू अवश्य समझेंगे। किसी पुरुष की स्त्री उसी समय दूसरे मनुष्य को चाहेगी जब वह अपने पति को अयोग्य समझेगी। जिस पुरुष को उसकी अपनी स्त्री तक अयोग्य समझे वह निस्सन्देह काठ का उल्लू है। मैं समाज की दृष्टि में काठ का उल्लू बनना नहीं चाहता। और बात सुनो देखो क्षुब्ध होने की बात नहीं। तुमने एक रोज़ मुझसे विवाह इसलिए किया था कि मैं तुम्हारी दृष्टि में तुम्हारे परिचित पुरुषों में सबसे अधिक वांछनीय था। लेकिन ज्यों-ज्यों परिचय का क्षेत्र बढ़ता जाय अधिक वांछनीय पुरुष से भेंट हो जाना सम्भव और स्वाभाविक है। मैं यह जानता हूँ कि मैं सबसे निकृष्ट पुरुष नहीं हूँ मैं काठ का उल्लू नहीं हूँ। यह भी जानता हूँ कि तुम मुझे ऐसा नहीं समझती। बल्कि मुझे पूर्ण निश्चय है कि तुम मेरा आदर करती हो मुझसे प्रेम भी करती हो। परन्तु यह आवश्यक नहीं कि तुम मेरी अपेक्षा अधिक प्रेम तुम किसी अन्य व्यक्ति से नहीं कर सकती। मेरी अपेक्षा दूसरा पुरुष अधिक काम्य हो सकता है। इसी प्रकार मेरे लिये भी कोई दूसरी स्त्री स्वभाव या प्रकृति की किसी रुझान के कारण किसी अंश में अधिक काम्य हो सकती है। हालाँकि मैं तुम्हें प्रेम करता आया हूँ, करता हूँ, करता भी रहूँगा।

जिस समय हमने प्रेमवश विवाह किया था उस समय वही उचित था। उसके अलावा दूसरा मार्ग ही न था। परन्तु आज परिस्थिति बदल गयी है इसलिए हमें तरीक़ा या मार्ग बदल लेना चाहिए। लोक निन्दा की बात कहती हो। उसमें क्या रखा है। जब हम दोनों ने जाति बन्धन तोड़कर Civil Marriage की थी तब क्या लोकापवाद नहीं उठा था। यदि हम कल तलाक दें और लोग कुछ बकें-झकें तो क्या हानि। यही तो कहेंगे रीति बन्धन को तोड़ दिया परन्तु इस अवस्था में तो हम समाज की दृष्टि में और अपनी न्यायबुद्धि के सम्मुख भी दूसरे व्यक्ति की चाह करने के कारण अपराधी और दुश्चरित्र हैं। एक बात और कहूँगा कि समाज में विवाह की आधारशिला हमारे समाज की आर्थिक व्यवस्था है। हमारे पास जो कुछ है उसमें आधा-आधा हम बाँट सकते हैं। यदि इससे पूर्व हमारे कोई सन्तान हो जाती तो यह आर्थिक प्रश्न एक बड़ी रुकावट होता। तुम्हारा क्या ख़याल है आभा?''

अरोड़ा के हाथ का सिगार बुझ गया था। वे उसे फिर से सुलगाने लगे। आभा हथेली पर गाल रखे चुप थी। सिगार सुलगाकर अरोड़ा ने फिर कहा, ''तुम बोलती क्यों नहीं केवल विचार की दृष्टि से ही सही अपनी राय तो दो।''

आभा ने आँख पोंछते हुए कहा, ''इसमें राय-वाय का मामला कुछ नहीं मैं सब समझ गयी हूँ आपका मतलब। यह स्पष्ट है आपको या तो मुझ पर विश्वास नहीं रहा है या आप अपने सन्तोष के लिए मुझे मार्ग का काँटा समझकर उखाड़ फेंकना चाहते हैं...।''

अरोड़ा ने बात काटकर कहा, ''न..न..न... यह बात नहीं।''

आभा ने उनकी बात को अनसुना कर कहा, ''मैं सब समझ गयी हूँ। मैं आपके मार्ग का काँटा न बनूँगी। जिस तरह मैंने छह बरस पहले अपने-आपको आपके निमित्त अर्पित कर दिया था वही मेरा भाव आज भी है। उसमें किसी प्रकार का अन्तर या भेद नहीं आया है। आपके दु:ख का कारण मैं न बनूँगी।''

अरोड़ा ने फिर बात काटकर कहा, ''सुनो तो यह बात...''

आभा ने अब भी उनकी बात को अनसुना कर दिया। वह कहती चली गयी, ''मैं समझ गयी हूँ। मैं आपके गले का पत्थर नहीं बनूँगी यह आप यक़ीन रखिये। मैं या तो कहीं चली जाऊँगी या यों ही संसार से उठ जाऊँगी। इस प्रकार अपमान के जीवन का मुझे कुछ मोह नहीं है परन्तु मैं केवल एक बात जानना चाहती हूँ। आपको अब मुझ पर विश्वास नहीं रहा है या आप मुझे अपने मार्ग का कण्टक समझने लगे हैं? मैं और कुछ न पूछूँगी यह भी न

पूछूँगी कि आपका लक्ष्य कौन है शायद मैं जानती भी हूँ परन्तु मैं आपके मुख से स्वयं सुन लेना चाहती हूँ। इसके पश्चात् आप यदि कहेंगे तो आपके सामने ही मैं क्षण भर में अपने-आपको समाप्त कर दूँगी।''

अरोड़ा ने चोट खाकर कहा, ''आभा देखो तुमने मेरी बात को कुछ-का-कुछ बना दिया। मैं यह पूछता हूँ यदि कोई पुरुष परस्त्रीरत और मद्यप हो जाय तो क्या उस पति को तलाक देने का अधिकार स्त्री को नहीं होना चाहिए।''

आभा कुछ भी उत्तर न दे सिसक-सिसककर रोने लगी। उसने कहा, ''हाय भाग्य क्या एक दिन यह भी बदा था।'' अरोड़ा से रहा न गया। उसे चुप कराने के लिए आभा को गोद में खींच लिया।

तीसरा दृश्य

२ वर्ष पश्चात् देहरादून में एक छोटा-सा बँगला। मदन और कुंज बरामदे में बैठे हैं। मदन घुटने पर पैड रखे पत्र लिख रहे हैं हाथ में फाउण्टेन पेन है और कुंज जीजी एक स्वेटर बुन रही हैं। बहुत समीप बैठकर वे दोनों परामर्श कर पत्र लिख रहे हैं।

कुंज जीजी ने कहा, ''मदन भाई तुम चाची को लिख दो कि मैं दूसरे सप्ताह तक ज़रूर आ जाऊँगी, अब यहाँ जाड़ा भी बहुत हो चला है।'' मदन ने कलम से गर्दन को खुजाते हुए कहा, ''तुम जीजी इतना तो सोचती नहीं कि तुम्हारे चले जाने से मेरा और आभा का यहाँ बिलकुल अकेले रह जाना क्या ठीक होगा? जब-जब तुम चली जाती हो उसे अच्छा नहीं लगता और उसके लिए मेरा यहाँ रहना ज़रूरी है वर्ना मुझे यहाँ कौन काम है कठिनता से अब उसकी सेहत सँभल पायी है।''

कुंज ने बुनाई की एक लाइन पूरी कर सिलाई को ठोढ़ी पर रखकर कहा, ''लेकिन भैया यह बाजीगरों का-सा टप्पर कब तक तुम बनाये रहोगे। आभा के तलाक को दो बरस तो हो गये। अब उसका कोई समुचित प्रबन्ध होना चाहिए। यों तो सिवाय बदनामी के कुछ और न होगा। (सिर मदन की ओर झुकाकर) तुम उसे समझाओ। सबसे अच्छा तो यह हो कि अब तुम उससे Civil Marriage कर झगड़ा ख़त्म करो। यों तुम बदनाम हो जाओगे।''

मदन के चेहरे पर लज्जा की लाली छा गयी। उसने कहा, "उसमें क्या बदनामी न होगी?"

कुंज ने कहा, "उसमें कुछ पुराने विचार के लोग बकेंगे सो वे अब भी बक ही रहे हैं। उसमें कम-से-कम क़ानून और समझदार लोग तो तुम्हारे पक्ष में रहेंगे।"

मुस्कराकर कुंज ने कहा, "मैं उसे ऊपर से तुम्हारे पास भेजती हूँ लेकिन भैया मिठाई का हक़ मेरा रहेगा।"

कुंज उठकर ऊपर चली गयी। दो मिनट बाद आभा आयी। आभा वही दो बरस पूर्व की आभा है केवल आँखों में चंचलता और माथे की बेंदी नहीं है हाथ में एक अख़बार है। उसने मुस्कराकर पूछा, "कहो क्या है?"

मदन (कुछ संकोच से), कुछ बात ज़रूरी है आओ भीतर के कमरे में आओ।

वे दोनों दरवाज़े से कमरे में चले जाते हैं और दायीं ओर के काउच पर एक साथ बैठ जाते हैं।

मदन ने कहा, "आभा, यह तो निश्चय है कि आयु के दिन हम दोनों को एक साथ बिताने हैं फिर क्यों न सब झंझट को मिटाकर हम विवाह कर लें।" मदन इतना कह स्वयं स्तब्ध रह गया।

आभा ने मुँह लटका दिया कुछ उत्तर उसने न दिया।

मदन ने अपने सिर के बालों में उँगली चलाते हुए कहा, "आभा तुम कुछ और न समझना। तुम्हारा जो प्रेम आरम्भ से मेरे प्रति रहा है मेरे लिये उसी में सन्तोष है परन्तु समाज में एक पद्धति की ज़रूरत है। उस पद्धति के लिए बहुत-कुछ करना पड़ता है। नहीं तो विवाह है क्या? स्त्री-पुरुष का चरम विश्वास। बस और क्या? तुम मुझे ६-७ बरस से जानती हो। किसी प्रकार की उच्छृंखलता तो तुमने मुझमें देखी न होगी। किसी प्रकार के अनुचित अधिकार या दबाव की भी इच्छा मुझे नहीं है। यदि तुम्हारे लिये जीवन का दूसरा कोई मार्ग श्रेयस्कर हो तो आभा वही बताओ। तुम तो स्वयं जानती हो बिना किसी परिणाम की आशा के मैंने तभी अपना जीवन बिना तुमसे कहे ही तुम्हारे चरणों में अर्पण कर दिया था। आज भी यदि तुम्हें इस विचार से कष्ट हो तो अपनी ग़लती के लिए मुझे बहुत शोक होगा लेकिन आभा प्रेम का अर्थ है आकर्षण और आकर्षण जितना प्रबल हो उतना ही उसका महत्त्व है। और यदि आकर्षण प्रबल है तो उसे चरितार्थ होना ही चाहिए बल्कि उसका पूर्ण होना अनिवार्य है।"

आभा की आँखों से टप-टप आँसू गिरने लगे।

मदन आभा के आँसू देख विचलित हो गया। वह काउच से उतर घुटनों के बल खड़ा हो गया। द्रवित स्वर में उसने कहा, "आभा यदि मेरी बात से तुम्हें कष्ट हुआ है तो मैं तुम्हारे पैरों गिरकर क्षमा माँगता हूँ।"

मदन आभा के पैर छूने के लिए झुका ही था कि आभा काउच से नीचे खिसक आयी और उसके दोनों हाथ मदन के पैरों पर जा पहुँचे। उसके आँसुओं से भीगे मुख पर मुस्कराहट खिल आयी। उसने कहा, "पैर मुझे तुम्हारे छूने चाहिए तुम्हारे जैसा विशाल हृदय पुरुष क्या संसार में दूसरा होगा? लेकिन तुम पागल हो तुम्हारे लिये तो नयी-नवेली बहू चाहिए, मैं तुम्हारे लिये बहू ढूँढूँगी।"

आख़िरी शब्द कहते हुए आभा के मुख पर से मुस्कराहट उड़ गयी।

मदन ने आभा को आलिंगन में बाँध लिया उसने काँपते हुए स्वर से कहा, "तुमसे नवेली आभा मेरे लिये कौन होगी" अन्तिम शब्द दोनों के होंठों के मिल जाने से पूरे न हो पाये।

चौथा दृश्य

आँधी-पानी की जाड़े की रात है। मि. अरोड़ा एक आरामकुर्सी पर कम्बल में लिपटे हुए बँगले में लैम्प स्टैण्ड पर लगे लैम्प की रोशनी में एक पुस्तक पढ़ रहे हैं पर मन नहीं लगता। कभी पढ़ने लगते हैं ,कभी पन्नों में उँगली रखकर कुछ सोचने लग जाते हैं। पानी ज़ोर से पड़ रहा है और हवा हू-हू करके खिड़कियों और दरवाज़ों को खटखटा रही है। अरोड़ा का मन उद्विग्न हो-हो उठता है मानो इस आँधी-पानी की रात में उनका अकेला मन बन्द कमरे में छटपटा रहा है। एक कमनीय सान्त्वनामयी छवि उनकी कल्पना में फिर जाती है। उन्हें मालूम हुआ कि कोई दरवाज़ा खटखटा रहा है। फिर सोचा हवा है चुप रहे लेकिन कुत्ते के भौंकने से सन्देह हुआ कोई आदमी है। नौकर को पुकारा परन्तु शायद उसने सुनकर भी नहीं सुना। तब उठे दरवाज़ा खोला। आश्चर्य की सीमा न रही। इस जाड़े में आँधी-पानी में भीगे हुए यह कौन? कुंज जीजी। भीतर आओ कहकर अरोड़ा उसे लिवा ले गये। आश्चर्य से उन्होंने कहा इस आँधी-पानी की रात में कैसे?

"बड़े ज़रूरी काम से।" कुंज जीजी ने उत्तर दिया, "तुम्हारे लिये एक ख़बर लायी हूँ, बोलो क्या दोगे?"

अरोड़ा ने विक्षिप्त होकर कहा, "पहले यह अधभीगे कपड़े बदलो फिर ख़बर सुनूँगा।" कुंज जीजी ने अनसुना कर कहा, "बोलो क्या दोगे, आभा और मदन का विवाह हो गया।" क्षण भर को आँख झपकाकर अरोड़ा ने कहा, "कब?"

कुंज, "कल सुबह।"

अरोड़ा ने कहा, "वे प्रसन्न रहें।" और वे कुर्सी पर आहिस्ता से बैठ गये।

कुंज ने कहा, "तुम प्रसन्न हो?"

अरोड़ा ने नेत्र झुकाये हुए कहा, "हाँ! मैं प्रसन्न हूँ।"

कुंज ने अरोड़ा के दोनों हाथ अपने हाथों में लेकर कहा, "मेरी ओर देखकर कहो तुम प्रसन्न हो।"

अरोड़ा ने आँखें उठाकर कहा, "हाँ, मैं प्रसन्न हूँ।"

कुंज ने कुछ क्षण चुप रहकर कहा, "अच्छा इस सुसमाचार सुनाने का क्या इनाम दोगे?"

अरोड़ा ने कहा, "मेरे पास देने को क्या रखा है।"

कुंज अरोड़ा के सामने घुटनों टेक बैठ गयी "मैं वही लूँगी जिसे इस आँधी-पानी के जीवन में खोजती फिरी, जिसके लिए इस आँधी-पानी की रात में दौड़ी आ...।" कुंज का गला रुँध गया। उसका सिर झुक गया।

अरोड़ा ने कहा, "कुंज प्रिय।"

यशपाल बांत्रा
आँधी-पानी की रात, २३ फरवरी, '३६

पहला दृश्य or prologue

मि. अरोड़ा के यहाँ मिसेज़ अरोड़ा के जन्मदिन की छोटी-सी दावत है। केवल अन्तरंग मित्र और दो-चार सम्बन्धी उपस्थित हैं। दावत समाप्त हो चुकी है लेकिन अभी लोग गये नहीं हैं। मिसेज़ अरोड़ा एक तान गा रही हैं और मदन हारमोनियम बजा रहा है। मदन मि. अरोड़ा का अन्तरंग मित्र है। देखने में सुन्दर जवान, आयु लगभग छब्बीस या अट्ठाईस बरस, अविवाहित, उसकी बड़ी बहन कुंज भी अभी तक अविवाहित है। उच्च शिक्षा प्राप्त। रंग साँवला

है। चेहरे की अपेक्षा मस्तिक अधिक प्रखर है। अतिथि लोग कुछ बिलकुल निकट से सुन रहे हैं, कुछ ज़रा आराम से खिड़कियों के समीप बैठे हैं। उपस्थिति में महिलाओं की संख्या अधिक होने से सिगरेट पीनेवाले पुरुष खिड़कियों के समीप बैठे धुआँ बाहर को छोड़ रहे हैं। फुलवारी की ओर के बरामदे में शेष मण्डली को छोड़ तीन अतिथि बैठे गप्प लगा रहे हैं। इनमें एक हरि है— अरोड़ा का छोटा भाई, दूसरी मिसेज़ लाल मि. अरोड़ा की मित्र मि. हीरालाल की पत्नी और चाची। मदन की चाची।

चाची प्रौढ़ हैं। आँखों पर चश्मा लगाये हैं नये और पुराने फ़ैशन के बीच में। मिस लाल [के] बहुत फ़ैशनेबुल ओठों से हँसी क्षण भर को दूर नहीं होती। मुख से रस बरसा पड़ता है। चाची को हरि से विशेष स्नेह है। मिस लाल का लड़का हरि की टॉर्च से खेल रहा है।

चाची ने मुस्कराकर कहा, "हरि मुझे डर था तुम शायद न आओ।" मिस लाल ने कहा "वाह भाभी के जन्मदिन पर न आते?"

हरि ने ऐनक को नाक पर जमाते हुए कहा, "आता तो कभी न लेकिन भैया के ख़याल से आना पड़ा। मुझे तो यहाँ आना एक आँख नहीं सुहाता।"

मिस लाल, क्यों भाभी क्या नाराज़ हैं, भाभी के लिए कुछ प्रेजेण्ट नहीं लाये?

हरि ने वितृष्णा से मुस्करा दिया।

चाची ने कहा, मदन ने तो तीन महीने हुए तभी प्रेजेण्ट इकट्ठे कर लिये थे।

मिस लाल ने पूछा, चाची क्या प्रेजेण्ट बताओ तो?

चाची, चार मौसम की चार सेण्ट्स और एक लॉकेट तो मैंने देखा था।

मिस लाल, क्या चाची लॉकेट क़े भीतर खोलकर देखा नहीं उसमें तस्वीर भी तो होगी भीतर सदा दिल पर लटका रहेगा। हरि, एक लॉकेट तुम्हें ज़रूर देना चाहिए था। तुम कुछ अपने कर्त्तव्य का ख़याल नहीं करते। चाची ने कहा, "हरि के बदले बेचारा मदन तो है। आज पूरे सात दिन से वह भाभी के जन्मदिन की तैयारी में घर का तो कुछ ख़याल नहीं वह बेचारे मदन पर सब मुसीबत है। आभा को साथ ले जाकर बाज़ार से सौदा ख़रिदवा देना, उसके संगीत का अभ्यास कराना सब उसी के जिम्मे है। छोटी बहन शान्ती तरसती रह जाय कभी कुछ बताने का नाम ले। कुंज़ तो बेपरवाह है उसे कभी पत्र नहीं लिखा। देहरे में मैं हैरान थी शान्ती के चार पत्र तीन महीने में आये और आभा

के दूसरे दिन कभी रोज़। पत्र पढ़कर मैं तो शरम से गड़ जाती थी कुंज की तबीयत ख़राब हुई तो मुझे छोड़ने लाहौर आया तो आभा को लेकर लौट गया। इस औरत को ज़रा शर्म नहीं मर्द तो मुलतान की गर्मी में मर रहा है और तुझे देहरे के बिना चैन नहीं।''

मिस लाल ने हँसकर कहा, भैया ने मुलतान से लिख दिया होगा देहरे चले जाने को, लाहौर में गरमी में रंग फीका पड़ जाता।

हरि, भैया का क्या है। भैया को इतना लिख देना काफ़ी है कि मेरी तबीयत ख़राब है बस। और कहाँ भैया ने तो माँ के पास जम्मू जाकर सबके साथ कश्मीर जाने को लिखा था। उसका जवाब दिया कि कश्मीर जाने में व्यर्थ किराये का इतना ख़र्च होगा। चाची ठीक तो है फिर देहरे से मंसूरी की सैर और होटल का ख़र्चा कहाँ से आता?

मिस लाल ने खिड़की की ओर झाँककर कहा, भैया।

मि. अरोड़ा ने खिड़की में से कहा, ''वाह! तुम वहाँ बैठी हो सर्दी में?''

मिस लाल ने कहा, ज़रा गरमी भी तो ठीक नहीं होती और फिर यह (लड़के की ओर संकेत कर) भी तो चैन नहीं लेने देता।

मि. अरोड़ा ने कहा, चाची यहाँ आओ न भीतर। चाची ने कहा, अब तो चलने का समय भी हो गया, मदन की प्रतीक्षा कर रही हूँ। न हो हरि तुम्हीं मुझे छोड़ आओ।

बाहर आ अरोड़ा ने मिस लाल को हाथ पकड़ उठा लिया। कहा, तुम्हें अभी क्या बहुत जल्दी है और लड़के [का] कान पकड़कर कहा, क्यों रे शैतान यहाँ क्या कर रहा है? लड़का उनसे लिपट गया। चाचा जी आपका शेर कहाँ है? शेर से अभिप्राय अरोड़ा के बुलडाग से था!

वह कवि?

मनुष्य की अनेक पीढ़ियों के साक्षी उस वृक्ष ने, अपनी एक बाँह चिर काल से, उसी की प्रतीक्षा में, फैला दी थी पृथ्वी के समतल।। प्रकृति के उस अपने खिलौने को, लाडले नटवर को, और कौन आसन बिछाता।। फागुन की उस दुपहरिया में, —की सहस्त्रशः अँगुली स्पर्श से मर्मरित पत्रों की ताल पर, वह गा रहा था।। मनुष्य की विधा से शून्य, वह निरक्षर कवि, प्रकृति की जिह्वा, उद्गार से थिरकी।। उपवन में घूमकर, नदी तट पर चिन्ता कर, काग़ज़ों की स्याही चाटकर, उसने भाव न ढूँढ़े।। कोयल की कूक की, पपीहे की टेर की, कामिनी कटाक्ष की उसे अनुभूति न थी।।

आत्मज्ञान

कण्व ऋषि के आश्रम के पूर्णत: आध्यात्मिक वातावरण में पार्थिवता और भोग के विचारों की छाया से परे शकुन्त की तोतली बोली और धूल-धूसरित अलकों को पीछे छोड़ शकुन्तला ने सौम्य भाषा और संयम के व्यवधानों सहित कैशोरावस्था में प्रवेश किया। गुरुजनों, युवक तपस्वियों और सखियों के संवाद से उसने यही सीखा था कि कामना नाम का एक अदृश्य शत्रु है। उसे पराभूत कर पाना जीवन का परमकाम्य आदर्श है और यज्ञ अनुष्ठान के लिए दूर्वा दल तथा समिधा एकत्र करना मनबहलाव का साधन है। शरीर की, इन्द्रिय-अनुभूति की उपेक्षा परम शिष्टाचार है। सौन्दर्य शास्त्र के उन वचनों में है जो इस शरीर को माया और इच्छा को पाप का निमन्त्रण बताते हैं।

कैशोर के आरम्भ में प्रियंवदा ने शकुन्तला को समझाया, कटि को छोड़कर शरीर के और भागों को भी आवरण में रखना उचित है। अनुवर्तिनी शकुन्तला ने ज्येष्ठा के आदेश का पालन किया। शरीर में प्रकट होनेवाली वृद्धि और परिवर्तन को उसने उदास दृष्टि से देखकर समझा यह अदर्शनीय विकार है। इसीलिए इसे मनुष्य की दृष्टि से परे रखना उचित है।

भस्म से धूसरित और वल्कल से वेष्टित कर कुत्सित नर-शरीर को दृष्टि से ओट में कर दिया जाता है परन्तु यह मृगशावक पालकर स्नेह से रखे जाते हैं फूल से लदी लता सींची जाती है और मयूरों को चुग्गा देकर रिझाया जाता है। यह सब कितने सुन्दर हैं? इन्हें सदा आँख के सम्मुख रखने की चाह होती है परन्तु अपना शरीर छी...

घने कदली कुंजों, बेल लताओं और पलाश के चौड़े पत्तों से घिरे एकान्त जलाशय में स्नान करने जाकर एक आँधी से उखड़कर जल में गिरे हुए वृक्ष की स्थूल शाखा पर जल में पैठने से पूर्व वस्त्र एक ओर रख बैठी शकुन्तला सोच रही थी। अंगारों से लदी हुई पलाश की यह टहनियाँ कितनी सुन्दर हैं?

यह चिकने वेणु कितने कोमल और सुन्दर हैं यह जलाशय में नीले जल पर उठे हुए कमल कितने सुन्दर हैं? कितने प्यारे हैं? यह बसन्त का वायु इनसे अठखेलियाँ कर रहा है इन्हें झुला-झुलाकर खिला रहा है। यह इन्हें कितना चाहता है? आह! यह कोयल! यह कोयल कैसे पुलक-पुलककर कूक रही है आम के बौरों को यह कितना चाहती है? ओह! यह भौंरे कैसे गा-गाकर इन कमलिनियों को रिझा रहे हैं। इन सुन्दर-सुन्दर वस्तुओं को सभी चाहते हैं।

उसने नीचे आँख झुकाकर देखा। स्थिर जलाशय में उसका निरावरण प्रतिबिम्ब भी दिखायी पड़ रहा था। वह स्थिर दृष्टि से देखती रही। उसने देखा—उसकी जंघा कदली से अधिक कोमल और चिकनी है। उनकी रेखाओं में एक सौष्ठव है जो नयी ब्यायी हथिनी के कलभ से भी भला जान पड़ता है। स्थूल नितम्बों और उभरे हुए वक्षों के बीच कमर का संकोच शिव जी के डमरू के समान ही है और यह छाती का उभार जिसे सखियाँ छिपाये रखने को कहती हैं यह तो कुरूप नहीं है। उसने कुछ लजाकर दायीं बाँह से उन्हें तनिक दबाकर देखा—यह तो पके आम की ही तरह सुगठित गदराये हुए और सुखस्पर्श है। यह मेरा मुख तो इन उलझे हुए केशों के जंजाल में काले मेघ से घिरे चाँद-सा जान पड़ता है। झेंपकर उसने दोनों हाथों से मुख को ढाँप लेना चाहा। उस समय जल में उन उठती हवाओं के बिम्ब में उसे जान पड़ा कि उन बाहुओं की कोमलता और लहराव तो मल्लिका की लता से भी अच्छा है। परन्तु मल्लिका तो आँगन को लपेटे है।

सब सुन्दर वस्तुओं की तो कदर है उनको चाहनेवाले हैं। हाय! क्या मुझे भी कोई...ओफ...न...शायद...

यशपाल बांत्रा

Eve of Holi, ७ मार्च, १९३६

सुख और दु:ख उसका बिलकुल परिमित था। यदि शिकार को वह गिरा पाता तो यह सुख था यदि शिकार उसके लक्ष्य से बच जाता या अपने चातुर्य से उसे धोखा दे जाता तो वह दु:खी हो जाता था। मक्का के आटे की लपसी यदि मिल जाती वह चरम सुख था। परन्तु एक दिन आखेट के चक्कर में उसने अतीत काल के खँडहर की अवशिष्ट एक नारी की प्रतिमा देखी। न जाने कितने समय से ऋतुएँ अपने-अपने समय पर उस पर अपने चिह्न बना रही थीं। उन सब परिवर्तनों को मूक भाव से देखती हुई समय के प्रभाव को सहती हुई वह प्रतिमा एक बीहड़ कुंज में मनुष्य की आँख से ओझल रह अपनी लज्जा को बचाये चुपचाप खड़ी थी।

वह भील युवक, नर-पशु, प्राकृत-युवक संस्कृति और कला के ज्ञान से शून्य उस प्रतिमा को देखता रहा। उसे अनुभव हुआ कि उसने कुछ पा लिया है। काँटों और झाड़-झंखाड़ में जिस तुच्छ आखेट के लिए वह मारा-मारा फिरता है उससे कुछ बहुत सुन्दर वांछनीय उसने पा लिया है। एक नयी अनुभूति उसके हृदय में जाग उठी।

अपने आखेट का बहुत-सा समय अकेले उस कुंज में उस प्रतिमा के सम्मुख बैठकर बिता देता। वह समय बहुत सुखद और सान्त्वनाप्रद मालूम पड़ता था। वनपुष्प और कन्दमूल लाकर वह प्रतिमा के सम्मुख रख देता। कभी उससे लिपट जाता। उसे मालूम होता था वही उसका संसार है।

एक दिन अधिक सुन्दर फूल और सीले फल ढूँढ़ लाने के लिए एक बाग़ की बाड़ लाँघकर वह भीतर कूद गया। पकड़ा गया। बन्दी घर जाना पड़ा। बन्दी आकाश की ओर देखकर घने कुंज में अवस्थित प्रतिमा को याद कर आहें भरता उषा की लालिमा में और रात्रि की श्यामलता में उसे अपनी प्रतिमा अधर में खड़ी संकेत से पुकारती दिखायी पड़ती।

बन्धन से मुक्ति पा वह जंगली युवक सीधा उसी विकट कुंज में प्रतिमा के दर्शन के लिए पहुँचा। उस दिन पर्व का दिन था। कुंज का वहाँ नाम नहीं था। वृक्षों और बीहड़ लताओं के स्थान पर वहाँ मन्दिर और हाट दुकान दिखायी पड़ रहे थे और बाजों के स्वर से मनुष्यों का स्वर दब गया था। कोमल स्वर

से गानेवाले पक्षी भयभीत हो उड़ गये थे। मनुष्यों द्वारा फेंके हुए खाद्य-पदार्थ से आकर्षित होकर केवल कौए और चीलें मँडरा रही थी।

अर्घ्य लेकर भक्त लोगों की पंक्तियाँ मन्दिर में जा रही थीं और प्रसाद लेकर लौट रही थीं। उस कोलाहल और समारोह में उस अन्त्यज भील के लिए प्रवेश पा सकना असम्भव था।

धूल से भरे शरीर से वह हटकर वह एक पेड़ के नीचे बैठा मन्दिर की दिशा की ओर देख रहा था जहाँ उसकी प्रतिमा को छीनकर पूजा का समारोह हो रहा था।

परन्तु मन्दिर में तो वह प्रतिमा निर्जीव पाषाण थी स्वयं कुछ भी महत्त्व न रख वह केवल एक कल्पित देवी-शक्ति की आराधना की साधन-मार्ग मात्र थी। पुजारी के हृदय में बसनेवाली याचना के प्रकट होने के लिए एक आड़ मात्र थी।

परन्तु अन्त्यज भील युवक के हृदय में वह जीवन्त जागरित ज्योति थी पूजा का साधन उपकरण नहीं लक्ष्य और प्रयोजन थी। उसके छिन जाने से उसके हृदय का संसार उजड़ गया था।

ऐ देवी! तू ही बता तेरा वास कहाँ है? बाजे-गाजे और आभूषण-अलंकार से सज्जित गगनचुम्बी मन्दिर में सोने के सिंहासन पर या उस मैले-कुचैले अबोध अन्त्यज के मन में?

यशपाल बांत्रा

१५/३/३६

नाक

जब्बार के बाप ने लड़के पर जवानी आते देख पड़ोस के गाँव में एक लड़की तजवीज़ कर ली थी। लेकिन जब्बार ने हस्बा की लड़की शब्बू को जो पानी भरकर लौटते हुए देखा, तो सुध-बुध जाती रही।

जैसे कथा-कहानी में शाहजादा नदी में बहता सोने का बाल देख, बालवाली सुन्दरी से ब्याह करने का अटल प्रण कर महल की अटारी में उपवास कर लेट गया था, बहुत कुछ वैसा ही हाल जब्बार का भी हुआ। मुँह से तो कुछ कह न सका पर शिथिल शरीर चेहरे का रंग उड़ा हुआ, कुछ खोया-खोया-सा वह रहने लगा। माँ-बाप ने हालत देख सलाह की। मुँह-दर-मुँह नहीं, पर उसे सुना दिया कि ब्याह जल्दी ही उसका हो जायगा। लड़की है कि बिलकुल जवान। शमसुल की बड़ी बेटी ज़हुन्ना आस-पास के चार गाँवों में एक ही लड़की है। पानी का यह बड़ा मटका सिर पर उठा दो मील धमकती चली जाय, घर भर का काम सँभालती है, अभी से। यहाँ आ जायगी तो जब्बार की माँ को भी चैन करने को मिलेगा। बूढ़ी हो गयी बेचारी। पर जब्बार को इससे क्या तसल्ली होती। बहुत लम्बी आहें खींचकर अकसर वह चुपचाप पड़ा रहता। एक रोज़ माँ ने आँखों में आँसू भर अपनी क़सम धरा पूछा, तो उसने सच कह दिया। उसने ज़हुन्ना की बात सुनने से भी इनकार कर कहा, या तो शब्बू नहीं तो बस, कुछ नहीं।

लड़के को माँ-बाप ने बहुत समझाया। उसे सुनता देखते तो आपस में ज़हुन्ना की तारीफ़ और शब्बू की निन्दा करने लगते। और फिर जो लोग ऐसी बेशर्मी से ब्याह करते हैं उनकी कितनी निन्दा होती हैं यह सब वे लड़के को वक्रोक्ति अलंकार और रूपक द्वारा समझाकर हार गये, पर धुन का पक्का जब्बार नहीं माना-नहीं माना। तब एक रोज़ बूढ़ा हस्बा से बात करने गया। जब वह लौटकर आया तो क्रोध से उसकी आँखें लाल और ग्लानि से चेहरा विरूप

हो रहा था। बन्दूक कोने में रख कन्धे की चादर ज़मीन पर फेंक वह क्रोध में ज़मीन पर ही बैठ गया।

जब्बार की माँ ऊँट को बेरी की पत्तियाँ खिला रही थी। तुरन्त बूढ़े के समीप दौड़ आयी। जब्बार दूर से ही उत्सुक कान लगाये था। बूढ़ा मानो फट पड़ा, "ऐसे नखलफ़ बेटे से बेऔलाद भला।"

जब्बार की माँ ने घबराकर बेटे की बलाएँ अपने सिर लेते हुए नाक पर हाथ रखकर पूछा, "हाय-हाय, हुआ क्या?"

बूढ़े ने कहा, "हुआ क्या, ऐसे बेशरम, बेग़ैरत लड़के से और होगा क्या? तमाम इज़्ज़त खाक़ में मिल गयी और घर मिट्टी में मिल जायगा।"

माँ ने फिर बलाएँ लेकर कहा, "हाय-हाय, हुआ क्या, ऐसे क्यों कहता है?" बाप ने कहा, "अगर इसके ऐसे ही मिजाज़ थे, यह कलात के ख़ान के यहाँ पैदा क्यों नहीं हुआ? जानती है हस्बा ने क्या कहा? सीधे मुँह से बात भी न की। बदतुख़म कहती है, शब्बू की बात तुम मत सोचो। उसे वह ब्याहेगा जो ढाई सौ रुपये की गठरी बाँधकर लायेगा।" ढाई सौ रुपये की बात सुन जब्बार की माँ की आँखें ऊपर चढ़ गयीं। बूढ़े ने कहा, "तू भी बूढ़ी हो गयी तूने कभी ऐसा तूफ़ान सुना है उमर में? ढाई सौ रुपये? ढाई सौ रुपये के तोल में भी उसकी लड़की नहीं चढ़ेगी। ढाई सौ रुपये कोई चीज़ होती है। शमसुल से मैंने ज़हुन्ना के लिए बात की थी। उसने अस्सी रुपये लड़की के माँगे थे आख़िर साठ पर तैयार है, और लड़की भी एक आदमी है। और वह साँट-सी लड़की के ढाई सौ माँगती है और फिर तू बूढ़ी हो गयी तू ही बता रंग ज़रा मैला हुआ तो क्या, और ज़रा साफ़ हुआ तो क्या, औरत-औरत सब एक। तुझे अपने काम से मतलब कि रंग से मतलब? अभी छह महीने नहीं हुए इसके लिए बन्दूक ख़रीदी थी, तो वह ऊँट बेचा था। ढाई सौ रुपये उमर भर में कमा तो पायेगा नहीं और शान यह है। अच्छा तू ही बता इतनी बूढ़ी हुई, ढाई सौ रुपये कभी औरत के दाम सुने हैं। ढाई सौ रुपये में तो फिरंगी की तोप आ जाती है।" जब्बार ने सुना, आह को सीने में दबाकर करवट बदल ली।

इकलौते बेटे का यों दिन-रात बिसूरना माँ-बाप से देखा न गया। बूढ़े ने कहा मेरा क्या है, पका फल हूँ कब टपक पड़ूँ। जो कुछ है इसी के लिए है। रोजी का सहारा यह दो ऊँट हैं। यह भी जायँगे फिर फिरंगियों की सड़क पर रोड़ी कूटने की मज़दूरी करेगा। लोग यही कहेंगे कि गफ़्फ़ार का बेटा मज़दूरी करने लगा। सो इसकी क़िस्मत। मैं क्या सदा बैठा रहूँगा? आख़िर दोनों ऊँट

भी बन्नू के बाज़ार में बेच दिये गये और शब्बू बूढ़े के घर बहू बनकर आ गयी।

शब्बू को इस बात का कम गर्व नहीं था कि उसकी क़ीमत अढ़ाई सौ रुपये गिनकर चुकायी गयी है। पानी भरने जाती आधा ही घड़ा लेकर लौटती, वह भी लचकती बल खाती। पड़ोस की मीरन ने समझाया, "ऐसा नख़रा ठीक नहीं। मर्दों को काम प्यारा होता है किसी रोज़ ऐसी मार पड़ेगी कि कमर सदा को लचक जायगी।"

शब्बू ने अपनी कान तक फैली पलकों को झपककर और हाथ का अँगूठा दिखाकर कहा, "ओहो! मेरे बाप ने बारह बीसे पर दस रुपये गिनकर मुझे मार खाने को ही तो यहाँ भेजा है। कोई मुझे हाथ तो लगाये? तेरा क्या है? तेरे मर्द ने तीन बीसे में तुझे लिया है। लँगड़ी-लूली हो जायगी तो एक और सही।"

गज़ब की शोख़ और शौक़ीन। काली बास्कट, जिसमें सीप के सौ बटन लगे थे, पहनकर पानी लेने जाती। बालों की पट्टियाँ माँग से बैठाकर कानों तक लाती, और बाहर जाती तो उस पर पानी का हाथ फेरकर उन्हें चमका लेती। हर महीने अपने कपड़े छाँटती और बाल धोती। जब्बार की माँ यह सब देखती और नाक पर हाथ रख पड़ोसिन से कहती, देखो तो अढ़ाई सौ रुपये देकर ब्याह किया पर मुझे क्या आराम मिला? इसे तो अपने नख़रों से ही छुट्टी नहीं। बूढ़े ने बेटे को समझाया, जवानी की तेरी उमर है, कुछ कमाई अब नहीं करेगा तो कैसे होगा। यों घर बैठा रहना क्या तुझे सोहाता है। रोज़ी का एक ज़रिया मेरे ऊँट थे सो तेरे ब्याह में ख़तम हो गये। अब भी तू कुछ नहीं करेगा तो क्या मैं परदेस जाकर मज़दूरी करूँगा।

मन मारकर जब्बार को कमाई करने बन्नू आना पड़ा। लेकिन मन उसका गाँव में ही रहता। पूरा सप्ताह जब्बार को बन्नू गये नहीं हुआ था कि वह शब्बू की याद से बेकल हो एक दिन आधी रात को उठ गाँव को चल दिया। सोलह मील चलकर जब उसे उषा की अस्पष्ट लाल आभा में पहाड़ी पर अपनी गाँव की छतें दिखायी दीं तो वह ठिठक गया। अपने बाप की क्रुद्ध मूर्ति और पड़ोसियों की लांछना के विचार ने उसके पैरों में बेड़ियाँ डाल दीं। वह एक चट्टान पर बैठ अपने घर के दरवाज़े की ओर देखने लगा। पानी भरने शब्बू निकलेगी तब वह उसे एक आँख देख सकेगा। उसने सोचा बावड़ी पर चलकर बैठूँ। शंब्बू पानी भरने आयेगी तो उससे दो बातें करके लौट जाऊँगा।

शब्बू पानी लेने आयी तो दो सहेलियों के साथ। जब्बार तीस क़दम पर एक पत्थर की ओट में धड़कते हुए दिल से देखता रहा पर एक शब्द बोल न सका। कैसे बोलता, वह दोनों पड़ोसिनें बदनाम कर देतीं। दिल पर पत्थर रखे जब्बार देखता रहा, शब्बू सहेलियों से चुहल करती मटकती लौट गयी। जब्बार बन्नू लौट आया।

जब्बार के विरह की आग में ईर्ष्या का घी और पड़ गया। उसने कहा देखो मैं यहाँ परदेस में अकेला मर रहा हूँ और वह मौज करती है। उसे मेरा ज़रा भी ग़म नहीं। औरत की जात में वफ़ा नहीं। आठ-दस दिन बाद वह फिर रातोंरात सफ़र कर शब्बू की एक झलक देख सकने और एक चुम्बन पा सकने की आशा से गाँव की बावली पर आ बैठा। परन्तु वह अकेली नहीं आयी। वही पड़ोस की तीन सहेलियों के साथ वह अठखेलियाँ लेती आयी। जब्बार उनकी बात को कान लगाकर सुन रहा था। मीरन ने शब्बू की ठोड़ी छूकर कहा, हाय रे तेरा नखरा गाँव के छैले तुझ पर जान दे रहे हैं, क़सम मेरे सिर की। गर्व से शब्बू को सरूर छा गया। वे पानी लेकर लौट गयीं। जब्बार की छाती पर मानो सौ मन का पत्थर आ गिरा पर बेबस था।

अब उसके मन में सन्देह का अंकुर और जमा। सन्देह मनुष्य के हृदय में आकाश बेल की तरह बढ़ता है। उसके लिए जड़ या बुनियाद की भी ज़रूरत नहीं। वह कल्पना के आकाश में ही पुष्ट होता है। और सन्देह को निश्चय का रूप लेते कितनी देर लगती है?

गाँव में कई ऐसे लौंडे-लपाड़े थे जिन्हें फितूर के अलावा कुछ मतलब नहीं था। रहमान और अब्बास से हरेक बात की आशा रखी जा सकती थी। और फिर यदि कुछ दाल में काला नहीं है तो मीरन ऐसी चरचा क्यों कर रही थी। और शब्बू की यह मटक फटक किसके लिए है? उसे मेरा ज़रा भी ग़म नहीं, और मैं यहाँ मरा जा रहा हूँ। जब्बार लहू के घूँट पी-पीकर रह जाता था।

आख़िर उसने घर लौटने का एक उपाय सोचा। रुपया कमाने के लिए ही तो वह यहाँ घर से दूर पड़ा है। यों आठ आने दस आने रोज़ में रुपया नहीं कमाया जा सकता। घर लौटने की आग ने उसे बावला कर दिया। आख़िर एक दिन मौक़ा देख उसने एक हाथ मार ही दिया। क़िस्मत अच्छी थी, वह पकड़ा भी नहीं गया और डेढ़ सौ रुपया कमाकर डेढ़ महीने में घर लौट आया। जब्बार के बाप को हौसला हो गया बेटा भूखा नहीं मरेगा।

जैसे नील का दाग़ कपड़े को नहीं छोड़ता वैसे ही सन्देह एक दफ़ा जिस मन में प्रवेश कर जाता है उसे छोड़ता नहीं। जब्बार ने शब्बू से पूछा, "क्यों? जब मैं बन्नू में था तो ख़ूब मज़े उड़ते थे।"

शब्बू भी बिलकुल मज़दूरनी नहीं थी। उसने पूछा, "कैसे मज़े? किससे मज़े उड़ते थे।"

जब्बार ने कहा, "क्यों गाँव में क्या कम आदमी हैं। रहमान है, अब्बास है। ख़ूब बनाव सिंगार से पानी लेने जाना होता था, क्यों?"

शब्बू ने कहा, "मैंने कभी किसी मरद की तरफ़ आँख उठाकर देखा भी नहीं। मुझे झूठा इलजाम लगानेवाले का बुरा हो।"

जब्बार ने तड़पकर पूछा, "तू बन-ठनकर अपना हुसन दिखाने नहीं जाती थी।"

शब्बू ने कहा, "मैं क्यों जाऊँगी दिखाने किसी को? कोई मुआ घूरा करे तो मेरा क्या कसूर?"

जब्बार ने चुटियाकर कहा, "तो तू यों बन-ठन के दिखाने को क्यों निकलती है?"

अपने सौन्दर्य के अभिमान में सिर ऊँचा कर शब्बू ने कहा, "मैं क्या करती हूँ मैं जैसी हूँ वैसी हूँ।"

जब्बार बड़े यत्न से शब्बू की चौकसी करने लगा। शब्बू से सौ क़दम दूर पर भी किसी आदमी को देख जाता तो उसे यहीं सन्देह होता कि वह शब्बू से आँख लड़ा रहा है। कुछ दिन में उसका खाना-पीना हराम हो गया। किसी मुसाफ़िर को गाँव से गुज़रते देखकर भी उसे यह शंका होती न हो शब्बू के रूप की ख्याति सुनकर ही यह आदमी बहाने से इधर आया है। सारा गाँव उसे शब्बू के पीछे पागल दिखायी पड़ने लगा।

एक रात जब्बार ने शब्बू से कहा, "आज तू बाहर से लौट रही थी तब राह में मुस्करा क्यों रही थी?"

शब्बू ने कहा, "मैं कहाँ मुस्करा रही थी?"

जब्बार ने कहा, "और यह सब आदमी खड़े तुझे क्यों देख रहे थे?"

अपने रूप की महिमा के इस संकेत से पुलकित होकर शब्बू ने उपेक्षा से कहा, "मैं क्या जानूँ?"

चुटियाकर जब्बार ने कहा, "बहुत घमण्ड होगा हुसन का, मैं नाक काट लूँगा!"

शब्बू का मन गुदगुदा उठा। उसने मन में कहा, "बारह बीसे और दस रुपये की नाक है।" और चुप रह गयी।

शब्बू सो गयी परन्तु जब्बार की आँखों में नींद कहाँ। उसने पुकारा, "सुन तो!" उत्तर नदारद। जब्बार ने कहा, देखो तो इसका घमण्ड। मैं बेचैन पड़ा हूँ और यह मज़े में सो रही है। यह सब घमण्ड शकल का है। इसी शकल के पीछे गाँव के बदमाश पागल हैं। मेरी क्या आबरू है? अगर यह शकल न होती क्या मेरी आबरू यों मिट्टी में मिलती? ऐसी शकल का क्या फ़ायदा? गम्भीर होकर इस समस्या पर विचार कर उसने सोचा आबरू नहीं तो कुछ नहीं। और यह शकल तो सब लोग देखते हैं मेरा इस पर क्या कब्ज़ा है। जब तक यह शकल रहेगी तब तक मुझे आबरू और चैन नहीं मिल सकता।

रात के सन्नाटे में जो विचार उठते हैं वह बहुत उग्र होते हैं क्योंकि उस समय दिन में विचारों को बाधित करनेवाली सूक्ष्म सैकड़ों उलझनों के मार्ग बन्द रहते हैं। इसीलिए भक्त रात को समाधि लगाते हैं और क़ातिल क़त्ल रात को करते हैं, चोर चोरी रात को करते हैं और विरही भी रात को ही पागल हो उठते हैं। जब्बार अँधेरे में आँखें खोले शब्बू के रूप के कारण होनेवाले तमाम अनर्थ पर विचार कर रहा था। वह अनर्थ उसे अपरिमेय जान पड़ा। उसे सहन करना बिलकुल सम्भव नहीं था। उसने सिरहाने से पैना छुरा उठाया और अँधेरे में टटोलकर शब्बू की नाक पकड़ ली। एक ही झटके में नाक काटकर उसने फेंक दी।

शब्बू चीख़ उठी। जब्बार की माँ उठकर दौड़ी। रोशनी जलायी गयी। पड़ोस के लोग दौड़ आये। जब्बार का बाप ग़ुस्से में गालियाँ दे रहा था और दूसरे लोग इलाज बता रहे थे। एक बुढ़िया ने चिल्लाकर कहा, "अरे जल्दी से कोई भेड़ या बकरी का ताज़ा गरम-गरम ज़िन्दा गोश्त का टुकड़ा काटकर नाक पर रखो नहीं तो लड़की का लहू बह-बहकर मर जायगी।" जब्बार की माँ ने घबराकर कहा, "इस वक़्त भेड़-बकरी कहाँ?" बुढ़िया ने कहा, "तो तुम जानो।"

जब्बार खड़ा सुन रहा था। उसने शब्बू की नाक इसलिए काटी थी कि वह केवल उसी की होकर रहे। दूसरों की आँख उस पर पड़ना भी उसे सह्य नहीं था। वह शब्बू को केवल अपने ही लिये रखना चाहता था। दूसरे की आँख उस पर पड़ने से उसके दिल पर घाव लगता था। उसके मर जाने की सम्भावना सुन उसका दिल दहल गया। ज़िन्दा गरम-गरम गोश्त नहीं मिलेगा तो क्या...।. उसने वही पैना छुरा उठाया और अपनी जाँघ से गरम-गरम गोश्त का टुकड़ा काट

शब्बू की नाक पर धर दिया। जब्बार की माँ और बाप बिलकुल पागल हो गये और दूसरे लोग हैरान हो गये।

शब्बू चेहरे के घाव की दरद के मारे खाट पर पड़ी-पड़ी कहराया करती और जब्बार जाँघ में पट्टी बाँधे खाट की पटिया पर बैठा शब्बू के चेहरे पर से मक्खियाँ हाँका करता था। ज़ख़म के कारण शब्बू का तमाम चेहरा सूज गया और पानी का घूँट तक निगलना उसके लिए दूभर हो गया और तिस पर बुखार। यह हालत देखी तो जब्बार ने उसका इलाज बन्नू के फिरंगी डॉक्टरवाले अस्पताल में करने का निश्चय किया। स्वयं बड़ी कठिनाई से वह चल पाता था परन्तु उसने शब्बू को कन्धे पर उठा लिया और बग़ल में लाठी टेकता वह बन्नू के लिए चल पड़ा। थोड़ी दूर चलकर वह आराम लेने को ठहर जाता और कपड़ा भिगोकर कुछ बूँद शब्बू के मुँह में टपका देता। पाँचवें दिन वह बन्नू के अस्पताल में पहुँच गया। बीस रोज़ में शब्बू का ज़ख़म भर पाया उसकी तबीयत ठिकाने आयी।

नाक न रहने पर हवा होंठों की अपेक्षा बात करते समय नाक के छेद से अधिक निकल जाती है और स्वर बिलकुल नक्की (अनुस्वार लुप्त) हो जाता है। उसी स्वर में मनमनाकर शब्बू ने कहा, "मेम साब कहती हैं विलायत से रबर का नाक मँगवा दे सकते हैं।" जब्बार ने घबराकर कहा, "बस रहने दे, हमें नाक नहीं चाहिए, मुझे तू बिना नाक के भली मालूम होती है, तुझे क्या नाक औरों को दिखानी है?"

शब्बू उदास हो गयी। उसने खाना खाने से इनकार कर दिया। जब्बार के लिए बड़ी भयंकर समस्या आ पड़ी क्या करे? उसने सोचा बुरा हो इस मेम का, मैंने एक नाक काटी थी वह दूसरी बनाने को तैयार है!

जब दो दिन शब्बू ने खाना नहीं खाया तो जब्बार ने रबर नाक की क़ीमत चालीस रुपये डॉक्टर के यहाँ जमा कर दिये पर शर्त एक ही कि शब्बू नाक लगायेगी ज़रूर लेकिन अगर ग़ैर-मरद उसे घूरने लगे तो झट नाक उतारकर जेब में डाल ले।

यशपाल बांत्रा

२९/४/

नीरस-रसिक

मीरा कदल (पुल) के नीचे से नीलगूँ दूधिया-सी जेहलम तीसरे पहर की सूर्य की सुखद किरणों में झिल-मिल बही जा रही थी। बहते जल का कल-कल मर-मर शब्द और शिकारों के छोटे-छोटे चप्पुओं का छपा-छप पुल पर से आने-जानेवालों के कानों तक पहुँच रहा था। जेहलम के किनारे दोनों ओर लगातार छोटे-बड़े हाउसबोट (बजरे) खड़े थे और बीच धार में दोनों किनारों को आने-जानेवाले सैकड़ों (शिकारे) चटकीले रंग के परदों से सुसज्जित आ-जा रहे थे बिना पर्दे के शिकारों पर यूरोपियन स्त्रियाँ अपनी छोटी-छोटी भड़कीले रंग की छतरियाँ (Parasol) चमका रही थीं। ऐसा मालूम पड़ता था बहुत ही बड़ी-बड़ी तितलियाँ सैकड़ों की संख्या में जल की धार पर मँडरा रही हैं। उनके परों के रंग चाँदी की-सी जाड़े की धूप में ख़ूब निखर रहे थे। एक युवक बग़ल में काग़ज़ का छोटा-सा पुलिन्दा दबाये पुल के किनारे की लकड़ी पटरी (फुटपाथ) पर खड़ा पोस्टऑफ़िस की ओर देख रहा था। उसे सुनायी पड़ा, "माँ जी ये 'प्रद्युम्न' खड़े हैं।"

अपना नाम सुन घूमकर उसने देखा एक वृद्धा के साथ तरुणी खड़ी उसकी ओर देखकर अभिवादन के अभिप्राय से मुस्करा रही है। नमस्ते कहकर उसने पूछा, "आप भी यहीं हैं?"

तरुणी ने कुछ समीप आकर कहा, "हम तो यहाँ एक सप्ताह से हैं। पिता जी हमें यहाँ छोड़ गये हैं। आप कब आये?"

प्रद्युम्न ने कहा, "अप्रैल के आरम्भ में ही आ गया था। इधर मैं आज आठ दिन बाद आया हूँ।"

तरुणी ने उसी मुस्कराहट से पूछा, "क्या इस दृश्य का चित्र बनाने का विचार है।"

प्रद्युम्न ने फिर जेहलम की ओर देखते हुए उत्तर दिया, "यह मैं बना चुका हूँ, ठीक यही तो नहीं, हाँ, जेहलम के प्रभातकालीन दृश्य का मैंने एक पेण्टिग तैयार किया है। उस समय मैं यहीं ठहरा हुआ था। पन्द्रह दिन मैं वहाँ लाइब्रेरी के समीप ही था। आप लोग कहाँ ठहरे हैं?"

तरुणी ने उत्तर दिया, "हम लोग 'चिनार नाले' में हैं, आप अब कहाँ हैं?"

प्रद्युम्न ने उत्तर दिया, "मैं तो अब 'डल' में हूँ।"

तरुणी की माता ने कहा, "डल में। वहाँ तो सब गोरे-ही-गोरे ठहरते हैं। क्या अच्छा लगता होगा? क्यों सविता?"

सविता ने हँसकर कहा, "यह भी तो साहब लोग हैं।"

प्रद्युम्न ने हँसकर कहा, "नहीं साहब-वाहब कुछ नहीं। मैं साहब लोगों से कुछ हटकर बायीं ओर हूँ। वहाँ मैं 'मार्तण्ड' (तख़्ते सुलेमान) का एक पेण्टिग तैयार कर रहा हूँ उसके बाद उस जगह को छोड़ दूँगा।"

सविता ने कहा, "आप अपने चित्र मुझे दिखाइयेगा?"

प्रद्युम्न ने कहा, "जब चाहो।"

सविता ने माँ की ओर देखकर कहा, "लेकिन आपके हाउसबोट को कैसे ढूँढूँगी?"

प्रद्युम्न ने दायें किनारे की ओर संकेत कर कहा, "मेरा शिकारा वह खड़ा है, चलिये यहीं से डल गेट होकर चलिये, वहाँ से लौटकर मैं आपको चिनार नाले पहुँचा दूँगा—क्यों माता जी? हाँ, आप इधर कहाँ जा रही हैं?" सविता ने बताया, "वह माँ के लिए क्रुश्चन साल्ट की एक शीशी लेने के लिए केमिस्ट के यहाँ जा रही थी।"

दवाई लेकर वे प्रद्युम्न के शिकारे पर 'डल' की ओर चले। प्रद्युम्न का हाउसबोट छोटा-सा था। दायीं ओर छह फीट खुली जगह के बाद बजरे में पहला छोटा-सा कमरा ड्राइंगरूम के तौर पर बना रहता है उसी को प्रद्युम्न ने अपनी चित्रशाला बना लिया था। माँ और सविता को बैठा हाँजी को चाय बनाने के लिए कहकर वह बजरे की लकड़ी की दीवार के सहारे टिकाये हुए एक चित्र को उठा उन्हें दिखाने लगा। यह जेहलम का प्रभातकालीन दृश्य था। जो दृश्य अभी-अभी वह देखकर आ रहे थे उससे केवल उसमें यह अन्तर था कि धूप का रंग अधिक सुनहला और जल की नीलिमा गहरी थी। वृद्धा ने अपनी श्रान्त आँखों को फाड़-फाड़कर चित्र को देखा। चित्र पसन्द आने पर भी

वह उसके उपयुक्त कुछ प्रशंसा न कर सकीं। सविता ने माँ के बदले में भी इंगलिश में बहुत-कुछ कहा।

एक दूसरा चित्र प्रद्युम्न ने और दिखाया। उसके नीचे लिखा था, 'गौरव की वस्तु।' मैले-कुचैले कपड़े पहने एक वृद्ध की गोद में एक फूल-सा बालक बहुत ही सुन्दर तस्वीर में था। वृद्ध की निष्प्रभ आँखों और झुर्रियों से भरे चेहरे पर अभिमान का भाव स्पष्ट झलक उठा था। यह तस्वीर माँ को बहुत पसन्द आयी।

हाँजी चाय ले आया। सविता ने हँसकर कहा, "वाह माँ जी को मुसलमान के हाथ की चाय पिलाओगे?"

प्रद्युम्न अपनी भूल पर लज्जित हो गया। उसने पूछा, "आजकल आप क्या कर रही हैं? कॉलेज तो आपने छोड़ दिया होगा?"

माँ ने अपना अवसर देख स्नेह का उलाहना देते हुए कहा, "कहाँ बेटा, पिछले साल एम्मे पास कर लिया अब फिर कोई दूसरा एम्मे पास करने को कहती है।"

सविता ने हँसकर कहा, "पिछले वर्ष इंगलिश में एम. ए. किया था इस वर्ष मेरा विचार दर्शन Philosophy में एम. ए. शुरू करने का है। माँ जी को न जाने क्यों अच्छा नहीं लगता। अच्छा प्रद्युम्न भाई जी इसमें क्या हर्ज़ है?"

प्रद्युम्न ने कहा, "हर्ज़ क्या है? अच्छा ही है।"

माँ ने स्नेह से बेटी की ओर देखकर कहा, "पहले ही इतनी कमज़ोर है और उस पर यह झंझट और सिर पर ले लेगी तो कैसे होगा?"

माँ का संकेत समझकर सविता ने कहा, "अच्छा मैं प्रद्युम्न जी से तसवीर बनाना सीखूँगी उससे तो कमज़ोरी नहीं होगी? क्या आप सिखायेंगे?"

प्रद्युम्न ने कहा, "वाह क्यों नहीं, आप सीख सकती हैं।"

: २ :

जब सविता ने एण्ट्रेन्स की परीक्षा पास की थी तभी माँ ने विवाह की बात उठायी थी। परन्तु सविता के पिता ने उस ओर कान ही नहीं दिया। एफ. ए. के बाद वह बात अधिक ज़ोर से उठी परन्तु उस समय भी पिता को योग्य वर की तलाश करने की जल्दी नहीं थी। बी. ए. के बाद जब बात उठी तब सयानी लड़की की राय के बिना कुछ करना ठीक न जँचा। बी. ए. पास लड़की के लिए योग्य वर मिलना सरल काम नहीं है।

एम. ए. पास करने तक सविता ने इतना अधिक पाश्चात्य साहित्य पढ़ लिया था कि उसके लिए साधारण पंजाबी हिन्दू लड़की के समान विवाह ही जीवन का एकमात्र लक्ष्य नहीं रह गया था। बर्नार्ड शॉ की सभी पुस्तकें उसने पढ़ ली थीं और इससे पहले वह कीट्स, शेली और बायरन की कविताएँ पढ़ चुकी थी। स्थूल जगत् के अन्तराल में जो एक सूक्ष्म जीवन है, जिसकी लीला मस्तिष्क के निस्सीम अपरोक्ष क्षेत्र में रची जाती है उसमें उसका प्रवेश हो चुका था। विवाह कर वह अपने जीवन को निम्नकोटि के परिमित क्षेत्र में परवश नहीं कर देना चाहती थी। उसने अनातोले, रोलाँ और आधुनिक रूसी कथा-साहित्य में अदृश्य परन्तु वास्तविक जीवन का एक ऐसा स्रोत पा लिया था जिसमें अतीन्द्रिय भाव से सभी कामनाओं की तुष्टि के साधन मौजूद थे। उस इच्छा के देश को छोड़ अपने-आपको पर कटाकर छोड़ देने में क्या सुख है? विवाह तो एक ही बेर हो सकता है, फिर कौमार्य के इस अधिकार को जितने दिन रखा जा सके, इसके मीठे वैराग्य का जितने दिन भोग किया जा सके।

प्रेम की खोज उसने बिलकुल न की हो सो नहीं—की ज़रूर लेकिन बहुत ऊँचे पाये पर। वह उसे केवल सूक्ष्म भाव के ही जगत् में मिला था। उससे नीचे गिरना उसे पसन्द भी न था। भाव के बादलों पर उड़, वायु की लहरों पर उसने प्रेमी को पुकारा था। कोई उत्तर न पा उसने आहोज़ारी और उलाहने भी दिये थे। उन कविताओं की लोगों ने प्रशंसा भी ख़ूब की थी। प्रणयार्थियों की कमी न देख उनकी ओर उसे कुछ आकर्षण न होता था। उसने विडम्बना से मुस्कराकर कहा, "मेरी कविता का लक्ष्य आध्यात्मिक है और कला।"

काग़ज़ पर पेन्सिल से अपनी कल्पना की नयी सृष्टि रचनेवाले विरक्त उदासीन युवक की तटस्थ गम्भीरता ने उसके मन में आदर का भाव ग्रहण कर लिया। उसकी क्षमता देख सौन्दर्य की रचना करने की एक उग्र इच्छा भी उसके मन में जाग उठी। जीवन के लिए यह कितना व्यापक और आकर्षक क्षेत्र है। संसार की कुछ परवाह न कर स्वान्त: सुखाय सौन्दर्य की रचना यदि वह भी कर सके और संसार उसकी रचना को मुग्ध दृष्टि से देखे, यह कितने सन्तोष का विषय होगा।

सविता तीसरे पहर पेन्सिल काग़ज़ लेकर शिकारे पर प्रद्युम्न के बजरे पर ड्राइंग सीखने जाती थी। एक छोटी-सी मेज़ पर काग़ज़ जमा, स्टूल पर बैठ वह बड़े यत्न से प्रद्युम्न के निर्देश के अनुसार रेखा अभ्यास करती और अपने बजरे पर आकर फिर उनका अभ्यास करती। प्रद्युम्न द्वारा एक 'Good' सुनने के लिए वह अपनी पूरी शक्ति ख़र्च कर देती।

प्रद्युम्न मार्तण्ड के मन्दिर का जो चित्र तैयार कर रहा था, वह अस्तोन्मुख सूर्य की किरणों के ही setting में था। इसलिए उस समय प्रद्युम्न बहुत तन्मयता से खिड़की के सम्मुख बैठ कैनवस पर बुरुश चलाता रहता था। उस समय सविता बड़ी श्रद्धा से उसकी ओर देखती रहती। कुछ पूछने की ज़रूरत होने से भी वह उसे न टोक पाती। यहाँ तक कि सन्ध्या होती देख वह प्रद्युम्न से बिना विदा लिये ही लौट जाती।

तीसरे पहर बादल हो आने से मार्तण्ड का setting ठीक नहीं रहा था। इसलिए प्रद्युम्न को कुछ काम नहीं था। वह सविता की बग़ल से झुककर उसे रेखाओं के विषय में समझा रहा था। उसके श्वास से सविता के माथे के आस-पास छिटके हुए केश हिल रहे थे और गरम श्वास का स्पर्श सविता के कान के पीछे और गर्दन पर अनुभव हो रहा था। इस स्पर्श से सविता के हाथ में एक शिथिलता आ जाती थी। उसकी उँगलियों में बार-बार पेन्सिल हिल जाती थी। पेन्सिल के हिलने से रेखा में अन्तर आ जाता और उसी समय प्रद्युम्न निर्मम भाव से टोक देता। यह अभद्रता सविता को कितनी निष्कपट और सरल मालूम पड़ती थी। उसमें बल्कि यथेष्ट माधुर्य था। प्रद्युम्न ने ज़रा खीझकर कहा, "तुम्हारा यह हाथ क्यों हिल जाता है।" और सविता की उँगलियों को थामकर कहा, "इसे यों रखो।"

सविता घूँघट के जगत् की कन्या नहीं थी। उसने अनेक मौक़ों पर कई आदमियों से हाथ भी मिलाया था। उसमें किसी प्रकार की निर्बलता उसे अनुभव नहीं हुई थी। परन्तु प्रद्युम्न के हाथ के छू जाने से उसे न जाने कैसा मालूम हुआ। पेन्सिल हाथ से काग़ज़ पर गिर पड़ी। प्रद्युम्न ने कहा, "क्या थक गयी?" सविता ने कहा, "हाँ।"

प्रद्युम्न ने हाँजी को पुकारकर चाय लाने के लिए कहा। और एक कुरसी पर बैठकर वह सविता को रेखाओं का महत्त्व समझाने लगा। उसने कहा, सौन्दर्य रंग में भी होता है और आकृति में भी। आकृति का सौन्दर्य रंग के सौन्दर्य से अधिक गम्भीर होता है। सामने एक जार में रखे हुए कमल की कलियों की ओर संकेत कर उसने कहा इन फूलों को देखिये। इनका रंग बहुत सुन्दर है लेकिन यदि इनकी प्रतिमूर्ति हम पत्थर में अंकित कर दें तो वह कम सुन्दर नहीं होगी। सौन्दर्य का कारण इसकी निर्दोष गोलाइयाँ और इसकी नाल की लोच है। साहित्य में न जाने कितनी चीज़ों की उपमा कमल से दी जाती है जिनमें कमल का रंग नहीं होता केवल उसकी वर्तुल रेखाएँ ही उसमें देखकर हम मुग्ध हो जाते हैं। और जिस समय हम चित्र में मुख पर या अवयव से

कोई भाव व्यक्त करना चाहते हैं उस समय बाल भर रेखा के इधर-उधर हो जाने से सब-कुछ बदल जाता है। रेखा ही सब-कुछ है। काग़ज़ का यह सफ़ेद टुकड़ा है इस पर कुछ नहीं है। यह पेन्सिल लेकर यों दो वक्र रेखाएँ खींच देने से यह आँख बन गयी। अन्धा काग़ज़ देखने लगा। ज़रा परिवर्तन कर देने से आँख न रहकर मछली बन गयी। इस रेखा को यों न खींच यदि यों खींच देते तो वृक्ष बन जाता। यह भी कहा जा सकता है कि इस काग़ज़ में सृष्टि के सभी रूप हैं और उपयुक्त रेखा से वे प्रकट हो सकते हैं। इस सृष्टि के सार का रहस्य आकृति में ही है। यदि भिन्न आकृतियाँ न हों तो केवल एक-सा—शून्य ही हो जाय।

हाँजी चाय ले आया। प्रद्युम्न चाय डालने के लिए आगे झुका था कि सविता ने टोक कहा, "यह तो मेरा काम है।" "हाँ", कहकर प्रद्युम्न पीछे हट गया।

प्रद्युम्न ने सविता के मुख की ओर देखे बिना ही कहा, "तुम्हारी उँगलियाँ बहुत ही सुन्दर हैं और तुम्हारा चायदानी पकड़ने का ढंग बहुत अच्छा है। ख़ासकर यह एक उँगली से ढक्कन दबाना बहुत भला मालूम देता है। चायदानी के गहरे नीले रंग पर यह गोरी उँगलियाँ ख़ूब खिलती हैं।" सविता को रोमांच हो आया। उसने आँखें उठाकर ऊपर देखा। प्रद्युम्न ध्यान से उसकी उँगलियों की ओर देख रहा था। परन्तु उसके चेहरे पर किसी भी प्रकार का विकार या परिवर्तन न था। प्रद्युम्न ने कहा, "मैं तुम्हारे हाथों का एक स्केच बनाऊँगा।"

मुसलमान हाँजी के हाथ की चाय पीने में उसे कुछ भी बुरा न मालूम हुआ। जिस चाय को प्रद्युम्न पी रहा है उसे पीने में वह इनकार कर सकती है यह उसे सम्भव न जान पड़ा।

दूसरे दिन जब सविता आलेख का अभ्यास करने बैठी तो अपनी उँगलियों को देख उसका मन एक कल्पना-लोक में जा माधुर्य की सृष्टि करने लगा। ध्यान बिखर जाने के कारण वह कुछ भी न कर सकी। परन्तु इस असफलता से उसका मन दु:खी न था। तीसरे पहर मौसम बहुत अच्छा था। आकाश बिलकुल मानो 'डल' झील का पानी ऊपर जाकर स्थिर हो गया हो। मार्तण्ड के ऊपर एक बादल का गुलाबी टुकड़ा सुनहरी झालरदार खड़ा था। सूर्य की तिरछी किरणों से मन्दिर और शिखर सब झिलमिला रहे थे। प्रद्युम्न का पेण्टिंग का सामान तैयार था। सविता आयी उसने मुस्कराकर कहा, "आज तो आपके लिए मौसम बहुत अच्छा है।"

प्रद्युम्न ने एक कमल के पत्ते पर कमल की एक वृहदाकार कली रख सविता से कहा, "आज तुम इसका आलेख करो। पहले ख़ूब ध्यान से देखकर इसकी आकृति को हृदयंगम कर लो।" सविता के मुख की ओर अपनी तीव्र दृष्टि गड़ाकर कहा, "आकृति का ठीक-ठीक रूप काग़ज़ पर उतारने से पहले उसकी ठीक छवि अपने हृदय पर उतारनी आवश्यक है।" सविता को अनुभव हुआ मानो उसकी मुखाकृति को प्रद्युम्न की दृष्टि आत्मसात् किये ले रही है। अपनी त्वचा पर उसे प्रद्युम्न की दृष्टि का सुखद स्पर्श अनुभव हो रहा था।

मार्तण्ड की छाया ठीक होते ही प्रद्युम्न खिड़की के सामने बैठ अपने पेण्टिंग को ठीक करने लग गया। सविता चेष्टा करने पर भी अपना ध्यान कमल के पत्ते और कली पर नियन्त्रित न कर सकी। उसके मस्तिष्क में रक्त के वेग से शिराएँ झनझना रही थीं। वह ठहर-ठहरकर ध्यानमग्न प्रद्युम्न की ओर देख लेती। प्रद्युम्न के उस व्यस्त भाव के प्रति सविता के मन में एक श्रद्धा स्रोत उमड़ पड़ा। वह सोचने लगी यदि कोई चित्रकार इस सौन्दर्य के स्रष्टा का हू-ब-हू चित्र अंकित कर सके तो निश्चय ही वह एक अद्भुत कौशल का नमूना होगा। ध्यान को एकाग्र कर वह काग़ज़ पर रेखा खींचने का यत्न करती परन्तु न ध्यान जमता न हाथ। प्राय: एक घण्टा व्यतीत हो गया। इस बीच में केवल एक बेर सिर फिराकर प्रद्युम्न ने पूछा, "कुछ बना।"

सविता ने कह दिया, "बना रही हूँ।" परन्तु वह पेन्सिल की अपेक्षा रबड़ को ही अधिक चलाती रही। सविता प्रद्युम्न को बिना टोके ही चली जा रही थी।

प्रद्युम्न ने उसे पुकार कहा, "चली जा रही हो? लो आज यह समाप्त हो गया। अब दो-चार रोज़ तुम्हें अधिक सहायता दे सकूँगा। ठहरो आज तुम्हें छोड़ आऊँगा।"

वे दोनों शिकारे में साथ-साथ बैठे जा रहे थे। शिकारे के हाँजी से उसने कहा, "शिकारे को इन बर्च (मजनू) के पेड़ों के दायीं ओर से ले चलो।" दोनों ओर बर्च के लहराते हुए घने पेड़ों के बीच से उनका शिकारा जा रहा था। उस जगह कमल इतने घने थे कि पानी कहीं दिखायी न पड़ता था। कमल के फूल दबते चले जाते थे और शिकारा उनके ऊपर से निकलता चला जा रहा था। प्रद्युम्न ने अर्द्धनिमीलित नेत्रों से सामने देखते हुए ही कहा, "मध्यकालीन यूरोप (Medieval Europe) का एक चित्र है वीनस का सागरोद्भव (Venus Rising from the Sea)। मेरे विचार में यदि इस कमल आच्छादित जल से 'मोहिनी' का उद्भव पेण्ट किया जाय तो बहुत ही माकूल चित्र बने।"

सविता ने कहा, "आप क्यों नहीं बनाते एक चित्र ऐसा?"

प्रद्युम्न ने कहा, "ऐसा चित्र कल्पना के आधार पर तो जब कभी भी बनाया जा सकता है। कश्मीर आने का मेरा विशेष प्रयोजन दृश्य या शरीर (Land scape +Figure Study) सम्बन्धी चित्रों का यथातथ्य अंकन करना है।"

सविता ने कहा, "यह चित्र तो आपका पूरा हो गया। अब कौन-सा आरम्भ कीजियेगा?"

प्रद्युम्न ने कहा, "दो-तीन विषय मेरे ध्यान में हैं परन्तु जिसकी भी सुविधा हो जाय।"

सविता ने फिर पूछा, "पहले किस विषय को लीजियेगा?"

प्रद्युम्न ने सविता की तरफ़ देखकर, "दरअसल एक निरावरण युवती का यथातथ्य चित्र (Nude Figure Study) बनाना चाहता हूँ।" (Rather male nude stduy but under the circumstances would take up a female object as it is easier to find a perfect type of the latter here than of the former.)

सविता का चेहरा लज्जा से लाल हो गया और आँखें झुक गयीं। प्रद्युम्न ने अपनी भूल समझकर कहा, "मैं कला की दृष्टि से कह रहा हूँ। जब सृष्टि की अन्य सुन्दर वस्तुओं से हम आशंकित नहीं होते तो मानव शरीर में ऐसी कौन-सी बात है। वह तो सृष्टि की सबसे सुन्दर रचना है। यह तो दृष्टि भेद है कि उसे कौन किस दृष्टि से देखता है। नारी एक व्यक्ति के हृदय में मातृत्व की अनुभूति उत्पन्न करती है दूसरे के लिए वह वासना की मूर्ति हो सकती है यही बात पुरुष के सम्बन्ध में भी कही जा सकती है।"

प्रद्युम्न का वह तटस्थ भाव देख सविता के मन से संकोच का भाव जाता रहा। लेकिन वह बहुत देर तक इस विषय को सोचती रही। समय-समय पर पत्रिकाओं या प्रदर्शनी में देखे हुए अनेक निरावरण छवियाँ कल्पना में उसके सामने क्षण-क्षण भर को आकर नाच जातीं। उनमें अब उसे वास्तव में एक नया सामंजस्य एक नयी कला दिखायी पड़ रही थी। स्नान करते समय या आईने के सम्मुख जाते समय उसे एक अद्‌भुत गम्भीरता घेर लेती। उसे आशंका होती शायद वह आवश्यकता से अधिक कृश है। उसके केश यदि कुछ और लम्बे होते, यदि उनका रंग कुछ और चमकीला काला होता, वे घुँघराले होते। जब वह किसी व्यक्ति को देखती तो उसकी दृष्टि बहुत गहरी जाती वह उसे कला की दृष्टि से देखने का यत्न करती। शरीर के भिन्न-भिन्न अंगों के अनुपात

काश्मीर

का भी विचार करती। जर्मनी के Nudists के प्रति उसके मन में एक सहानुभूति उत्पन्न हो गयी।

प्रद्युम्न उसे निर्जीव पदार्थों या पशु-पक्षियों के चित्र से नक़ल करने के लिए कहता परन्तु वह अपने बजरे में लौट मनुष्य शरीर के चित्र बनाने की चेष्टा करती। भिन्न-भिन्न अंगों को उनके स्वस्थ अनुपात में देखकर उसे बहुत सन्तोष होता।

हाँजी की मदद से प्रद्युम्न का काम बन गया था। एक कश्मीरी सुन्दरी युवती तीन घण्टे प्रतिदिन उसको Sittings देने आती थी। दस बजे से एक बजे तक एक समय जिस समय बजरे में काफ़ी प्रकाश रहता था प्रद्युम्न पेण्टिंग में ख़र्च करता था। सन्ध्या के समय बिलकुल फ़ुर्सत रहने से प्रद्युम्न सविता को ख़ूब सहायता दे सकता परन्तु अब अधिकतर आलोचना या बातचीत ही होती थी। सविता के लिए चित्रांकन के अभ्यास की अपेक्षा प्रद्युम्न के यहाँ जाना ही मुख्य प्रयोजन हो गया।

सविता को न जाने क्यों अपने परोक्ष में आकर प्रद्युम्न को Sittings देनेवाली कश्मीरी नवयुवती सुन्दरी से ईर्ष्या अनुभव होती थी। कई दफ़े उसे इच्छा हुई कि प्रद्युम्न से उस अधूरे चित्र को दिखाने के लिए कहे परन्तु नग्न-स्त्री के चित्र को देखने की इच्छा प्रकट करते हुए जिह्वा जड़ हो जाती थी। उसका मन चाहता था वह प्रद्युम्न के बजरे को घेरे रहे और किसी भी दूसरी स्त्री को उस ओर ताकने न दे।

वह दो बजे आ जाती और प्राय: साँझ तक वहीं बनी रहती। माँ ने लाड़ली बेटी को किसी बात पर कभी टोका नहीं था परन्तु यह बहुत देर से आना उसे अच्छा नहीं लगता था। उसने कहा सविता ज़रा जल्दी आया कर तो कुछ घूमने-फिरने को भी समय रहे। यहाँ आकर स्वास्थ्य ठीक न हुआ तो लाभ ही क्या?

सविता को झूठ बोलने का अभ्यास नहीं था। अब वह प्राय: कश्मीर आयी किसी सहेली के यहाँ होकर आने का बहाना कर जाती लेकिन सब समय प्रद्युम्न के बजरे में ही निकल जाता।

उस रोज़ सविता जान-बूझकर एक बजे से भी कुछ पहले जा पहुँची। उसी समय वह कश्मीरी नवयुवती सुन्दरी बजरे से लौट रही थी। उस छरहरे बदन की बहुत ही सुन्दर स्वस्थ युवती को देखकर सविता ने वितृष्णा से मुँह फेर लिया। उसने मन में कहा, वह मुझसे किस बात में चढ़ी है?

प्रद्युम्न यह सब देख रहा था। उसने पूछा, "क्यों, क्या बात है?"

सविता ने कहा, "वही है तुम्हारे सिटिंग देनेवाली?"

प्रद्युम्न ने कहा, "हाँ! उसमें क्या बुराई है?"

सविता ने कहा, "तो उसमें अच्छाई ही क्या है?"

प्रद्युम्न—क्यों क्या प्रकृति से सौन्दर्य का वरदान पाना लज्जा का विषय है।

सविता—तो क्या उसका सौदा करें इन्सान?

प्रद्युम्न—सौदा? सौदा कैसा? सौन्दर्य एक ऐसी अद्‌भुत सम्पदा है उसे छिपाने का क्या कारण है? और फिर सौदा कैसा? क्या कोई सौन्दर्य का मूल्य दे सकता है उसे मैंने पचास रुपये दिये हैं। लेकिन यूरोप में इसी सिटिंग के लिए मामूली तौर पर चार-पाँच सौ रुपये पा सकती थी। यदि उसकी अच्छी छवि बन सके यदि इस नश्वर सौन्दर्य की शाश्वत स्मृति रह सके तो वह कितनी आँखों को कितनी आत्माओं को सन्तोष कर सकेगी, अच्छा आओ उस पेण्टिग को देखो बताओ कैसी बनी है।

सविता के मन की इच्छा पूर्ण हुई। परन्तु आज वह उसे देखना न चाहती थी। चित्र को देख उसकी आँखें अपलक रह गयीं। स्नानागार का दृश्य था एक कृत्रिम झरने से जल की फुहार पड़ रही थी और युवती बाँह फैलाकर खूँटी पर तौलिये को लटका रही थी और दूसरी बाँह फैलाकर हाथ अपने सिर से ऊँचे झरने पर टेके हुए थी। चित्र के नीचे लिखा था Toilet।

सविता का मन बहुत विक्षिप्त हो गया। वह मानो थककर कुरसी पर पड़ रही।

प्रद्युम्न ने कहा, "आज कुछ ड्राइंग न करोगी।" सविता ने सिर हिला दिया।

प्रद्युम्न ने कहा, "तुम्हारा क्रोध इस युवती पर अकारण है।"

सविता ने आँखें बिना ऊपर उठाये कहा, "सौन्दर्य आराधना में पैसे का क्या सवाल?"

प्रद्युम्न ने कहा, "ठीक है, उस स्त्री के लिए यह सौन्दर्य की आराधना नहीं थी।"

सविता ने कहा, "यही तो बात है उसने तो सौदा ही किया है।"

प्रद्युम्न ने कहा, "यदि संगीतज्ञ अपने गले के माधुर्य से कुछ कमा ले या चित्रकार अपनी उँगलियों की कला से कुछ अर्जन करे या पहलवान अपनी

शारीरिक शक्ति से इनाम पाने की इच्छा करे तो उसमें निन्दा का कोई कारण किसी को दिखायी न देगा। परन्तु यदि रूपवती अपने रूप के प्रभाव से कुछ पा जाय तो यह महापाप है क्यों?''

इस अज्ञात युवती के प्रति प्रद्युम्न की सहानुभूति सविता को बहुत दुःख दे रही थी। उसने कहा, ''इस तरह तर्क करने से तो बात बहुत दूर पहुँच जायगी।''

प्रद्युम्न अपने संगृहीत चित्रों का एक अलबम उठा लाया। उसमें से रोरिक के अनेक चित्र दिखाकर उसने कहा, ''मुझे रोरिक के आदर्श की ओर संकेत करनेवाले चित्र बहुत पसन्द हैं। इनमें से विशेषकर 'शान्ति-पताका'। मैं इसी प्रकार एक-दो चित्र भारतीय संगीत के रूपक को लेकर बनाना चाहता हूँ परन्तु उस विषय में मेरी कल्पना स्वयं पूर्ण नहीं हुई है।''

सविता ने कहा, ''देर हो रही है चलूँ माँ नाराज़ होंगी।''

प्रद्युम्न ने कहा, ''ठहरो चाय पीकर जाना तुम बहुत उदास हो रही हो।''

सविता ने पूछा, ''अभी तो आप उसके एक-दो और पेण्टिग बनायेंगे?''

प्रद्युम्न ने सिर हिलाकर कहा, ''न मुझे और जो न्यूड स्टडी बनानी है उसमें यह औरत काम न दे सकेगी। उसमें मुझे कुछ और भाव पेण्ट करना है उसके लिए कोई १५-१६ बल्कि १४ बरस की लड़की की ज़रूरत है।''

प्रद्युम्न उठकर बाहर हाँजी को चाय बनाने के लिए कहने गया। उस समय सविता ने एक गहरा निःश्वास लिया मानो हृदय पर से एक बहुत बड़ा बोझ उतर गया। बरबस दो बूँद आँसू उसकी आँखों में आ गये। अपनी इस निर्बलता के प्रकट होने के भय से प्रद्युम्न के लौट आने से पूर्व ही उसने साथ की मेज़ पर काँच के बड़े जग में से कमल के फूलों को निकाल मेज़ पर रख दिया और उसके पानी से खिड़की में बाहर अपना [मुँह] धो डाला।

प्रद्युम्न ने लौटकर देखा, सविता मुँह पोंछ रही थी। उसने पूछा, ''यह क्या?''

सविता ने उत्तर दिया, ''ऐसे ही बहुत आलस्य अनुभव हो रहा था।'' और फिर उन कमल के फूलों को जग में बैठाने लगी।

प्रद्युम्न ने कहा, ''तुम्हारी उँगलियाँ में यह फूल बहुत अच्छे लगते हैं।''

सविता ने झुँझलाकर कहा, ''झूठ मत बका करो।'' फिर वह सहम गयी।

प्रद्युम्न ने कहा, "अच्छा ज़रूर तैयार करूँगा।"

चाय समाप्त हो गयी। प्रद्युम्न ने चौंककर कहा, "तुम्हें देर तो नहीं हो रही है। माँ नाराज़ न हों।"

सविता ने कहा, "अभी जाती हूँ।"

पन्द्रह मिनट और बीत गये। प्रद्युम्न ने कहा, "देखो बहुत देर हो जायगी चलो तुम्हें छोड़ आऊँ।"

सविता ने कहा, "चलते हैं।" वह एक बात उसके हृदय से निकालना चाहती परन्तु जिह्वा उसकी तीव्रता को न सँभाल सकती थी। अँधेरा होने से कुछ देर पहले दोनों चिनार नाले पहुँचे।

सितम्बर का महीना आ पहुँचा। सविता के लिए अब और अधिक दिन श्रीनगर में ठहरना सम्भव नहीं था। माँ तो अगस्त से ही घबराने लगी थीं। आज-कल प्रद्युम्न डल छोड़कर फिर जेहलम में आ गया था और उसके और सविता के बजरे में ३ फर्लांग भर से अधिक अन्तर न था। परसों सविता और माँ को लाहौर लौट जाना था परन्तु प्रद्युम्न के लौटने का अभी सवाल ही न था। उसने अपने चित्र पेरिस प्रदर्शनी के लिए भेज दिये थे और हेमन्त ऋतु में यह बरफ़ की श्वेत चादर ओढ़े कश्मीर के कुछ चित्र बनाना चाहता था।

श्रीनगर आते समय सविता बेफ़िक्री, आत्मतुष्टि, तटस्थता और अभिमान को लिये रानी बनकर आयी थी। आज उससे कोसों दूर वह अपने ही सम्मुख बन्दी-सी पराजित-सी दलित-सी हो रही थी परन्तु हज़ार दुःखों का दुःख यह था कि विजेता अपनी विजय की ओर आँख उठाकर भी न देखता था। इसकी उसे चिन्ता भी न थी। मानो विजय करने लायक़ वह कोई चीज़ ही नहीं थी। संसार में इस उपेक्षा से अधिक असह्य और क्या होगा? परन्तु अब उसे निर्णय करना ही था। या तो अब या फिर बस कभी भी नहीं।

उस दिन उसने सीधे ही प्रद्युम्न से पूछ लिया, "आख़िर सौन्दर्य का प्रयोजन सृष्टि में क्या है जो तुम इसको महत्ता देते हो।"

प्रद्युम्न ने कहा, "सौन्दर्य का प्रयोजन। मैं तो कहूँगा सौन्दर्य सृष्टि का गुण है। सृष्टि की गति को, सृजन शक्ति को क़ायम रखना। इस गति को सृजन शक्ति को सृष्टि अपनी सौन्दर्य की शक्ति द्वारा ही जारी रख पाती है। सौन्दर्य से प्रेरित होकर सृष्टि के चर-अचर जीव उसके उपयोग के लिए विवश हो जाते हैं। वही सृष्टि के अपने-आपको क़ायम रखने का रहस्य है।"

सविता ने बहुत साहस कर कहा, "तो क्या सृष्टि के सभी प्राणी सुन्दर हैं?"

प्रद्युम्न ने कहा, "ज़रूर! कविता या कला के आधार के लिए हम चाहें एकाध को ख़ास तौर पर चुन लें परन्तु सौन्दर्य स्त्री-जगत् मात्र में पुरुष-जगत् मात्र में व्यापक है उसी प्रकार जैसे आकाश और संसार के किसी भी पदार्थ में व्याप्त है।"

सविता ने अन्तिम चोट करने के लिए मुँह खोला। उसने कहा, "आपको तो सौन्दर्य शायद उस कश्मीरन के अतिरिक्त और कहीं दिखायी नहीं दिया?"

प्रद्युम्न ने कहा, "सो बात नहीं। उस पर से तुम्हारा क्रोध हटा नहीं। वह सुन्दर थी ज़रूर और बहुत सुन्दर थी पर उसका सौन्दर्य उसी चित्र के लिए उपयोगी था उसमें ऐन्द्रिक सुख को जाग्रत करनेवाली Sensuality की मात्रा उग्र रूप में थी। मैंने उससे अधिक आकर्षक सौन्दर्य क्यों नहीं देखा? तुम्हें संकोच न हो तो कहूँ कि कला की दृष्टि से तुम्हारे मुख पर जो सौन्दर्य है वह intellectual सौन्दर्य की दृष्टि से बहुत ही आकर्षक है। उसमें सौन्दर्य की गम्भीरता झलकती है। तुम्हारा सौन्दर्य किसी भी जागृत मस्तिष्क को मुग्ध किये बिना नहीं रह सकता।"

सविता से न रहा गया, वह रो पड़ी।

प्रद्युम्न ने कहा, "तो तुम किसी भी बात को समीक्षक के तटस्थ भाव से नहीं देखना चाहती। इसमें Personal कुछ भी नहीं है।" इस सान्त्वना से सविता सिसकी की जगह फफक-फफककर रोने लगी।

उन लोगों के श्रीनगर से विदा होने के दिन प्रद्युम्न उन्हें मोटर पर चढ़ाने भी आया परन्तु केवल सज्जनोचित अत्यन्त सज्जनोचित नमस्ते के अतिरिक्त उसने कुछ न कहा।

: ३ :

जाड़े कश्मीर में ही बिताकर मार्च की नयी बहार का शैशव देखकर ही वह लाहौर आ गया। जिस दिन सविता को वह मिला उसे आये चार दिन हो चुके थे। फ़ुर्सत ज़रा भी न थी। पेरिस की प्रदर्शनी में उसके चारों चित्र अच्छे दामों पर बिक गये थे। इसलिए वह अपने तमाम Canvas लेकर रोम की प्रदर्शनी में शामिल होने के लिए जा रहा था। केवल पन्द्रह मिनट बातचीत हुई उसमें उसने

यही कहा कि ठीक नहीं कह सकता उसे इटली और फ्रांस में कितना समय लगेगा चार बरस लग जायँ या छह परन्तु वह कला के विशेष अंगों का अध्ययन करके ही लौटेगा।

: ४ :

यूरोप जाकर प्रद्युम्न ने दो-तीन पत्र सविता को भी लिखे थे। किसी हद तक वह सविता के भावुक पत्रों के अनुरूप ही थे परन्तु बाद में पत्र-व्यवहार बन्द हो गया। सविता को प्रद्युम्न के लौट आने की बात उस समय मालूम हुई जब एक दिन वे अचानक मालरोड पर मिल गये।

सविता ने पूछा, "कब लौटे?"

प्रद्युम्न ने कहा, "महीना अभी नहीं हुआ है। अभी शायद न आता परन्तु कुछ स्वास्थ्य बिगड़-सा गया था। पाँच बरस भी हो गये थे और एक तरह काम भी हो गया था। तुम्हें देख बहुत प्रसन्नता हुई।"

सविता ने कहा, "कल तुम हमारे यहाँ चाय पीने आना, क्या पुराने ही मकान में हो। मैं invite करूँगी। तुम्हें बिन्दु को दिखाऊँगी। डेढ़ बरस की हो गयी है। विलायत से मेम लाये हो या नहीं?" सविता ने मुस्करा दिया।

प्रद्युम्न ने कहा, "मेम लाने तो Europe नहीं गया था जो लाने गया सो लाया हूँ।"

सविता ने कहा, "आख़िर ब्याह भी कभी करोगे भाई कि नहीं।"

प्रद्युम्न ने कहा, "ब्याह का सविता एक मौक़ा आया था तब जब मैंने नहीं किया। वह मौक़ा फिर लौटकर नहीं आयेगा। कहावत तो मशहूर है—गया वक़्त हाथ आता नहीं।"

यशपाल बांत्रा

५/६/३६

वेश दुष्ट पंजाबी

कलकत्ते में भवानीपुर के पास काचीपाड़ा मुहल्ले में नन्दसिंह एक बंगाली गृहस्थी के मकान में एक तरफ़ की तीनों मंज़िल की तीनों कोठरियाँ और जीना किराये पर लेकर रहता था। बंगाल में पंजाबियों के प्रति कुछ विशेष श्रद्धा नहीं है। लोग इन्हें क़द्रे आशंका की दृष्टि से देखते हैं। परन्तु नन्दसिंह की बात कुछ और थी। काचीपाड़ा में एक रोज़ रात को एक पान सिगरेटवाले की असावधानी से उसके छत से लटकनेवाले लैम्प की बत्ती बढ़कर आग लग गयी थी। उस रोज़ भवानीपुर के पंजाबियों ने बंगालियों के 'सर्वनाश होलो' 'सर्वनाश होलो' चीत्कार में दौड़-धूपकर आग बुझा डाली थी। उस रोज़ 'बंगाली मोशाय' लोगों ने विस्मय से आँखें फाड़-फाड़ स्वीकार कर लिया था।' 'पांजाबीरा निश्चय वीर पुरुष नन्दसिंह न कि वास्तेवेई नन्दन काननेर सिंह।'

नन्दसिंह कलकत्ते और मुफस्सिल में लुधियाने की स्वदेशी वस्तुओं का कारबार करता था। अब तक वह भवानीपुर में ही पंजाबियों के बीच रहा करता था। बंगाल में आकर भी बंगालियों से दूर रहकर बंगाल को पहचानने की उसकी इच्छा के पूर्ण होने का कोई उपाय नहीं था। लेकिन रात की आग की दुर्घटना के बाद उसे एक गृहस्थ परिवार में यह तीन कमरे किराये पर मिल गये थे। बंगाली जीवन की कुछ-कुछ झलक उसे मिलने लगी थी। बंगाली समझ और बोल लेता था कुछ पढ़ लेने के बाद तो उसे यही इच्छा होने लगी काश! वह रवीन्द्र, शरच्चन्द्र या सौरीन्द्र की किसी एक आख्यायिका का नायक बनकर संसार में आया होता।

घी निचुड़ते हुए 'कड़ाह प्रशाद' (हलवे) की अपेक्षा उसे चाशनी में तैरते हुए रसगुल्ले भाने लगे थे। छांछ के छन्ने (बड़े कटोरे) की अपेक्षा 'चायेर

कप' (चाय का प्याला) उसे प्रीतिकर हो गया। पंजाब के सपाट मैदानों की लू और ठिठोरनेवाली पछवाँ की अपेक्षा उसे निरन्तर रिमझिम-रिमझिम करनेवाले सुरमई मेघ प्यारे लगने लगे। सुडौल दीर्घकाय सिलवार और कुर्ता पहने धम-धम क़दमों से पृथ्वी हिलाकर चलनेवाली गोरी-गोरी पंजाबिनों की अपेक्षा कछुए की तरह अपने में ही सिकुड़ जाती हुई साँवली-साँवली नमकीन चपलाक्षी बंग बालाओं के चरणों में ही लोट जाने को उसका मन व्याकुल होने लगा।

अमला की आयु के बारे में अनेक उलझनें थीं। यदि म्युनिसिपैलिटी के जन्म-मरण के खाते की कोई जाँच करता तो उसकी आयु थी सोलह बरस की। परन्तु दूरन्देश बंगाली गृहस्थी ने कन्या के विवाह में आनेवाली आपत्तियों की आशंका से वक़्तन-फ़वक़्तन लड़की की आयु गणना में भूल करके अब तक तेरह-चौदह से उसे आगे बढ़ने नहीं दिया था। परन्तु कलकत्ते के अभिज्ञ वातावरण में समझ-बूझ और शरीर के उठान में वह पंजाब की बीस बरस की देहातिन को सिखा सकती थी बहुत हद तक। माँ ने बहुत पहले ही दूसरे लोक में अपना स्थान चुन लिया था। विमाता के व्यवहार में यद्यपि विरोध की तीव्रता नहीं थी, बल्कि केवल उपेक्षा थी जो चढ़ती जवानी में स्वतन्त्रता के विचार से अभिशाप न हो अमला के लिए विशेष काम्य थी।

सिलाई करते वक़्त या किताब पढ़ते वक़्त वह मकान के अपने हिस्से से प्रायः नन्दसिंह को देखती रहती थी। संगीत का अभ्यास करने वह बैठती तो ज़रूर वह नन्दसिंह की खिड़की की ओर पीठ कर लेती परन्तु बैठने के लिए समुचित स्थान केवल नन्दसिंह की खिड़की के सामने ही था। नन्दसिंह को बँगला संगीत में विशेष स्वर्गीय आनन्द आने लगा था। अनेक दिन काम का हरज़ भी [कर] वह मज़े में संगीत का आनन्द लेता रहता था।

प्रथम तो नन्दसिंह के 'अबंगाली' होने के कारण उससे 'भद्रलोक' की भाँति विशेष मर्यादा और संकोच की वैसी ज़रूरत नहीं थी। फिर आग बुझाने के मामले में उसकी सहृदयता के कारण वह कुछ आत्मीयता का भी अधिकारी था। तिस पर पिछले दुर्गापूजा के त्योहार पर उसने 'रसिक मोहन मोशाय' के सम्पूर्ण परिवार यानी द्वितीया पत्नी, दोनों छोटी लड़कियों 'विनू' और 'मनू' और 'अमला' को स्वदेशी गुजराती साड़ियाँ लुधियाने की अपनी एजेन्सी का माल बताकर भेंट की थी। जब वह कुछ दिन के लिए गाँव गया था तो एक कनस्तर पंजाब के ढाबे का घी और एक लुधियाने की लोई कश्मीरी शाल बताकर रसिक

मोहन घोष को भी उपहार दे चुका था। यह सब उदारता नन्दसिंह ने केवल पड़ोसी के ही नाते दिखायी हो यह एकदम मानने को किसी का भी दिल न चाहेगा।

अमला की विमाता 'बिनू', 'मनू' और 'खोका' के प्रति नन्दसिंह का स्नेह देख और उसके सहृदयता के कारण कई दफ़े निश्छल मन से कह चुकी थी, 'नन्दसिंह विशेष सुपुरुष'।

बिनू की माँ वैसे ही कुछ चुप-सी औरत थीं उन्हें घर की रसोई उठा-रख से यों ही फ़ुर्सत नहीं मिलती थी तिस पर तीन-चार मास से तो चौथी सन्तान के आगमन के दिन ज्यों-ज्यों समीप आ रहे थे त्यों-त्यों उनका ऊपर आना-जाना बिलकुल ही बन्द हो गया था। अमला ऊपर का सब काम करती और फ़ुर्सत में मकान के चारों तरफ़ घुमे हुए छज्जे में जिसकी चौथी तरफ़ किरायेदार के लिए मख़सूस थी और जहाँ का छज्जा दोनों ओर से एक-एक काठ के किवाड़ से जुदा कर दिया गया था बैठकर नन्दसिंह से दो-चार बात भी करती थी। इस बीच में यदि बिनू जीने पर से धम-धम करती हुई ऊपर दौड़ती अपनी गुड़िया के लिए तो अमला को बहुत नाग़वार गुज़रता वह छज्जे पर से पूछती, "माँ ग्वाला दूध दे गया कि नहीं, तुम्हारे लिये दूध गरम कर देती न कि नीचे आ जाऊँ।"

एक दिन शमीज़ की बखिया करते हुए अमला ने क़दरे आँखें झपकाकर बँगला में पूछा, "आप ब्याह करके अपनी पंजाबी बहू को यहाँ कब लावेंगे हम लोग कुछ बातचीत करेंगे।" (preferably in Bengali) नन्दसिंह ने एक गहरी साँस खींचकर कहा, "ब्याह मैं नहीं करूँगा और फिर पंजाब की देहातिन लड़की से एक बार ही ब्याह न करने का मैंने निश्चय कर लिया है।" अमला ने अपनी कान तक फैली आँखों को विस्मय से फैलाकर कहा, "वाह केनो पंजाबी मेमें तो विशेष सुश्री। फरशा फरशा गायेर रंग देह ओ बलिष्ठ।" नन्दसिंह ने विक्षिप्त होकर बँगला में कहा, "सो तो है परन्तु वह सहृदयता जो जीवन का प्राण है वह पंजाब के गाँव में मिलेगी कहाँ।" अमला ने फिर मुँह बिचकाकर, "शहृदयता बेर ई बेटा वेश पावन बाँगला मेये परशे रूप पावेन कोथाय?" नन्दसिंह ने हृदय खोलकर कह दिया, "जिसे मैंने रूप समझा है उसे तो मैंने बंगाल में ही पाया है। जिस रूप ने मेरे जीवन में आराधना की वेदी पर दीपक रूप से आसन ग्रहण किया है वह तो मैंने यहीं ही देखा है। अमला तुम्हीं में" और वह उद्दीप्त आँखों से अमला की ओर

देखकर चुप हो गया। उसकी शिराओं में रक्त सन-सन कर रहा था। अमला का मुख लाल हो गया। आँखें बन्द कर उसने सिर को अपने दोनों घुटनों पर टिका दिया।

इस प्रकार क्रूर आँखों से बचा-बचाकर कई दिन तक रहस और प्रेम का आदान-प्रदान होता रहा। एक दिन अमला ने बहुत उदास और विकल भाव से नन्दसिंह से कहा, "अमार वियर विशेष चर्चाज चलछे आज काल। एमन एकरि अज्ञात, बूड़ो मानुष के विये करि आमि केमनई बेंचे थाकवोन। ताते पूर्वे इन केन आपि एक दिन केरोसिन तेल गाये दिये जाले मरवो।" और उसकी आँखों से दो बूँद आँसू गिर पड़े। नन्दसिंह का सिंह-हृदय द्रवित हो गया। उसने कहा, "ऐसी बात अमली कहकर तुम मेरे दिल के टुकड़े मत करो। मैं तो एक दिन तुम्हारे चरणों में अपना हृदय अर्पण कर ही चुका हूँ परन्तु समाज और जाति के बन्धन को हम पंजाबियों की तरह क्या कभी बंगाली भी उपेक्षित कर सकते हैं। यदि मैं तुम्हारे बाबा के सम्मुख अपना हृदय खोलकर रख भी दूँ तो सिवा अपमान के और यहाँ तुम्हारे सामीप्य से दुत्कारे जाने के सिवा मुझे क्या मिलेगा।" अमला ने कहा, "विमाता को पराये पेट की लड़की से ईर्ष्या के सिवाय ममता क्या हो सकती है और बाबा तो मुझे गले का बोझ समझकर हुगली में फेंकने के लिए उतावले हो रहे हैं। ऐसे घर का बोझ बनने से तो मर जाना अच्छा है। मुझे न किसी से लेना है न देना है एक तुमसे ज़रूर मैंने स्नेह किया है उसे तुम पुरुष सिंह हो अपनी वीर छाती पर इस चोट को तुम अनुभव भी न करोगे।" और वह फिर रोने लगी। नन्दसिंह अधमुँदी आँखों से फ़र्श की ओर देखकर सोचता रहा। फिर उसने कहा, "अमला प्रिये, यदि तुम साहस से मेरा साथ दो तो सात दिन में सब उपाय कर लूँगा।"

खिदरपुर घाट पर से लोग धकापेल में रंगून जानेवाले जहाज़ पर अपना-अपना स्थान घेरने के लिए जल्दी-जल्दी मचाये हुए थे। नन्दसिंह भी एक पंजाबी वेशधारी युवती के साथ ऊपर चढ़ने के लिए तैयार था। सीढ़ी पर पैर रखना था कि उससे ऊपर जो एक कुली बड़े केबिन ट्रंक पर एक छोटा स्टील केस टिकाये कौशल से चढ़ रहा था किसी तरह से झटका खा गया और स्टील केस आकर गिरा नन्दसिंह के सिर पर। वह गिर पड़ा। इधर-उधर से लोग दौड़ पड़े। उसे उठाकर एक जगह लिटा दिया गया। उसका अता-पता पूछने के

लिए पुलिस ने जब हिन्दुस्तानी में उस पंजाबी वेशधारी युवती से प्रश्न किया तो चुप के सिवाय कुछ उत्तर न मिला। आख़िर एक पंजाबी को बुलाकर प्रश्न करने पर भी बहुत देर बाद बँगला में उत्तर दिया कि वे लोग बरमा जा रहे थे और पंजाब के रहनेवाले हैं तो पुलिस को शक हो गया।

जहाज़ चला गया और नन्दसिंह और अमला रह गये पुलिस की हिरासत में। बड़ा गोलमाल मचा। रसिक मोहन घोष और काचीपाड़ा के अनेक बंगाली भद्रलोक आ इकट्ठे हुए। सब लोगों के कहने पर भी पंजाबी कोतवाल बन्दासिंह यह रिपोर्ट लिखने को तैयार नहीं थे कि नन्दसिंह ने जबरदस्ती नाबालिग अमला को अगवा किया है। बंगाली भद्र लोगों ने हज़ार समझाया कि बारह-ग्यारह बरस की एक बालिका को जिसके कुछ समझ-बूझ न हो मकान का साझीदार बहुत आसानी से डरा-धमकाकर छूरी से गला काट डालने की धमकी देकर साथ ले जा सकता है। लेकिन पक्षपाती बन्दासिंह ने ख़ुद लड़की का ही बयान लेने की जिद्द की। बड़े गोलमाल के बाद अमला ने बयान दिया।

"मैं बाबा संग कालीबाड़ी गयी थी। भीड़ में भटक गयी तब मैंने अपने पड़ोसी मकान के किरायेदार नन्दसिंह को देखा। मैंने कहा मुझे घर पहुँचा दो। उसने कहा अच्छा। एक टैक्सी पर मुझे बिठाकर न जाने कहाँ एक पंजाबी के घर ले गया वहाँ मुझे पंजाबी कपड़ा पहना दिया।

कोतवाल—क्या ज़बरदस्ती तुम्हारी धोती छीनकर पाजामा पहना दिया। बंगाली भद्रलोकों की आँखें एकदम लाल हो गयीं। उन्होंने कहा यदि ऐसा अभद्रतापूर्ण व्यवहार होगा तो हमें पुलिस कमिश्नर के यहाँ जाना पड़ेगा। उसकी धोती पर कोई गन्दा चीज़ डाल देने से वह ख़ुद तंग आकर दूसरा पोशाक पहनने को राज़ी हो जायगा।

कोतवाल ने कहा, ठीक! आगे फिर क्या हुआ?

अमला—तब फिर हमको कहा तुम पंजाबी कपड़ा पहन लो घर पहुँचा देगा। हमने पहन लिया तो हमको टैक्सी में जहाज़ के घाट पर ले गया।

कोतवाल—जब तुमको घाट पर ले जाता था टैक्सी में तब तुमने समझा तुमको घर ले जाता है।

अमला ने कहा—हाँ।

कोतवाल—जहाज को क्या तुमने घर समझ लिया। जहाज़ को तुमने देखा तो वहाँ तुमने मदद के लिए क्यों नहीं चिल्लाया? वहाँ तो बहुत बंगाली लोग

था?

बंगाली भद्र लोक फिर क्रुद्ध हो गये। उन्होंने कहा इतना बड़ा जहाज़ को देखकर परदानशीन बच्ची बिलकुल.... हो जायगा। उसके मुँह से बोल कैसे फूटेगा?

नन्दसिंह होश में आ चुका था। अमला का बयान सुन लेने के बाद उससे पूछा, तुम भी कुछ कहना चाहते हो? उसने इनकार कर दिया।

कोतवाल ने कहा लड़की की डॉक्टरी जाँच हुए बिना हम कुछ नहीं कह सकते। इस पक्षपात से तंग आकर भवानीपुर से कुछ पंजाबियों को बुलाया गया। दोनों ही तरफ़ की तो फ़ज़ीहत हो रही मामले को रोक लेने ही में ख़ैरियत है।

ख़ैर मामला रफ़ादफ़ा हो गया। लेकिन एक सबक बंगाली भद्रलोकों ने फिर से सीखा कि पाँजाबीरा भारी महापाजी... पंजाबी देर कम्पिलट बायकाट बेटा उचित।

यशपाल बांत्रा

२२/६/३६

प्रतीक्षा

शहर में दाख़िल होने से पहले सड़क के किनारे मैंने अधेड़ उम्र की पहाड़िन को बाँस की टोकरी में खुरमानियाँ लिये बैठे देखा। खुरमानियाँ बहुत बड़ी-बड़ी और बढ़िया थीं। अकसर पहाड़ी लोग कुछ फल-वल लेकर इस तरह सड़क पर बैठ जाते हैं और राह चलतों के हाथ पैसे-पैसे दो-दो पैसे का सौदा बेचते रहते हैं। मेरे कुछ पूछने के पहले ही उस पहाड़िन ने बिगड़ी हुई पंजाबी में पूछा, "तुम क्या लाहौर के रहनेवाले हो?"

ज़रूर मेरी पोशाक देखकर ही उसे यह ख़याल गुज़रा होगा कि मैं पंजाबी हूँ और हो न हो लाहौर का ही रहनेवाला हूँ। या शायद वह मुझे पहचानती थी। लेकिन कैसे?

मैंने कहा, "हाँ, मैं लाहौर का रहनेवाला हूँ।"

उसकी आँखें क़द्रे प्रसन्नता से चमक उठीं। उसने कहा, "तुम परसराम को जानते हो?"

मैंने विस्मय से पूछा, "परसराम? परसराम! कौन परसराम?"

कुछ व्यग्रता से पहाड़िन ने कहा, "परसराम ठेकेदार।"

मैंने फिर पूछा, "परसराम ठेकेदार? कौन परसराम ठेकेदार?"

उसने जिस ओर से मैं चलकर आया था उसी ओर संकेत करके कहा, "यह दोनों पुल जिसने बनवाये थे।"

मैंने कहा, "मैं तो नहीं जानता हूँ परसराम ठेकेदार को। होगा कोई। क्यों?"

उसने कुछ उदास होकर कहा, "तुम लाहौर के रहनेवाले कैसे हो? उसे नहीं पहचानते। वाह? वह भी तो लाहौर का रहनेवाला है परसराम ठेकेदार।"

मैंने पूछा, "कौन मुहल्ले का किस गली का रहनेवाला है वह?"

पहाड़िन ने बहुत ध्यान से मेरी तरफ़ देखा और फिर कहा, "न न वह गली का रहनेवाला नहीं न मुहल्ले का है वह तो लाहौर का रहनेवाला है। तुम उसी जगह के रहनेवाले हो। उसे नहीं पहचानते।"

उस औरत की सादगी पर मैं हँस न सका। मैंने समझाया, "लाहौर बहुत बड़ी जगह है। ज़्यादा नहीं तो साढ़े तीन लाख आदमी लाहौर में बसते होंगे। (सन् १९२२-२३) वहाँ एक-एक मुहल्ले में इतने आदमी हैं कि एक-दूसरे को नहीं पहचानते। मैं हीरामण्डी में रहता हूँ और अगर परसराम मंजग में रहता हो तो वह मुझसे तीन-साढ़े तीन मील दूर होगा हालाँकि वह भी लाहौर ही है।"

बात औरत की समझ में नहीं आयी। उसकी आँखों की प्रसन्नता काफ़ूर हो गयी। उसने गाल पर हाथ रखकर धीमी आवाज़ में कहा, "वह लाहौर का रहनेवाला है। लम्बा-लम्बा गोरा-गोरा। प्यारी-प्यारी आँखें हैं। तुमसे कुछ जवान है। भूरा-भूरा कोट पहनता है रेशमी पगड़ी बाँधता है। वह लाहौर का रहनेवाला है।"

मैंने कहा, "नहीं मैं नहीं पहचानता।"

मैं सड़क पर उकड़ूँ बैठ उसकी टोकरी से खुरमानियाँ चुन-चुनकर अपने रूमाल में रखने लगा। उसकी उदासी से कुछ पिघलकर उसकी ओर देख मैंने पूछा, "क्यों तुम्हें उससे कुछ काम है क्या?"

एक गहरी साँस खींचकर उसने कहा, "पाँच बरस हो गये। परसराम यहाँ पुल बनवाता था। तब वह यहाँ था।...वह जाने लगा था तो मैंने उससे कहा था कि तू मत जा...तब उसने कहा था मैं बहुत जल्दी थोड़े ही दिनों में लौट आऊँगा...वह आया ही नहीं।...लाहौर तो बहूत दूर है न?"

मैंने कहा, "हाँ, बहुत दूर है?"

छलछलायी आँखों से उसने कहा, "न जाने वह क्यों नहीं आया?....न जाने कब आयेगा? पाँच बरस हो गये, आया नहीं। मैं तो उसकी राह देखती रहती हूँ, इसीलिए यहाँ सड़क पर आ बैठती हूँ, मेरा बहुत-सा काम हरज होता है। लेकिन मैं ख़ुद ही यहाँ आ बैठती हूँ। पाँचवाँ बरस है।" वह चुप हो गयी।

एक छोटी-सी लड़की प्रायः पाँच ही बरस की एक ओर से दौड़ती हुई आयी। मुझे देख वह कुछ सहम गयी। फिर माँ के कन्धे से चिपट गयी।

मैंने पूछा, "यह तुम्हारी लड़की है।"

उसने सिर हिलाकर कहा, "हाँ।"

फिर उसने लड़की को प्यार करते हुए कहा, "यह पाँच बरस की हो भी गयी। इसने बाप को अभी तक नहीं देखा। देखे तो पहचान भी न पाये।"

कुछ देर मैं उन दोनों की ओर देखता रहा। फिर रूमाल में रखी हुई खुरमानियाँ हाथ में लेकर मैंने पूछा, "इसके कितने पैसे?"

पहाड़िन ने कहा, "नहीं पैसे क्या तुम भी लाहौर के हो तुमसे पैसे क्या? ले जाओ।" दोनों हाथों की अंजली से उसने भर-भरकर रूमाल में जितनी खुरमानियाँ आ सकती थीं डाल दीं। और बोली, "ले जाओ तुमसे पैसे क्या तुम लाहौर के रहनेवाले हो।"

मैं समझ गया औरत पैसे न लेगी। परन्तु उसकी बात सुन मन कुछ ऐसा द्रवित हो गया कि वहाँ और बैठने को मन चाहता था लेकिन असबाब की खच्चर की वजह से उठना पड़ा। एक अठन्नी निकालकर मैंने बच्ची के हाथ में देनी चाही परन्तु लड़की घबराने लगी। औरत ने भी इनकार किया परन्तु मेरे विशेष आग्रह से उसने बच्ची को अनुमति दे दी।

उन्हें छोड़ मैं बस्ती में एक धर्मशाला में जा ठहरा। परन्तु ध्यान बार-बार बरबस उसी की ओर जाता था। अगले दिन सुबह ही मैं घूमने के लिए उसी सड़क पर चला गया। चट्टानों की आड़ में जहाँ सड़क मुड़ती थी वहीं वह पहाड़िन मोड़ के उस पार बैठती थी। मैंने देखा वह औरत सड़क किनारे के खेतों में से घास निकाल रही है और सड़क पर से आने-जाने की आहट पा उस ओर देखने लगती है। मुझे देख उसके उदास चेहरे पर मुस्कराहट आ गयी पूछा, "लौटकर लाहौर जा रहे हो?"

मैंने कहा, "नहीं ज़रा ऐसे ही टहलने चला आया।"

मैं उसके खेत में चला गया। वह भी हाथ की कुदाली ज़मीन पर डाल बैठ गयी। मैंने उससे पूछा, "परसराम यहाँ कितने दिन रहा था?"

उसने जवाब दिया, "आठ महीने रहा था फिर उसने कहा था मैं जल्दी लौट आऊँगा पर देखो अभी तक नहीं आया। देखो कब आये।"

मैंने पूछा, "तो तुम क्यों उसके साथ ही लाहौर नहीं चली गयी?"

उसने गाल पर हाथ रखते हुए कहा, "हाँ मैं नहीं गयी। परसराम ने तो कहा था तू चल पर मैं नहीं गयी। देखो तो मैं कैसे जाती। यहाँ का सब कैसे छोड़ जाती देखो वह सामने खुरमानी के पेड़ हैं, वे नासपातियाँ हैं, सेब हैं, दो अखरोट के पेड़ हैं। मैं यहाँ से कभी कहीं नहीं गयी। एक दफ़े मैं जब छोटी थी तब मेरी मौसी मुझे अपने गाँव वहाँ नीचे ले गयी थी। उसका घर बहुत दूर है। बीस कोस (३० मील) होगा। वहाँ बड़ा वैसा-वैसा है। न यह पहाड़ न वह व्यास की आवाज़ न ऐसे पेड़। बड़ा रूखा-सूखा है वहाँ। वहाँ मुझे बुखार आ गया था। तब मेरा फूफा मुझे उठाकर यहाँ लाया। यहाँ आते ही मैं राजी हो गयी। मैं कभी कहीं नहीं गयी। लाहौर तो बहुत दूर है वहाँ शायद लोग बीमार हो जाते हैं। परसराम का मुझे बड़ा डर लगता है क्या जाने क्या हाल हो? हमारे यहाँ बीमार कभी ही कोई होता है और हो भी जाय तो हर्दू जुलाहा झाड़-फूँक देता है। लाहौर में क्या कोई अच्छा होशियार झाड़नेवाला है?"

मैंने कहा, "हाँ, हैं क्यों नहीं, बहुत-से हैं।"

सन्तोष से उसने कहा, "अच्छा।"

मैंने ज़रा हौसला करके पूछा, "तो परसराम के आने से पहले तुम्हारा ब्याह नहीं हुआ था?"

उसने कहा, ब्याह तो हुआ था। पर बहुत पहले। मुझे ब्याह के यहाँ से मेरा आदमी ले गया था। वहाँ भी मुझे अच्छा नहीं लगा। वहाँ भी मैं बीमार हो गयी थी। और वहाँ मेरी एक सौत थी वह मुझे मारती थी इसलिए मैं यहीं आ गयी थी। मेरा आदमी कभी-कभी यहाँ आकर रहता था। वह ब्याह के तीन साल बाद गुज़र गया। मै फिर यहाँ माँ के पास ही रहती थी। मैंने परसराम से कहा था तू कहीं मत जा, यहीं रह, पर वह कहता था मैं जल्दी आ जाऊँगा। पाँचवाँ बरस है वह अभी तक नहीं आया, देखो कब आये? अब तो दो बरस हुए माँ भी गुज़र गयी।"

चौथे दिन मैं चौथे पहर फिर उधर से टहलने निकला। चट्टानों के मोड़ के पास पहुँचा था कि आहिस्ता-आहिस्ता गुनगुनाने की आवाज़ सुनायी दी।

सीने लग जा परसरामा मन मेरा मेरया तैने

अधी अधी राती कोयल बोले यार मेरा ओहले ओहले।

आगे बढ़कर उसके उस गुनगुनाने में विघ्न डालना न मुनासिब समझ लौट आया। मण्डी में केवल सप्ताह भर ही रहा। दुपहर को कुंल्लू के लिए चलने

से पहले मैं एक दफ़े फिर उस तरफ़ गया। वह औरत अपने खेत में से उसी तरह घास निकाल रही थी।

मैंने कहा, "आज मैं जा रहा हूँ।"

उसने पूछा, "कहाँ?"

मैंने कहा, "कुल्लू जाऊँगा वहाँ से लाहौर लौट जाऊँगा।"

उसने बड़ी आज़िज़ी से कहा, "परसराम से मेरा सन्देसा कह देना। कहना मैं बड़ी इन्तज़ार में हूँ। रोज़-रोज़ सड़क पर बैठ रास्ता तका करती हूँ। अब ज़रूर आ जाओ। कहोगे न?"

मैंने कहा, "ज़रूर कहूँगा।"

उसने अपनी बेटी को प्यार करते हुए कहा, "देख बाबू से सलाम कर। बाबू तेरे बाप के पास जा रहे हैं। तेरे बाप को भेज देंगे।"

"अच्छा।" कह मैं लौट पड़ा। फिर उस तरफ़ लौटकर मुझसे देखा न गया लेकिन मेरा ख़याल है जब तक मैं मोड़ नहीं लाँघ गया वह खड़ी देखती रही।

यशपाल बांत्रा

२२/६/३६

भेद-भावुक

परीख के जीवन की महत्त्वाकांक्षा कल्पना में ही परिमित थी। ठीक समय पर उसे बैंक में माक़ूल जगह मिल गयी थी। समय आने पर वह एकाउण्टेण्ट या बैंक सेक्रेटरी या मैनेजर बन जायगा इसमें किसी को सन्देह न था। पग-पग पर पेट की चिन्ता सामने न रहने के कारण उसके स्वभाव और व्यवहार में कमीनापन का नाम न था। पैसे की ओर से लापरवाह होकर जीवन में 'पूर्णता' पाने की ओर ही उसका लक्ष्य था। स्वभाव में कुछ उच्छृंखलता और कुछ भावुकता के मिश्रण से उसका व्यवहार इस ढंग का था कि पुरुष सहयोगियों में विशेष समादर न पाकर भी स्त्रियाँ उसकी ओर स्वयं आकर्षित हो जाती थीं। परन्तु स्त्रियों के पीछे दौड़नेवालों में उसकी गिनती न थी। लेकिन फिर भी उसका हृदय-मन्दिर प्रतिमा से शून्य न था।

मन में भाव से प्रतिमा की अराधना करने पर भी उसके मुँह पर ताला था। कुछ परिस्थिति भी ऐसी थी।

भले आदमियों के जिस मुहल्ले में एक मकान का हिस्सा लेकर वह एक नौकर के साथ रहा करता था उसी मुहल्ले के एक अभिजात और अत्यन्त सुसंस्कृत (Highly cultured) परिवार की एक लड़की के प्रति मन-ही-मन श्रद्धा के फूल अर्पित किया करता था। कभी-कभी उस नये संस्कार के परिवार में उसे आने-जाने का मौक़ा मिलता रहता था।

: २ :

परीख के मन में जितनी श्रद्धा वफ़ादारी के लिए थी उतनी किसी दूसरे सद्गुण के प्रति न थी। यहाँ तक कि वह कुत्तों से अपने किसी निकटतम सम्बन्धी से भी अधिक प्यार करता था। परन्तु उसके पास कोई कुत्ता न था। यह न्यूनता वह सदा ही अनुभव करता रहता पूरे ढंग (fashion) से रहने के लिए भी तो कुत्ता एक आवश्यक चीज़ है।

सन्ध्या के समय वह क़दम-क़दम मकान लौट रहा था। उस समय मुख्य सड़क पर के एक बँगले से एक पिल्ला उसके पीछे हो लिया। पिल्ले का वह गदबदा घुँघराले बालों से लिपटा ऊन के बण्डल-सा शरीर और छोटी टाँगों से उसका झूम-झूमकर पीछे दौड़ते चले आना देखकर उसका मन उमग-उमगकर रह जाता था। उसने झुककर उसकी पीठ पर हाथ फेरा। पिल्ले की वह ज़रा-सी पूँछ बहुत तेज़ी से हिलने लगी। मन में हुआ उठा ले परन्तु परायी चीज़ थी। वह सीटी देता चुटकी बजाता पीछे देखता चला जा रहा था और पिल्ला भी मानो उसे पहचानता हो, पीछा किये चला गया।

परीख सड़क से गली में पहुँचा। आधी गली पार कर भी जब पिल्ले की वफ़ादारी कम न हुई तो इस प्रेम की अवहेलना करना परीख के लिए असम्भव हो गया। उसने उसे उठा लिया और जल्दी-जल्दी क़दम बढ़ाकर वह मकान में जा पहुँचा।

पिल्ला बहुत ही कम उमर का मालूम होता था। शायद वह स्वयं प्याली से दूध न पी सके इसलिए रुई की बत्ती बनाकर उसने उसे दूध पिलाना आरम्भ किया परन्तु उसे स्वयं दूध पीते देख उसके मन की कली खिल गयी। शायद वैसे ही जैसे कि नवजात शिशु को अपना स्तनपान कराकर माता के मन की कली खिल जाती है।

बच्चों के सम्पर्क में जवान और बूढ़े भी बच्चे बन जाते हैं। एकान्त में तोतले बच्चे को गोद में लेकर महा विद्वान् और विलक्षण पुरुष भी जैसे मुँह बना-बनाकर और 'नितान्त प्राकृतिक' भाषा में जिसे किसी भी दूसरे हमसुख़न के लिए समझना दुश्वार है कैसे तुतलाने लगते हैं। उस समय शायद हम शिशु को उसकी ही भाषा में बोलकर समझा देना चाहते हैं। पानी को 'मम', दूध 'दुदु' और 'रोटी खाओ' को 'लोती काओ' कहने लगते हैं, आँखें चमकने लगती हैं, होंठ आगे बढ़ जाते हैं और नाक उन्मेष में फूल जाती है।

यह सब लीला अपने एकान्त कमरे में परीख 'मल्ली' के साथ करता था। अपने हाथ से उसे दूध पिलाता। सेण्ट लगा देता और मकान पर अधिकांश समय उसे गोद में लिये रहता। बैंक जाते समय नौकर को मल्ली के विषय में सब बात बारीक़ी से समझा देने पर भी बैंक के कामकाज के बीच में अनेक बार ध्यान मल्ली की ओर खिंच-खिंच जाता था। हृदय की 'प्रतिमा' के सम्मुख भी मल्ली आड़ देकर खड़ी हो जाती। 'प्रतिमा' एक महत्त्वाकांक्षा थी जिसका आधार केवल कल्पना थी परन्तु मल्ली थी प्रत्यक्ष और स्थूल सत्य जो परीख के मन की कोमलता को केन्द्रित कर बैठा था। वह 'प्रतिमा' के विषय में कभी मुँह नहीं खोल सका था। वह मल्ली के विषय में भी किसी से कुछ न कह सकता था। क्या किसी के लिए उस 'प्रेम' की 'महत्ता' और 'सूक्ष्मता' को समझ सकना सम्भव था।

सप्ताह भर से जब से मल्ली आयी थी परीख के मन में यह उधेड़बुन न हुई थी कि किस प्रकार बिना सन्देह का कारण पैदा किये वह सभ्य नवसंस्कृत परिवार में जाकर 'प्रतिमा' के दर्शन कर आ सकेगा।

कहते हैं जिन बच्चों का अधिक यत्न होता है वही अधिक बीमार रहते हैं। मल्ली भी बीमार हो गयी। उसकी दौड़-धूप बन्द हो गयी। दूध तक पीना उसने छोड़ दिया। एक डॉक्टर के यहाँ से अपने लिये बदहज़मी की दवाई लाकर उसने मल्ली को दी पर कुछ न बना। मल्ली का दु:ख देख संकोच छोड़ परीख सब-कुछ करने को तैयार हो गया। जहाँ जीवन में कभी जाने की आशा नहीं थी वहाँ भी वह गया। यानी पशु अस्पताल तक में वह डॉक्टर की राय लेने गया। अगले दिन बैंक जाने से पहले ही एक छोटी टोकरी में मल्ली को बैठा वह साइकिल पर उसे पशु अस्पताल ले गया। दवाई दी पर कुछ न बना। उसका मन बहुत उचाट था। शनिवार को वह दो ही बजे लौट आया। देखा मल्ली बुरी तरह हाँफ रही है। वह उसे फिर अस्पताल ले गया। डॉक्टर ने उपेक्षा से देखकर कहा यह कुतिया बचेगी नहीं। परीख का मानो हृदय टूट गया परन्तु डॉक्टर के सामने बिलकुल मामूली ढंग से कहा, फिर?

डॉक्टर ने उसके मन की करुणा का आभास पाकर कहा, इसे तकलीफ़ बहुत ज़्यादा हो रही है। बचेगी तो यह है नहीं, आप चाहें तो इसे क्लोरोफार्म कर दिया जाय ख़तम हो जायगी।

परीख के मुँह से केवल 'अच्छा' निकला।

डॉक्टर ने कहा, "एक रुपया फीस़ होगी।"

परीख ने एक रुपया डॉक्टर के हाथ में दे दिया।

परीख के देखते-देखते मेहतर ने रुई पर बोतल से दवा डाल तार की एक प्याली में रुई को रख मल्ली के मुँह पर दबा दिया। मल्ली दम घुटने से कुछ छटपटायी परन्तु कुछ ही क्षण में वह निश्चल हो गयी। उसकी पीड़ा समाप्त हो गयी। परीख एकटक देख रहा था। मेहतर ने जब मल्ली [को] एक तरफ़ डाल दिया तो वह भी चुपचाप साइकिल पर लौट गया।

परीख भरा हुआ आकर साइकिल पटककर कमरे में जा रहा था कि नारायण ने एक तार का लिफ़ाफ़ा उसके हाथ में दिया। कुर्सी पर बैठकर उसने तार खोला। तार छोटे भाई का था। उसने परीक्षा में पास होने की ख़ुशख़बरी दी थी। परीख के क्षुब्ध मन पर इस सुसमाचार का कुछ भी प्रभाव न पड़ा। वह मुँह ढाँपकर कुर्सी पर बैठ गया।

मेज़ पर चाय रख कमरे का परदा उठा नारायण ने उसे बुलाने के लिए भीतर झाँका। लेकिन आँखों पर रूमाल ढँके उसे चुप देख वह बिना किसी किसिम की आहट किये पीछे हट गया।

गिरधारी बाबू मुहल्ले के नारद थे। प्रायः दफ़्तर से लौटकर वे परीख के समीप बैठकर सटक से खमीरा सटका करते थे। नारायण से उन्होंने पूछा, "बाबू कहाँ है।"

नारायण से गम्भीर भाव से उत्तर दिया, "भीतर बैठे हैं कुछ तबीयत ख़राब है।"

गिरधारीलाल ने पूछा, "क्यों क्या हुआ?"

नारायण ने बहुत आहिस्ते से कहा, "बुआ जी की तबीयत बहुत दिन से ख़राब रहती थी। आज अभी तार आया है। तब से बहुत उदास बैठे हैं।"

गिरधारीलाल ने परदा हटाकर देखा, परीख अब भी आँखों पर रूमाल रखे बैठा था। गिरधारी लाल पीछे हट गया। ऐसी नाज़ुक हालत में अकेले भीतर जाने की अपेक्षा उसने दो-चार इष्ट-मित्रों को साथ लाकर ही सान्त्वना और संवेदना प्रकट करना उचित समझा। सामनेवाले मकान में अर्जुनलाल इस वक़्त नित्य संगीत का अभ्यास किया करते थे। उन्हें दुर्घटना की ख़बर दी गयी

और उन्होंने सौजन्य के लिहाज़ से बाजा एकदम बन्द कर दिया और बाहर आ गये। पन्द्रह मिनट में तीन-चार सज्जनों ने चुपचाप कमरे में प्रवेश किया और चुपचाप बैठ गये।

लाला श्रीराम वयोवृद्ध थे। उन्होंने गम्भीर भाव से कहा, "परीख बेटा!"

परीख ने आँखें पोंछकर सामने देखा और एकदम इतने भद्रपुरुषों को सामने देख कुछ सहम-सा गया। आँखें पोंछ लेने पर भी उनमें आर्द्रता और लाली बाक़ी थी।

लाला श्रीराम ने कहा, "बुआजी की उमर तो काफ़ी होगी? इस तरह मन छोटा करना ठीक नहीं। तुम तो समझदार हो। संसार की गति तो तुम जानते हो ऐसी ही है।"

गिरधारीलाल ने पूछा, "बुआ जी को कितने अरसे से तकलीफ़ थी?"

परीख के लिए कुछ कहना कठिन था। उसका गला रुँध रहा था। वह कुछ समझ न सका था।

अर्जुनलाल ने पूछा, "बैंक से लौटकर ही तो आपको तार मिला है न! अढ़ाई बजे नारायण मुझे मिला था। उस वक़्त तक तो कोई ख़बर नहीं आयी थी।"

परीख की समझ में अब समस्या आ गयी परन्तु उसने उसके ओठों पर दोहरी मुहर लगा दी। इन भले आदमियों के सामने भेद को खोलकर रख देने की उसकी हिम्मत कैसे हो सकती थी। अपने हृदय के क्षोभ के कारण को वह किस प्रकार प्रकट कर सकता था। एक पिल्ले के लिए एक जवान सुशिक्षित और जिम्मेवार व्यक्ति का रोना क्या एक विश्वास करने लायक़ बात है?

परीख हथेली पर ठोड़ी रखे चुप बैठा रहा। उसके मुँह से एक शब्द भी न निकला। अपने दुःख से और लोगों की ग़लतफ़हमी की चोट से उसका मन और भी व्याकुल हो रहा था। लोगों का यह भ्रम उसे एक प्रकार का अत्याचार मालूम हो रहा था। मानो उसे व्यर्थ में लज्जित करने के लिए सबने मिलकर एक भयंकर जाल रच डाला हो।

प्रायः पैंतालीस मिनट बाद भरपूर आश्वासन देकर भद्रपुरुष स्वयं विदा हो गये।

परीख इन लोगों से पीछा छूटने की तसल्ली में साँस भी लेने नहीं पाया

था कि 'प्रतिमा' का भाई आ पहुँचा। फिर वही सान्त्वना और संवेदना के सुनिश्चित परम्परागत वाक्य उसके कानों में गये और उसकी ग्लानि को कुरेदने लगे।

प्रभात के उठकर जाते ही परीख ने सोचा न जाने अभी कितने और भले आदमी आकर तमाशा करेंगे। कल रविवार की छुट्टी है ही वह इस झगड़े से पिण्ड छुड़ाने के लिए क्यों न जालन्धर चला जाय।

नारायण को बुलाकर, उसने तुरन्त एक टाँगा लाने के लिए कहा और दो-चार ज़रूरी कपड़े सूटकेस में डालकर छह बजे की गाड़ी से ही जाने का निश्चय कर लिया।

एक्सप्रेस तेज़ी से चली जा रही थी। ठण्डी हवा के झोंकों और गाड़ी की तीव्रगति ने उसके मन से ग़म के बोझ को बहुत-कुछ हलका कर दिया था। परन्तु एक दूसरी उधेड़बुन उसे व्याकुल कर रही थी। वह अपने यों अचानक केवल एक दिन के लिए दौड़े आने का क्या माकूल कारण बता सकेगा। बुआ जी की बहुत याद आयी थी कह देने से निस्सन्देह उनका मन अभिमान और स्नेह से पुलक उठेगा परन्तु इससे क्या पिता जी का उतना समाधान हो सकेगा तब क्या भाई के परीक्षा में पास होने की बधाई देने के लिए ही आने की बात कहेगा, पर भाई तो रुड़की में है। उससे क्या? उसने सोचा कह दूँगा, सोचा था भाई जालन्धर आया होगा। अब लौट चलने की गुंजाइश तो है नहीं।

परीख दुपहर को खाना खाकर पिता जी के समीप बैठा बैंक में अपनी कठिनाइयों और सुअवसरों की आलोचना कर रहा था कि तार का चपरासी आया और एक तार देकर लौट गया।

पिता जी ने पूछा, "क्या है देखो तो।"

परीख ने लिफ़ाफ़ा फाड़कर देखा। तार 'ज़रूरी' Urgent था। रविवार के दिन डबल फ़ीस देकर दिया गया था। तार में लिखा था—हार्दिक शोक और संवेदना—परमात्मा-मृतात्मा को शान्ति और सम्बन्धियों को सान्त्वना प्रदान करें। नीचे हस्ताक्षर थे 'प्रतिमा' के।

परीख के होंठों पर मुस्कुराहट फिर आयी। लड़के के मुख पर मुस्कुराहट देखकर पिता ने स्वस्थ (?) हो पूछा, "क्या है कहाँ से है?"

जल्दी में कोई माकूल जवाब न पाकर कहा, "एक मित्र का तार है। इमतिहान में पास होने की ख़बर दी है।"

पिता ने पूछा, "क्या वह भी रुड़की ही में पढ़ता है? क्या नाम है?"

परीख ने बात सँभालकर कहा, "नहीं। वह secretariate के लिए competition में दिल्ली परीक्षा देने गया था।"

सोमवार को बैंक में हाज़िर होना ज़रूरी था। रात ट्रेन में यात्रा करते समय फ़ुर्सत के समय कल्पना को एकाग्र कर परीख ने लाहौर पहुँचकर परिचितों के सामने रखने के लिए एक बयान तैयार कर लिया था। वह जानता था कि मकान पर पहुँचते ही कितने ही भले आदमी 'बुआ' जी के लिए शोक प्रकट करने आ पहुँचेंगे और बैंक में भी उसे सब लोगों की हमदर्दी के प्रत्युत्तर में कुछ कहना ही होगा।

गली से टाँगे पर वह जब मकान को आ रहा था उस समय 'प्रतिमा' के मकान के सामने से आते समय उसे ऐसा मालूम हुआ कि खिड़की में से 'प्रतिमा' ने उसे देख लिया है। वह आकर बैंक के लिए कपड़े बदलकर वह बैठा ही था कि नारायण ने कहा, "प्रभात बाबू की भैन जी आपको पूछ रही हैं।"

परीख बाहर निकल आया। प्रतिमा के चेहरे पर संवेदना बहुत स्पष्ट दिखायी पड़ रही थी। 'प्रतिमा' ने परीख द्वारा निर्दिष्ट कुर्सी पर बैठकर पूछा, "क्या बुआ जी बहुत दिन से बीमार थीं?"

परीख ने तुरन्त उत्तर दिया, "हाँ थीं तो लेकिन मुझे कुछ मालूम था नहीं। उनके यहाँ से वर्षों से कोई पत्र वगैरह मुझे नहीं आया था। बुआ जी के नाते में वे बहन लगती थीं। मेरे बचपन में वे एक दफ़े हमारे यहाँ कुछ दिन रही थीं। मेरा तो इतना ही परिचय था। लेकिन मुझे वे बहुत मानती थीं। उनके कोई बाल-बच्चा और तो था नहीं।"

दूर के सम्बन्ध की बात सुनकर 'प्रतिमा' के चेहरे की गम्भीरता की छाया में बहुत-कुछ फ़रक़ पड़ गया। उसने कहा, बेचारी आपकी दूर की सम्बन्धी थीं तिस पर भी आपके मन को बहुत चोट लगी। आप हैं बहुत भावुक। जितनी बेपरवाही आप व्यवहार में प्रकट करते हैं दरअसल वह आपकी अत्यन्त भावुकता का बाह्य आवरण है। प्रतिमा के होंठों पर झीनी-सी मुस्कुराहट फिर आयी।

'भावुकता' के प्रसंग ने परीख के हृदय में अपने दुःख के 'वास्तविक कारण' की स्मृति को ताज़ा कर दिया। एक दफ़े उसे अनुभव हुआ कि 'वास्तविक कारण' से लज्जित होकर उसें छिपाने की कुछ भी आवश्यकता न

थी। बल्कि 'भेद' को यथातथ्य रूप में प्रकट करने से इस 'अद्वितीय' रमणी के हृदय में वह अधिकार का स्थान पा सकता है परन्तु अब उसे प्रकट करने का कोई अवसर नहीं रहा था।

परीख की दुविधा को भाँपकर 'प्रतिमा' ने कहा, ''भावुक' से मेरा अभिप्राय कुछ और नहीं है। मैं तो आपके हृदय की कोमलता को देखकर हैरान हूँ। आपका हृदय स्त्रियों की भाँति कितना ममतापूर्ण है।''

एक दफ़े फिर गहरी साँस के साथ 'भेद' परीख के गले में आकर अटक गया। 'अवसर' नहीं रहा था और फिर 'ममता' ममता का भी तो 'क्षेत्र' है। बिलकुल बेसमझ की तरह जहाँ-तहाँ ममता को बिखेरते रहने से क्या ममता की ही क़ीमत न घट जायगी?

यशपाल बांत्रा .

२३/७/३६

A breezy night

कर्मफल

बहुत ज़ोर से पानी पड़ रहा था। बहुत जाड़ा था। बाज़ार, गली-कूचे सूने पड़े थे। बिना बहुत ज़रूरी काम के कोई मकान के बाहर निकलना न चाहता था। जिन लोगों के मकान नहीं, सर्दी और तपिश में जिन लोगों के लिए 'ईश्वर' का आकाश या म्युनिसिपैलिटी के लगाये पेड़ ही आश्रय हैं वे लोग भी जहाँ-तहाँ भले लोगों की हवेलियों और मकानों की आड़ में बैठकर हवा-पानी से सिर बचाने की कोशिश कर रहे थे। सेठ जी की हवेली के नीचे के लम्बे-चौड़े सूने बरामदे में पास के नीम के नीचे से एक बेघरबार का 'जीव' सरक आया। उसके बाद दूसरा फिर तीसरा इस तरह से छह-सात 'जीव' आ जमा हुए। बरामदे में दायीं ओर के कोने में जहाँ बौछार न आने से जगह बिलकुल ख़ुश्क थी वहाँ पहले आकर जिसने अपना टाट का टुकड़ा बिछा लिया था उसे दूसरे जीवों को वहाँ आकर घपला करना बिलकुल असह्य हो रहा था। लेकिन दूसरों के लिए तेज़ हवा और पानी के छींटों से बचने की इच्छा न करना भी असम्भव था। झगड़ा होने लगा। चीख़-पुकार होने, माँ-बहन को ले तरह-तरह की ललकार सुनायी पड़ने लगी। इस सबके ऊपर गोद में छिपे हुए सर्दी और भूख से बिलखते बच्चों की पूरे ज़ोर से उठी हुई चीख़ें सुनायी देने लगीं।

सेठ जी भीतर अँगीठी के सामने बैठे ज़रूरी काग़ज़ देख रहे थे। यह सब गुल सुनकर उन्होंने द्वारिका धीमर को बुलाकर डाँटा, "यह सब क्या गुल हो रहा है?"

द्वारिका ने अनिच्छा से रजाई छोड़कर बरामदे में झाँका। क्रोध में उसने डण्डा उठाकर संयुक्त गालियाँ देते हुए उन सब अवांछनीय बदमाशों को खदेड़ दिया।

कोई भागकर दूर किसी दुकान के छज्जे की ओट में जा बैठा। कोई किसी दूसरी गली में चला गया लेकिन बिन्दी की टाँगों में इतना ज़ोर बाक़ी न था तिस पर गोद के बच्चे का बोझ। बच्चे को टाट में लपेट वह फिर १० क़दम पर नीम के पेड़ के तने से सटकर जा बैठी।

अँधेरा हो गया था पर पानी रुकना ही नहीं चाहता था तिस पर पछवाँ ख़ूब तेज़ बह रही थी। बिन्दी के गोद के बच्चे का रोते-रोते गला रुँध गया था। पर उसकी हिचकी बन्द ही न होती थी। पिछली साँझ से बच्चे के पेट में कुछ नहीं गया था। बारिश के मारे कोई 'भला आदमी' घर से बाहर निकला ही न था। फिर बिन्दी को कोई दमड़ी पैसा कहाँ से मिलता। उसकी छाती में दूध का नाम न था। बच्चा अपने निर्बल दाँत से उसकी छाती को काट-काटकर पेट भरना चाहता था पर न उसके दाँत में उतनी ताक़त थी न छाती में ही कुछ था। बिन्दी ने खाया ही क्या था जो छाती में कुछ होता? एक रोटी का टुकड़ा उसने अपने पेट से बचाकर रखा था वह कई दफ़े मींजकर उसने बच्चे के मुँह में दिया पर वह बच्चे के गले के नीचे न उतर सका। तिस पर वह जाड़ा कि ईंट-पत्थर की दीवार को भेदकर मोटे-मोटे लिहाफ़ों के भीतर पहुँचकर भी शरीर के रोंगटे खड़े किये देता था। बिन्दी का बच्चा रह-रहकर चिड़िया के बेपर के चूजे की तरह मुँह खोलकर रह जाता था पर न उसमें से रोने की पुकार ही निकल पाती थी न उसमें कुछ जाने के लिए ही था। बिन्दी उसे पुचकार-पुचकारकर छाती से चिपकाये लेती थी। यदि माँ के स्नेह में बच्चे का पेट भर देने की शक्ति होती या उसे जाड़े से बचा लेने की ताक़त होती।

बिन्दी न डॉक्टर थी न वैद लेकिन माँ का हृदय बच्चे के दर्द को न पहचानेगा तो कौन पहचानेगा? जब म्युनिसिपैलिटी के घण्टाघर ने इस हवा-पानी में भी 'भले आदमियों' को यह सूचना देनी ज़रूरी समझी कि दस बज गये हैं सोने का समय हो गया है उस समय सहसा बिन्दी को ऐसा जान पड़ा मानो उसकी गोद सूनी हो गयी। उसकी गोद का बोझ बेमतलब हो गया। कूड़ा-करकट हो गया। उसके हृदय से एक मर्मभेदी चीख़ निकल पड़ी। वह सिर और छाती पीट-पीटकर रोने लगी। सुनसान रात में आराम के वक़्त उसके क्रन्दन से 'भले आदमियों' की नींद ख़राब न हो इसलिए पछवाँ उसकी चीख़-पुकार को उड़ाये लिये जा रही थी पानी उसे दबाये दे रहा था।

नीम के ठीक सामने ऊपर दुमंज़िले पर जो खिड़की थी वह सेठानी जी के सोने का कमरा था। सेठानी जी नींद की प्रतीक्षा कर रही थीं। समीप ही उनकी छोटी बिटिया सो रही थी। बिटिया की उमर केवल तेरह बरस थी। कुछ दिन

से बीमार रहने के कारण दुबला जाने के कारण गालें कुछ ढीली पड़ जाने के कारण आँखें कुछ-कुछ दिखायी देने लगी थीं। लोग उसे पुकारते थे नन्हीं। सेठानी जी बिटिया की कमज़ोरी और दुर्बलता के कारण दुःखी रहती थीं। नीचे से बेवक़्त रोने के आवाज़ सुनायी देने से उन्हें बहुत बुरा मालूम हुआ। उन्होंने चिल्लाकर कहा, "अरे कोई है तो देखो यह कौन मकान के नीचे स्यापा डालकर अपनों को रो रहा है। बिटिया की ज़रा आँख लगी है उसे क्या सोने नहीं देगा।"

माँ की मधुर आवाज़ से नन्हीं की नींद उचट गयी। उसने पूछा, "माँ क्या है?"

माँ ने पुचकारकर कहा, "कुछ नहीं बेटी, सो जा।"

नन्हीं ने आँखें मलते हुए कहा, "नहीं माँ कोई रो रही है।"

माँ ने बेटी को फिर से पुचकारकर कहा, "तू सो जा कोई राँड़ नीचे बाज़ार में अपने कर्मों को रो रही है। तू सो जा मैं अभी आदमी भेजकर उसे निकलवाये देती हूँ।"

नीचे नीम की तरफ़ से द्वारिका की ललकार सुनायी पड़ी, "चल हट राँड़ यहाँ से! नहीं एक डण्डे में सिर तोड़ दूँगा।"

नन्हीं ने कहा, "माँ यह कोई बड़ी पापिन होगी जो ऐसे रो रही है।"

माँ ने कहा, हाँ मेरी नन्हीं बेटी तू राम का नाम लेकर सो जा।

बरसते पानी में अपने बेमतलब बोझ को छाती से लगाये वह चीख़ती पुकारती दूर चली गयी। उधर लिहाफ़ में लेटकर सेठानी जी राम का नाम जपने लगीं।

यशपाल बांत्रा
२६/७/३६
A very rainy day

परायी

कातिक के दिन थे। वर्षा बीत चुकी थी। दुपहर का समय। रात की-सी स्तब्धता लेकिन उसमें मध्य रात की लरज़ और डर न था। नीचे खेतों में गेहूँ की जुताई हो रही थी। सुनहली चकाचौंध में घास मँढ़ी हुई नीची पहाड़ियाँ, चीड़ों के जंगल, जुते-अधजुते धूसर खेत मकानों के खड़ की कत्थई रंग के छप्पर और स्लेटों की छतें सब चकाचौंध हो रही थीं। खेतों के नीचे जहाँ नालों में पानी कल-कल बह रहा था वहाँ वह गली हुई चाँदी की धार-सा बहा जा रहा था। जहाँ वह स्थिर था वहाँ मानो शरद् के आकाश की नीली साड़ी रँगने के लिए नील के भरे हुए कुण्ड-से जान पड़ते थे। पशु खेतों में वृक्षों के नीचे बैठे सन्तोष से जुगाली कर रहे थे। मर्द जुताई में व्यस्त थे। स्त्रियाँ घर के आँगनों में मक्का और धान को धूप दिखा रही थीं। बरसात के सीले हुए कपड़ों को धूप में फैला रही थीं। किसी को फ़ुर्सत नहीं थी। ऊँचे वृक्षों में फाख़्ता बोल रही थी, नीचे घास पर खंजन फुदक रहे थे पर किसी को फ़ुर्सत न थीं।

'पुरली' (गाँव) से कुछ ऊपर विशालकाय चीड़ों की धूप-छाँव में एक बड़ा-सा बरसाती तालाब है। आस-पास की ऊँचे टीलों से रिस-रिसकर इसमें बहुत-सा पानी जमा होता रहता है और फिर एक बड़े झरने के रूप में बीस फुट के लगभग नीचे पत्थर के बड़े-बड़े ढोंकों पर बड़े ज़ोर से मोती उछालता हुआ गिरा करता है। यह तालाब ऊँचा होने से यहाँ पशु पानी पीने के लिए नहीं आते। आमतौर पर किसी मामूली ज़रूरत के लिए भी कोई यहाँ नहीं आता। गाँव की औरतें ही नहाने के लिए या कपड़े धोने के लिए यहाँ दुपहर को जब-तब अकेली-दुकेली आया करती हैं।

बरसात में बहुत-से कपड़े मैले जमा हो गये थे। चार दिन से रक्खी यहाँ दुपहर में छोटी बहन पारो के साथ कपड़े धोने आती थी। रक्खी के सिर घर

का बोझ माँ के बराबर ही था। उसकी उमर भी पन्द्रह की थी। शहर होता तो न जाने क्या होता पर यह था बहुत छोटा-सा काँगड़े का पहाड़ी गाँव। पहाड़ी गाँव में संस्कृति और कवित्व शिक्षा के अभाव में कहाँ से हो। वहाँ न सौन्दर्य की यह चर्चा न उसकी पूजा। रोज़मर्रा के सादा जीवन की गिनी-चुनी बातों से ही किसी को फ़ुर्सत नहीं। लेकिन जब कभी चरखा कातने स्त्रियाँ इकट्ठी बैठतीं या बावड़ी पर मिलतीं उस समय चर्चा उठने पर कभी किसी ने लक्खी सिंह की लड़की के 'चाँद परी' होने में शंका नहीं की। यूँ तो पन्द्रह बरस की आयु में कौन लड़की सुन्दर नहीं जान पड़ती। यदि सृष्टि का यह विधान न होता तो मनुष्य की परम्परा कैसे चलती परन्तु प्रकृति के इस 'ज़रूरी कामचलाऊ' (sin qua non) सौन्दर्य से परे जो सौन्दर्य है जिसका अस्तित्व अधिकांश में चित्रों, मूर्तियों और कविता में मिलता है जिसकी लाग से साधारण पुरुष या स्त्री मात्र के सौन्दर्य की स्तुति चलती है वह कहीं-कहीं मिलता है। रक्खी की छरहरी देह हवा में डोलते हुए केले के नये पत्ते की तरह स्वयं ही लच-लच जाती थी। उसका रंग वह था जिसे पाने के लिए शहर की चतुर रमणियाँ पाउडर का व्यवहार करती हैं। लम्बी पलकोंवाली लम्बी आँखें माथे से सीधी उतरी हुई ज़रा लम्बी नाक, पतले-पतले होंठ। हँसी उसके होंठों पर खेलने के लिए बावली रहती थी और छोटे मोती-से दाँत।

रक्खी और पारो लकड़ी की छोटी-छोटी-सी थापियों से आहिस्ता-आहिस्ता पीट-पीटकर कपड़ों को धो-धोकर एक ओर घास पर रखती जातीं। अपने शरीर के कुरता-सलवार उन्होंने सबसे पहले धो-धोकर एक ओर धूप में सूखने के लिए डाल दिये थे। रक्खी शरीर पर एक चादर लपेटे हुए थी और पारो पर्दे की उतनी ही अधिक ज़रूरत न होने पर केवल कमर में एक अँगोछा लपेटे हुए थी।

रक्खी ने कहा, "पारो सुक्खू के कपड़े कहाँ लायी तू?" पारो ने कहा, "मुझे क्या पता माँ ने जो दिये मैं ले आयी।"

रक्खी ने कहा, "हाय, माँ ने सुक्खू के कपड़े तो दिये ही नहीं वह क्या पहनेगा। बड़ी रानी बहन है जा, भागकर ले आ।"

पारो ने एक भीगी हुई सलवार पहनी, चादर ओढ़ी और कुछ धोये हुए कपड़े सिर पर रख वह घर की तरफ़ भाग गयी।

पारो चट्टान के परे दस क़दम ही गयी थी कि रक्खी के मन में खटका हुआ। उसने सोचा पारो को भेंजकर अकेले रह उसने अच्छा नहीं किया। सहसा

उसे पूरन का ख़याल आ गया। पूरन अठारह-बीस बरस का नौजवान था। उसका मकान चीड़ों के उस पार कुरली में था। वह नम्बरदार का लड़का था और आस-पास के सभी लोग पूरन की तारीफ़ करते थे। बहुत समझदार नौजवान था। घर-बार का कामकाज लगन से देखता था। बड़े भाइयों के सामने उसने कभी आँख नहीं उठायी। लेकिन रक्खी उससे नाराज़ थी। वह उससे डरती थी। पाँच-छह दफ़े पूरन उसे बावड़ी पर या सुबह-शाम बाहर जाते या लौटते वक़्त मिला था तो एकान्त देख बहुत आहिस्ता से उसने 'रक्खी' कहकर पुकारा था। किसी दूसरे आदमी के सामने वह कुछ नहीं बोलता था। रक्खी को निश्चय था कि वह पूरन उसे अकेले मिलने की प्रतीक्षा में रहता था। वह थपाथप थापी से कपड़े पीटती जा रही थी और आँख झुकाये पूरन की बात सोच रही थी।

तालाब में से जिस जगह झरना गिरता था वहाँ कुछ गरने की घनी झाड़ियाँ थीं। कुछ आहट पा उसने उधर देखा। सचमुच पूरन ही झाड़ियों की आड़ में से निकलकर सामने खड़ा था। उँगली ओठों पर रख पूरन ने उसे बिलकुल चुप रहने का संकेत किया। रक्खी बहुत घबरा गयी। उसकी बल खायी हुई लटें चारों तरफ़ बिखर रही थीं। उसके शरीर पर केवल भीगी हुई चादर लिपटी हुई थी। रक्खी क्रोध और लज्जा में बावली हो गयी। उसने शरीर को चादर से सिमटाकर कहा, "हट यहाँ से! तू यहाँ क्यों आया बेशर्म!"

पूरन ने इस फटकार की परवाह न की। वह कुछ क़दम आगे बढ़ आया। रक्खी ने झुंझलाकर कहा, जा यहाँ से नहीं तो मैं अभी चिल्लाती हूँ तेरा सिर अभी दाव से कटवाती हूँ।

पूरन के चेहरे पर एक आर्द्र व्याकुलता छा रही थी। उसने एक क़दम और आगे आकर लम्बी साँस खींचकर कहा, "रक्खी!"

रक्खी ने चादर को सिमटाकर कहा, "मैं चिल्लाती हूँ दूर हो चण्डाल!"

पूरन ने आहिस्ता से कहा, "तू चिल्लायेगी तो मैं उन झरनेवाली चट्टानों पर कूद पड़ूँगा।"

रक्खी ने चिल्लाने के लिए छाती में साँस भरी। पलक मारते में पूरन गरने की एक डाल पकड़कर झरने पर लटक गया। केवल गले से ऊपर मुँह रक्खी को दिखायी दे रहा था। रक्खी समझ गयी पूरन ज़रूर गिरकर जान दे देगा। रक्खी की चिल्लाहट बदल गयी। उसने तड़फकर [कहा,] "हाय ना पूरन!"

पूरन फिर ऊपर आ गया। रक्खी उसी तरह गठरी-सी बनी बैठी थी। उसकी आँखों में दो बड़े-बड़े आँसू आ गये थे। पूरन समीप आने लगा।

रक्खी ने गिड़गिड़ाकर कहा, "हाय मैं तेरे पैर पड़ती हूँ तू जा!"

पूरन ने कहा, "मैं जाता हूँ एक बात कहूँगा। रक्खी तू मुझसे ब्याह करेगी?"

रक्खी का सारा शरीर लाल हो गया। उसने कहा, "हाय पूरन तू जा!"

पूरन ने कहा, "रक्खी, तू मुझसे ब्याह नहीं करेगी तो मैं ज़हर खाकर मर जाऊँगा। मुझसे ब्याह करेगी।"

रक्खी ने कातर स्वर में कहा, "मैं क्या जानूँ, चाचा जानें! तू जा कोई आ जायगा।"

पूरन ने कहा, "पारो अभी घर पहुँची होगी। रक्खी मैं दिन-रात तेरा नाम जपता रहता हूँ तू मुझसे नाराज़ रहती है।

रक्खी ने व्याकुल होकर कहा, "हाय पूरन तू जा!"

पूरन ने कहा, "सच बता मुझसे नाराज है।"

रक्खी ने कहा, "नहीं पूरन तू जा।"

पूरन ने कहा, "अच्छा मेरे सिर का क़सम बता नाराज़ है मैं जाता हूँ।"

रक्खी ने कहा, "नहीं।"

पूरन ने कहा, "रक्खी तू रोज़ आमलेवाली बावली पर पानी लेने आना-जाना। सुन, मैं तुझे कभी छेड़ूँगा नहीं, केवल एक आँख देख लिया करूँगा।"

रक्खी ने कहा, "पूरन जा पारो आ जायगी।"

पूरन ने कहा, "मैं जाता हूँ पर जिस दिन तू आमलेवाली बावली पर न आयेगी मैं आकर इस झरने में कूद पड़ूँगा।" पूरन चला गया।

अगले दिन रक्खी दिन भर असमंजस में पड़ी रही परन्तु तीसरे पहर उसका हृदय लुहार की धौंकनी की तरह धक-धक कर रहा था। उसने कहा चाहे जो हो यह बेशरमी मुझसे न हो सकेगी। व्याकुलता और भय से उसके लिए खड़ा रहना असम्भव हो गया। वह एक चादर ले मुँह लपेट खाट पर पड़ गयी।

दीये जल गये पर रक्खी खाट से न उठी। माँ के बुलाने पर उसने कह दिया सिर में दरद हो रहा है। भय से उसके हृदय की गति रुक जाना चाहती

थी। उसी समय लक्खीसिंह बाहर से लौटे। घबरायी हुई आवाज़ में उन्होंने रक्खी की माँ को बताया कि नम्बरदार का लड़का पूरन चीड़ताल के झरने में गिर पड़ा। रक्खी की माँ की चीख़ निकल गयी। उसने कहा, "क्या?"

लक्खीसिंह ने कहा, "अपनी एक भैंस को ढूँढ़ने पूरन ताल पर गया था, न जाने कैसे वह फिसलकर झरने में गिर गया। नीचे के खेत से पिरथू ने देखकर शोर मचाया तब कई आदमियों की मदद से वे उसे वहाँ से निकलवाकर नम्बरदार के घर पहुँचवाकर अभी आ रहे हैं।" लक्खी सिंह ने कहा, "देखो राम जी की करनी है। लड़का नीचे चट्टानों पर नहीं गिरा गरने की एक जड़ में उसकी लातें फँस गयीं। उसकी लातों की तमाम खाल खिंच गयी है लेकिन चट्टान पर गिरता तो हड्डी चूर-चूर हो जाती।"

रक्खी के कान में केवल पहली ही बात जा पायी थी। उसे ही सुनकर मूर्च्छित-सी हो गयी थी। पिछली बात वह सुन न पायी। माँ ने उसे खाना खाने के लिए पुकारा। कोई उत्तर न पा उसने समझा, थकावट से नींद आ गयी।

लेकिन कुछ रात जाने पर माँ जब सोने से पहले बेटी को देखने आयी तो रक्खी खुली आँखों से छत की ओर ताक रही थी। माँ को उसने नहीं देखा। खाट की पटिया पर बैठ माँ ने बेटी के सिर पर हाथ फेरकर कहा, अब कैसी तबीयत है थोड़ा गरम दूध पी ले फिर सो जा। कल मुझे सुबह ही नम्बरदार के घर जाना है। पूरन को बड़ी चोट आयी है झरने में पैर फिसलकर वह गिर गया पर राम जी की दया से जान बच गयी। माँ उठकर चली गयी। रक्खी उस रात ख़ूब रोयी। पारो प्यार से उसके साथ सोने आयी तो उसने उसे दुत्कार दिया।

* * *

तीज का त्योहार था। पानी रिमझिम-रिमझिम बरस रहा था। लड़कियाँ और मनचली नयी ब्याही बहुएँ नम्बरदार के नीचे के बरामदे में ही झूला डालकर झूल रही थीं और गीत गा रही थीं। रक्खी बहुत मनाने पर भी नीचे न उतरी। वह गुमसुम रुँआँसी-सी बैठी थी। आध मील पर उसका माइका है लेकिन पहली तीज पर भी चार दिन के लिए माइके न जाने दिया। उसका छोटा भाई आकर लौट गया। वह रात में पूरन से रूठ गयी तो उलटे उसे मार खानी पड़ी। बरस भर उसे ससुराल आये नहीं हुआ इस बीच में ही उसे तीन दफ़े

मार पड़ चुकी थी। वह बड़े लाड़ से पली लता की तरह था। माँ-बाप ने कभी फूल की छड़ी से भी उसे नहीं धमकाया था। उसका बदन मार खाने लायक़ था?

वीरो रक्खी की ननद थी। उसका ब्याह हुए तीन बरस हो गये थे लेकिन अब भी वह तीजों को ज़रूर मायके आती थी। रक्खी की ससुराल में वही एक सहेली थी। जिठानियाँ उस पर नाजायज़ दबाव रखना चाहती थीं। सास की नज़रों में छोटी-बड़ी सब एक थीं परन्तु वीरो को रक्खी से बहुत ममता थी। कुछ उसके अनुपम रूप के कारण। कुछ उसकी सरलता के कारण, कुछ बचपन का स्नेह था। फिर उससे उसे कुछ बँटाना न था। वीरो की उम्र अधिक न थी परन्तु उसका दबदबा था। उसका पति पर काफ़ी दबाव था। और वह ख़ास समझदार समझी जाती थी। रक्खी और वीरो एक साथ लेटकर घण्टों बातें करती रहती थीं। इससे रक्खी की जिठानियाँ उससे जलती थीं परन्तु वीरो को कोई कुछ न कह सकता।

रक्खी की आँखें अपने आँचल से पोंछकर वीरो ने कहा, "हाय हाय पागल लड़की इतना घबराती है!"

रक्खी ने उसकी गोद में सिर रखकर कहा, "मैं तो यों ही मर जाऊँ तो अच्छा है। मुझ बदक़िस्मत की मौत भी कहाँ।"

वीरो ने कहा उसे छाती से लगाकर, पागल-जैसी बातें करती है। तुझे कौन दुःख है पगली है। तेरे लिये तो पूरन ने झरने में कूद पड़ा था। पगली तेरे-जैसा मर्द किसके होगा। और उसका सिर चूम लिया।

रक्खी ने कहा, "जीजी वह बात अब नहीं। मर्दों के दिल का ठिकाना नहीं। मुझे माँ ने कभी आँख तक नहीं दिखायी थी। ये मुझे तीन दफ़े मार चुके हैं। देख, मैंने कहा, मुझे दो दिन के लिए माँ को देखने भेज दो नहीं माना उलटा रात मुझे एक लात मारी। अब जब अपना मन हो तभी हँसकर बात करते हैं, नहीं बात-बात पर डाँट देते हैं। अब मेरा जीने को दिल नहीं चाहता जीजी! अब उनका दिल भटक गया। न जाने वे उसी बात से नाराज़ हैं। पहले दिन ही मुझे डाँटने लगे थे। जीजी उनका दिल बड़ा कर्रा है दया ज़रा नहीं। उन्हें मेरी परवाह बिलकुल नहीं।"

वीरो ने रक्खी की पीठ पर हाथ रख उसे गोद में खींचकर कहा, "पागल है, तेरी जितनी परवाह पूरन करता है, उतनी कोई क्या करेगा। ज़रा डाँट-डपट तो मर्द किया ही करते हैं। यह तो उनका क़ायदा है नहीं तो फिर औरतें बिलकुल ही सिर चढ़ जाती हैं। तेरी तकलीफ़ को सुनकर पूरन बेहाल हो जाता

है पर यह सबके सामने कहने लगे तो कैसे काम चले? मर्द को अपनी इ़ज़्ज़त भी तो रखनी होती है।''

रक्खी ने ननद के कान से मुँह लगा, गहरी साँस लेकर कहा, ''जीजी वह पहले की-सी बात कहाँ है? कहाँ जान देने को फिरते थे कहाँ बात-बात पर धमकी!''

वीरो ने छोटी भाभी को गले लगाकर कहा, ''पहले और बात थी तेरी ख़ुशामद थी, तू परायी चीज़ थी। अब और बात है तू अपनी चीज़ है। अपनी चीज़ से क्या डर, परायी की तो ख़ुशामद करनी ही होगी।''

रक्खी ने कहा, ''इससे तो परायी ही रहती तो अच्छा था।''

यशपाल बांत्रा

३०/९/३६

जन्मदिन

जन्मदिन मनाने का अब रिवाज़-सा चलता जाता है। लेकिन मुझे समझ नहीं आता कि इसकी क्या ज़रूरत है? इसमें क्या सार है? कुछ लोगों के जीवन से संसार और समाज को थोड़ा या अधिक लाभ पहुँचा है उन लोगों के प्रति प्रेम या श्रद्धा प्रकट करने के लिए समाज उनका जन्मदिन मनाता है। उस दिन को मुबारक समझता है जिस दिन वे कल्याणकारी जीव संसार में अवतीर्ण होते हैं। कुछ ऐसे भी भले लोग हैं जो स्वयं ही अपना जन्मदिन मनाते हैं। मुझे ऐसे लोगों के प्रति कुछ भी श्रद्धा नहीं। अच्छा उदाहरणत: मैं अपना जन्मदिन मनाऊँ तो किस वजह से। आज के दिन ३ दिसम्बर, सन् १९०३ में ३३ बरस पूर्व संसार के करोड़ों मनुष्यों में मैं सम्मिलित हो गया था। उस दिन से लेकर आज तक मुझसे किसी को क्या लाभ पहुँचा है?

बड़ी अनिच्छा से, जबरन मैं यह पंक्तियाँ लिखने का यत्न कर रहा हूँ। क्यों? शायद इसलिए कि मैं अपने-आपको देखना चाहता हूँ। हम आईने में अपना मुँह प्राय: रोज़ ही देखते हैं पर उसमें केवल अपनी त्वचा या नख-शिख देख पाते हैं। प्रत्यक्ष रूप से परे जो हमारे जीवन का अस्तित्व है उसे हम न देख पाते हैं न देखने की चिन्ता ही करते हैं। आज अपने-आपको या अपने व्यतीत जीवन को देखने की इच्छा-सी हो रही है।

क्या मेरी यह व्यतीत ज़िन्दगी सब व्यर्थ और विफल रही है? यदि मैं यह समझ लूँ कि मैं संसार में किसी महान् उद्देश्य की पूर्ति के लिए आया था तो अवश्य मैं विफल या व्यर्थ रहा हूँ। लेकिन इस संसार में असंख्य मनुष्य हैं। सभी तो असाधारण उद्देश्य को पूरा करने नहीं आते। मज़ा यह है कि अधिकांश मनुष्य अपने-आपको असाधारण ही समझते हैं और यदि वे लोग कुछ विशेष सफलता नहीं प्राप्त कर सके तो इसका कारण वे कुछ विशेष घटना या परिस्थिति को ही समझते हैं। यदि चाहूँ तो मैं भी ऐसा ही समझ सकता हूँ

लेकिन यह विश्वास जमाने की क्या ज़रूरत है कि मैं असाधारण रूप से योग्य या असाधारण उद्देश्य की पूर्ति का विधायक होकर आया था। साधारण रूप से आराम से जीवन के दिन बिता सकने का सरअंजाम मैं नहीं कर पाया। उसके लिए मैंने कुछ यत्न भी अधिक नहीं किया।

इस दिसम्बर की बारिश की रात में एक छोटे बाग़ से घिरे आधुनिक आराम के साधनों से युक्त छोटे बँगले में प्रिया को लेकर चैन से नहीं लेट रहा हूँ। बल्कि जेलखाने की एक छोटी-सी बैरक में बन्द हूँ। यद्यपि मुझे सुख के साधनों का शौक़ है जीवन की बहार जिसे लोग कहते हैं उसे देखने की चाह अब भी मेरे मन में सोयी हुई है हालाँकि मेरी उमर काफ़ी हो गयी है परन्तु मैं अपनी इस बन्दी हालत के कारण बिसूरने नहीं बैठता। क्यों?

शायद मैं कुछ बेपरवाह हूँ। ठीक है मनुष्य का स्वाभाविक असन्तोष प्रकृति में पाकर भी मुझमें तटस्थता की कुछ मात्रा मौजूद है। फिर एक दूसरा सन्तोष यह है कि मैंने इस त्याग के मार्ग को ख़ुद ही तो चुना था। मैं इस त्याग को पूर्ण त्याग नहीं कहूँगा। त्याग कर सकने की एक चाह भी मनुष्य को सुख पहुँचाती है। भय की परवाह न कर उचित मार्ग अवलम्बन करने की एक प्रवृत्ति हमारे नितान्त संकीर्ण स्वार्थ या केवल पेट की चिन्ता से हमें कुछ ऊपर उठा लाती है। मैंने इस प्रवृत्ति को प्रश्रय दिया था। कुछ-कुछ अभिमान के साथ मैं अनुभव करता हूँ कि मैं नितान्त निम्न कोटि का मनुष्य नहीं हूँ। और यह अनुभूति सुख-साधनों की प्राप्ति और उमंगों या जीवन की बहार को लूटने के अवसर के अभाव की उपेक्षा कर जाने में काफ़ी सहायक होती है।

यदि एक दिन ऐसे ही यह ज़िन्दगी ख़तम हो जाती तो? तो उसमें क्या है? चार आदमी मेरे निर्जीव शरीर या और भयानक शब्द कहिये लाश को घेरकर रोयें या न रोयें उससे क्या फ़रक पड़ता है? फिर भी मैं धौंस न भरूँगा मैं मृत्यु की उपेक्षा करता हूँ। यह कथन प्रत्यक्ष सत्य जान पड़ता है। मृत्यु सुख-दुःख का अन्त है फिर भी मनुष्यमात्र मृत्यु से भयभीत हैं। मैं भी हूँ। इसका एक बड़ा कारण तो यह है मृत्यु प्रायः बड़ी यन्त्रणापूर्ण होती है। यदि मृत्यु में यन्त्रणा न भी हो यहाँ के सुख के संसार और प्रियजनों का बिछोह ही मनुष्य को व्याकुल कर देता है। बिछोह का भय कैसा? जब विचार का उत्पादक जीवन ही न रहेगा तो बिछोह भी अनुभव न होगा। परन्तु हाँ यह विचार कि मेरे या हमारे मर जाने से हमारे अमुक प्रियजनों का दिल टूट जायगा ज़रूर व्याकुलता का ज़बरदस्त कारण है।

अच्छा मेरे मर जाने से कितने आदमियों का दिल टूट जायगा? मेरे मर जाने से पन्द्रह-बीस आदमियों को बुरा मालूम होगा—केवल १५ या २०, इस सत्य को जानकर अभिमान को धक्का पहुँचता है लेकिन मिथ्या गुमान से लाभ?—तीन-चार शायद पाँच को शोक होगा लेकिन दिल किसका टूट जायगा? माँ का? ज़रूर माँ का दिल ज़रूर टूट जायगा। यह ख़याल आने से मुझे दुःख होता है मन किसी क़दर भर आता है। इसके अलावा किसी का दिल टूटने की कोई वजह नहीं है। हो भी क्यों? न होना ही अच्छा है।

जो लोग पशु की भाँति केवल आहार, निद्रा, भय और मैथुन में ही समाप्त नहीं हो जाते उनमें से नितान्त वैज्ञानिक या दार्शनिकों को छोड़कर अधिकांश लोग प्रेम कर पाने या प्रेम के पाने में जीवन की बहुत बड़ी सार्थकता समझते हैं। इसमें क्या शक, ज़िन्दगी की बाहर सुगन्ध इसी में है।

इसमें क्या शक एक लेखक ने ख़ूब लिखा है—*O la beaute de cette Ola beaute be cette heure ou l'aimee de Dome heure ou 'l' ame se dome!* और *Tous cervs que se amourent sort (ihes! Tous cerve que se amourent... l'egoisme tue soul l ' egosim tue.* मैंने भी यौवन के कच्चे बरसों में इस नशे को चखा है। उस पर मुझे हँसी भी आती है और मैं उससे ख़ुश भी हूँ। एक बात से मैं अपने-आपसे बहुत ख़ुश हूँ कि मैं दुश्चरित्र या नीच कभी न बना। मैंने प्रेम में कुछ दिन आहें भी भरी हैं। और मेरे लिये भी कुछ लोगों ने आहें भरी हैं। Tolstoy ने प्रेम का जो विद्रूप उसे Safety valve कहकर किया है। मुझे वह ठीक ही मालूम होता है। यदि मुझे औचित्य का विचार न होता तो मैं बहुत दूर तक हाथ मार सकता था पर मैंने ऐसा नहीं किया। सच-सच कहूँ तो औचित्य के विचार के साथ शायद कुछ भय या निर्बलता का भी पुट रहा होगा या Safety valve का भी उस पर कुछ प्रभाव रहा होगा परन्तु उसमें औचित्य का विचार ज़रूर था। पर अब मेरी मानसिक अवस्था फिलहाल तो ऐसी जान पड़ती है कि मैं इस अखाड़े से Retire हो गया हूँ। यह भाव केवल क्षणिक है या चिरस्थायी निश्चित नहीं कह सकता।

अच्छा क्या मेरे मरने से किसी को प्रसन्नता भी होगी? मेरा ख़याल तो नहीं। क्योंकि अपनी जान में मैंने किसी का अनिष्ट करने की चेष्टा नहीं की अर्थात् स्वार्थ के विचार से। फिर भी संसार का मार्ग तंग है और ज़िन्दगी का सफ़र करते वक़्त मनुष्य एक-दूसरे के रास्ते में बाधा बन जाते हैं। उस समय उन्हें हटा देने की इच्छा या ज़रूरत महसूस होती है। पर उसको लेकर आमरण

बैर नहीं होना चाहिए यह भद्रता नहीं है। ख़ैर मेरे मिट जाने से किसको लाभ हो सकता है? किसको शान्ति प्राप्ति हो सकती है? हो सकता है एक को बहुत दो को!

यह तो हुई बीती। भविष्य की बाबत क्या कहा जा सकता है? भविष्य तो एक दुर्भेद्य दीवार के परे है। कल्पना अपनी ऊँची उड़ान से भी उस तक नहीं पहुँच सकती। आराम सुख होगा या क्लेश और कलक कौन जाने! पर एक बात है। कपट और कायरता इन दो चीज़ों से दूर रहा हूँ और रहूँगा। मनुष्यता को क़ायम रखना मेरी महत्त्वाकांक्षा है। जीवन के शेष भाग में योद्धा बनकर तो न रह सकूँगा परन्तु भलामनुस ज़रूर बना रहना चाहता हूँ।

बड़ी उलझन के बाद इतना लिख पाया हूँ। अब मुझे लिखने में उतनी रुचि नहीं रही है। कहाँ अकारण ही लिखा करता था। शायद शब्द-विन्यास और शैली भी शिथिल हो गयी है। अभ्यास के बिना ऐसा ही होता है।

यशपाल बांत्रा
३/१२/३६

प्रिय?

हृदय के लिए सबसे बड़ी व्यथा शायद जीवन के लिए सबसे बड़ी व्याधि शक है। दाँत का उत्कट दर्द, तपेदिक की मर्मान्तक पीड़ा और दमे में दम का रुकना दौरे के रूप में आता है मरणान्तक पीड़ा होती है। लेकिन वह गुज़र जाता है या सब व्यथा का मूल प्राण ही चले जाते हैं। परन्तु शक और 'अपनों' के प्रति शक, उसके चाल-चलन के सम्बन्ध में इशारेबाज़ी या कानाफूसी इसे कौन नरशार्दूल सह सकता है। शायद सह सकते हैं या तो नर कुक्कुर या शायद देवता सह सकते हों जो आवेश, उन्मेष और अनुभूति से अछूते हैं परन्तु देवताओं के विषय में पुराणों में ऐसे अनेक आख्यान मौजूद हैं जो उन्हें इस महत्ता या नीचता से बरी कर रहे हैं।

माला को जयदेव ने एक विशेष रूप से आराध्य समझा था। उसकी कल्पना जहाँ तक जा सकती थी उससे बहुत अधिक दूर तक माला की कमनीयता, सहृदयता और स्त्री का पुरुष की दृष्टि में चरम सौन्दर्य अन्यतम गुण (fidelity) सतीत्व व्यापक था। जयदेव का मस्तिष्क और आत्मा एक निर्विकार आनन्द के जगत् में खो-सी गयी थी उस जगत् का प्रत्येक रूप या चिह्न था माला का मुग्धकर रूप।

लेकिन अब उसका मन घृणा से उद्विग्न था। वह घर से विरक्त था। जासूसी करके सबूत ढूँढ़ने जाना उसके आत्माभिमान के लिए असह्य था। एक समय सुपुरुष असती नारी और उसके यार के रक्त से अपमान का दाग़ धोया करते थे या ऐसी कलंकिनी को कमर तक गड़वाकर कुत्तों से नुचवा देते थे। उस समय यही न्याय था यही मर्यादा थी। परन्तु समय के साथ मर्यादा और न्याय का आदर्श भी बदल गया है स्त्री के प्रति तिरछी आँख से देखना या धमकाना कापुरुषता और असभ्यता का लक्षण हो गया है। रोज़मर्रा की जलन से बचने के लिए अलबत्ता ऐसी स्त्री को अलग कर दिया जा सकता है परन्तु वह सिरदर्द के लिए मूँड़ काट देने का ऐसा इलाज है। अपनें अपमान का,

अपनी अयोग्यता का ढिंढोरा ख़ुद पीटना और अपमान भी कैसा? पति के स्वयं व्यभिचारी होने पर भी भद्र समाज में उसके लिए गुंजाइश है परन्तु स्त्री के असती होने पर पति के लिए भद्र समाज क्या समाज के निचले-से-निचले तबके में भी कोई गुंजाइश नहीं। कोढ़ी से भी अधिक अछूत, ब्रह्म हिंसक से भी अधिक घृणित है। यों समाज में अपने-आपको अपाहिज, हेय उद्घोषित करने की अपेक्षा स्वयं अपने हृत्पिण्ड को अपने दाँत से काटकर रक्त ले विकट कलंक को कुछ धुँधला करना कहीं आसान है। भीतर इतना भयंकर भूकम्प और ध्वंस होने पर भी प्रत्यक्ष में जयदेव के जीवन में केवल इतना परिवर्तन हुआ था कि वह अधिकांश चुप रहने लगा था। जिन लोगों तक अपवाद की सुरसुराहट नहीं पहुँची थी उनका यह ख़याल था कि उम्र के बढ़ने और कारबार की ओर ध्यान देने से आदमी स्वभावतः गम्भीर हो जाता है। इसके अतिरिक्त जहाँ तक घर के भीतर का सवाल था उसका माला से कुछ भी सम्पर्क नहीं रहा था। प्रेमालाप, सलाह-मशविरा, एक साथ खाना, उठना-बैठना सब हट चुका था। लेकिन दूसरे आने-जानेवाले व्यक्तियों के सामने वह सदा संयमित भद्रता का व्यवहार 'माला' के साथ करता था। फिर जाब्ते से किसी तरह अनबन की ओर कोई संकेत नहीं कर सकता अलबत्ता गम्भीरता का भारीपन सब तरफ़ छाया हुआ ज़रूर जान पड़ता था।

'माला' इस उपेक्षा और सर्द महरी (?) को अन्याय समझती परन्तु उसे सहने के सिवा उपाय नहीं था। यदि किसी दिन जयदेव उस पर असतीत्व का अभियोग लगाने का साहस करता तो माला मर्माहत होकर केवल चुप रह जाती और तोला भर अफ़ीम निगलकर अपमान और कलंक से बचने के लिए मृत्यु की ओट लेती परन्तु जयदेव ने ऐसा दुस्साहस कभी न किया कायरता से हो या औचित्य के विचार से हो। 'माला' प्रायः बासी गुलाब-सी रहती थी। लेकिन हृदय के बोझ को हलका करने के लिए वह सखियों-सहेलियों [से] मिलती रहती थी। वह हँसती थी अवश्य परन्तु वह हँसना फीका और क्षण भर का बल्कि दर्दभरी मुस्कुराहट-साथ।

: २ :

मई का महीना था। नौ तारीख़ थी। रात प्रायः तीन पहर गुज़र चुकी थी। जयदेव ऊपर तीसरी मंज़िल की छत पर सो रहा था। 'माला' का पलँग नीचे खुले आँगन में मौसी के पास था। एक स्टूल पर बिजली का पंखा चल रहा था। गरमी अधिक महसूस होने से मौसी की आँख खुल गयी। उस समय कुछ

अप्रिय गन्ध और चटकने-कड़कने का शब्द सुनकर मौसी ने आँख उठाकर देखा तो जीने की तरफ़ से दूसरी मंज़िल की खिड़कियों से आग की लपटें निकल रही हैं और धुआँ उमड़ रहा है। मौसी की चीख़ निकल गयी, उसने माला को पुकारकर उठाया। नौकर को पुकारा गया। शोर मच गया। लोग इकट्ठे होने लगे। लोग पानी की बाल्टियाँ, गागरें और घड़े ले-ले दौड़े। बहुत शोर मचने से जयदेव ने उठकर ऊपर से झाँका। उसे तुरन्त नीचे उतर आने के लिए कहा गया। जयदेव जीने के दरवाज़े की ओर बढ़ा परन्तु जीने की छत और सीढ़ियों में लकड़ी भरपूर होने से आग ऊपर तक फैल चुकी थी। ऊपर से उतरकर आना सम्भव नहीं था। इतनी लम्बी सीढ़ी जल्दी में कहाँ मिलती और इस ज़माने में लाहौर-जैसे शहर में जहाँ घर-घर बल्ब लगे हों लम्बी रस्सी भला कोई बिना ज़रूरत क्यों रखेगा? साथ का मकान केवल दो मंज़िल का था इसलिए उस पर से होकर निकल आना भी सम्भव न था। मकान के तीनों तरफ़ गलियाँ होने के कारण सिवाय बाहर से सीढ़ी लगाने या ऊपर से रस्सी के सहारे उतर आने का कोई चारा नहीं था। भयत्रस्त लोग खड़े सलाह दे रहे थे। तीन-चार साफे और तीन-चार साड़ियाँ बाँधकर रस्सी तो तुरन्त तैयार हो गयी परन्तु जलते हुए जीने से रस्सी से ऊपर पहुँचना जान जोखिम का काम था। यदि जीने पर गुज़र सकना आसान होता तो जयदेव ही उतर आ सकता था। जवानी के जोश में नौकर ऊपर चढ़ा लेकिन दूसरी मंज़िल जहाँ से आग शुरू होती थी वहाँ से उसे लौट आना पड़ा। फायर ब्रिगेड को दो-तीन दफ़े टेलीफ़ोन किया जा चुका था परन्तु अभी तक वह नहीं पहुँचे थे। ऊपर की छत पर अभी तक आग नहीं पहुँची परन्तु डर यह था कि कहीं बीच की मंज़िल जल जाने से तीसरी मंज़िल न गिर पड़े। पास-पड़ोस के नौजवानों ने भी एक-एक कर ऊपर चढ़ने की कोशिश की लेकिन सब लौट आये और फायर ब्रिगेड का कुछ पता नहीं था। व्याकुल हो माला उस धोतियों और साफों से बँधी रस्सी को ले सीढ़ियों की ओर झपटी उसे लोगों ने हटाकर पकड़ना चाहा परन्तु वह पागल हो रही थी वह नहीं रुकी। आशा-निराशा के बीच लटके लोग मुँह बाये ऊपर की ओर देख रहे थे। किसी ने मुँह से कुछ कहा नहीं परन्तु सभी समझ रहे थे बजाय एक के दो जानें गयीं। जितनी देर में दूसरे लोग साहस करके ऊपर जानेवाले लौट आये थे उससे चौगुनी देर हो गयी थी परन्तु माला का पता नहीं था। बहुत ऊँचे स्वर में अपनी घण्टी बजाती हुई (फायर ब्रिगेड) आ पहुँची। लोगों की जान में जान आयी। सीढ़ियों को खोलकर जयदेव को बाहर गली में उतार लिया गया परन्तु माला का कुछ पता न था।

फायर ब्रिगेड के लिए इतनी-सी आग क्या थी जैसे मोमबत्ती को फूँक से बुझा दिया। तीसरी मंज़िल से जीने में तीन पिचकारियाँ एक साथ छोड़ देने से पाँच मिनट में आग बुझ गयी और आँगन राख और कोयले की धोवन से भर गया। सीढ़ियों में एक स्त्री के रहने की ख़बर के कारण ब्रिगेड ने और भी अधिक जल्दी की परन्तु जीने की छानबीन करने पर शरीर का केवल अंश मिला।

: ३ :

अपने जले मकान को छोड़ जयदेव बग़ल में एक पड़ोसी सज्जन के यहाँ दो कमरों में ज़रूरत का सामान लेकर ठहर गया था। माला के मृतक शरीर के प्रति आवश्यक कर्त्तव्य को पूर्ण कर उसे मुश्किल से साँस लेने का मौक़ा मिला था। इस युग में माला के यों 'सती' हो जाने से जयदेव के प्रति लोगों की श्रद्धा और सहानुभूति का ज्वार उमड़ पड़ा था। संवेदना प्रकट करनेवालों का अन्त नहीं था और जिन लोगों ने माला के चाल-चलन के बारे में कनखियों से इशारे कर-कर गंद फैलाया था वे उन सब बातों को ऐसे भूल गये थे मानो उन्होंने उस विषय में कभी कुछ सुना-देखा ही न था।

जयदेव के जीवन से शरीर रूप से लोप हो जाकर माला ने उस पर और भी अधिक व्यापक प्रभुत्व पा लिया। वह दिवंगत माला प्रथम प्रणय की माला की अपेक्षा कहीं अधिक...कहीं...कहीं अधिक हो गयी। जयदेव के लिए माला के अभाव में जीवन असम्भव हो गया। जो उसका हृदय शोक के कारण शून्य हो गया जो कुछ अनुभूति शेष थी उससे माला के भाग के इस सम्मान को अपने प्रति होता देख उसे मर्मान्तक पीड़ा हो रही थी। माला के प्रति जो उपेक्षा का व्यवहार उसने किया था उसकी स्मृति से आज स्वयं अपने कलेजे को फाड़ डालने की उसे एक पागल इच्छा हो रही थी। संसार में अब माला के बिना जीवित रहना उसे महापाप विश्वासघात अनुभव हो रहा था। उसने माला के सतीत्व में शक किया था, आज वह अपनी दृष्टि में संसार का सबसे बड़ा पापात्मा था।

मकान से लायी हुई एक माला की फोटो फ्रेम में मेज़ पर खड़ी उसके सामने कुछ (पत्र) पड़े थे। जयदेव ने आँखें मूँद माला के चरणों में सिर को टिका दिया। कब तक वह इस तरह सिर रखे बैठा रहा उसे इसकी कुछ ख़बर न रही। उसकी आँखों के नीचे मेज़ पर बहुत-सा आँखों का जल एकत्र होकर

एक मोटे शीशे के टुकड़े की भाँति बिजली के प्रकाश में चमक रहा था। जिस समय उसने सिर उठाया उस समय भी उसकी आँखों की पलकों से आँसू लटक रहे थे। उस एकान्त में उन्हें पोंछने की ज़रूरत नहीं थी और उससे लाभ भी कुछ न था क्योंकि उन्हें पोंछा ही न जा सकता था।

साढ़े तीन बज चुके थे पर नींद का कोई सवाल न था। शरीर थकावट से चूर था। इसलिए ज़रा लेट जाने के लिए वह पलँग की ओर झुका। तीन दिन से उसने अपनी कोई चिट्ठी-पत्री नहीं खोली थी। मकान में आग लग जाने के बाद से तीन दिन में दस चिट्ठियाँ जमा हो गयी थीं। इतने समय में उसे संवेदना के इतने तार पढ़ने पड़े और बैठने आनेवालों ने उसे इतना अधिक घेरकर रखा था कि चिट्ठियों का ध्यान आना सम्भव ही न रहा था। लेटकर वह लिफ़ाफ़ों को देखने लगा।

पहला लिफ़ाफ़ा माला के लिए था। उस पर लिखा था श्रीमती माला देव, राणा गली गवाल मण्डी लाहौर। बायें कोने पर कोष्ठक में भेजनेवाले का नाम लिखा था 'लीली'। पहले माला या जयदेव के जो पत्र आते थे उन्हें बिना तक़ल्लुफ़ दोनों साथ-साथ पढ़ते थे। जयदेव के पत्र माला ज़रूर पढ़ती और अपने सभी पत्र पास बैठ गले में बाँह डाल जय को आग्रह से पढ़ाती। उस समय वे एक प्राण दो शरीर थे। परन्तु बरस भर से वे दोनों अलग-अलग अदृश्य सीमाओं में बँध गये थे। जहाँ बात-चीत न हो वहाँ दूसरे के पत्र पढ़ने का क्या सवाल? यदि दूसरे का पत्र दोनों में से किसी दूसरे के हाथ पड़ जाता तो नौकर के हाथ बिना खोले वह तुरन्त उसके पास पहुँचा दिया जाता।

आज माला के अभाव में उसके नाम का पत्र पा पुरानी बातें जय की आँखों के सामने फिर आयीं। आज इस पत्र को बिना पढ़े वह किसको भेज सकता है। उसने मोहर देखी लिफ़ाफ़ा आठ तारीख़ को लाहौर हीरामण्डी से शाम को पोस्ट किया गया था और नौ को सुबह आग लग जाने के बाद ही डाकिया उसे मकान के लेटर बॉक्स में छोड़ गया था।

बहुत सौहार्द भाव से जय ने पत्र को खोला माला की इस सहेली लीली को वह क्या उत्तर देगा? पत्र में लिखा था—मेरी मल्लिका। चुम्बन! कल जैसा दिन दुश्मन की क़िस्मत में भी न आये। कितने अरमान से मैं नैना के यहाँ आया था और कितने विषाद का बोझ हृदय पर लादकर मकान को लौटा। सिवाय नमस्ते या कुशल पूछने के अतिरिक्त मैं तुमसे एक शब्द भी न कह सका। नैना के यहाँ चाय ख़तम करके तुम्हें लेकर ज़रा घूमने जाने.के विचार से एक दोस्त से कार माँग लाया था परन्तु विभा तुम्हें बरजोरी अपने साथ पकड़कर ले गयी।

तुमने मेरी ओर उस समय जो नज़र डाली थी उसे मेरा ही अन्त:करण समझ सकता था प्रन्तु आफ़रीन तुम्हारे, कि मेरे सिवा और कोई उस दृष्टि में कुछ न समझ सकता था। लेकिन उसी क्षण से मेरा मन इतना व्याकुल हो रहा है कि क्या बताऊँ। क्या तुम कल १० को फिर साँझ को ५ बजे विभा के यहाँ आ सकोगी नहीं तो ११ को इसी समय फिर नैना के यहाँ ज़रूर आना। जवाब बारह से पहले पोस्ट कर देना ताकि कल नौ बजे मिल जाय वर्ना मैं फिर तुम्हारे यहाँ आ पहुँचूँगा और कुसूर होगा तुम्हारा। मनन।

उसका शोक से अवसन्न हृदय भी अवसन्न [रह] गया। इससे हलकी किसी चोट को अनुभव कर सकने लायक़ अवस्था ही न थी लेकिन इस चोट ने उसे एक दफ़े फिर विवेक के लायक़ कर दिया। उसके लिए माला के अपने प्राण देने की बात उसके सामने थी उसके साथ ही उतने ही सत्य और वास्तविक रूप में माला के प्रति वह अपवाद उसके सामने आ मौजूद हुआ। यह पत्र उसका अकाट्य प्रमाण था। तो क्या वह मुझे प्राणपन से प्यार करते हुए भी दूसरे के प्रति अनुरक्त हो सकती थी। क्या उसने मेरे लिये अपने प्राण प्रेम के कारण नहीं बल्कि कर्त्तव्य समझकर ही दे दिये? जय का सिर चकरा रहा था।

इस उधेड़बुन में उसकी संज्ञा और अनुभूति भावुकता से हटकर विवेक की ओर बह गयी। उसने अनुभव किया कि माला की मृत्यु से वह जो जीवन को असम्भव समझ रहा था वह भाव अब उसके मन से दूर हो गया था। फिर उसे ख़याल आया कि क्या सचमुच ही माला के प्रति उसके प्रेम में वह गहराई न रही थी? माला के व्यवहार के कारण ही तो उसके मन में विरक्ति उत्पन्न हो गयी थी। लेकिन माला ने उसके प्रति अशिष्ट व्यवहार कुछ नहीं किया, हाँ, मनन के प्रति माला के अनुराग से अवश्य उसके सम्मान को आत्माभिमान को ठेस पहुँची है।

दोनों हाथ सिर के नीचे रखे वह छत की ओर [निर्निमेष आँखों] से देख रहा था। उसे मालूम पड़ा इस काग़ज़ के पुर्ज़े ने एक फूँक मारकर माला को सती के स्वर्ण सिंहासन से गिरा दिया। वह पत्र को उठाकर उसकी ओर एकटक देखने लगा। इस समय माला के विछोह या शोक की जगह इस काग़ज़ के पुर्ज़े द्वारा उत्पन्न अपमानजनक परिस्थिति का ही ध्यान अधिक था। इस विचार से जय की अन्तरात्मा सिहर उठी मानो एक बड़ा भारी अत्याचार होने जा रहा हो। बाहर से किसी दूसरी गली से किसी हाथ के ठेले के पहियों की ईंट के फ़र्श पर चलने की खड़खड़ाहट से उसका ध्यान भंग हुआ। उसने उस पुर्ज़े की एक बत्ती बनाकर दाँतों में थाम ली और मेज़ पर से माचिस उठा एक

सींख जलाकर उस पुर्ज़े को जला दिया। एक सिरा पुर्ज़े का उसके हाथ में था उस कागज़ से निकलनेवाली अस्थिर लौ उसकी आँखों की पुतलियों में प्रतिबिम्बित हो रही थी। उन आँखों में न उन्माद था न क्रोध एक करुणा थी। एक आर्द्रता। कागज़ के ख़त्म हो जाने पर एक साँस खींचकर उसने कहा, जो भी हो!

यशपाल बांत्रा
२६/१२/३६
Occurred while reading Enid by Tennyson

शहर के बाहर रावी के किनारे शायद रंगीन बादलों की ओट में निशा और भानु में तिरछी नज़रों और गालों पर ईंगुर फैल जाने का खेल हो रहा होगा। शायद पक्षी सुहाग के गीत गा रहे होंगे और लताएँ बलाएँ ले रही होंगी लेकिन अनारकली के चौक में भीड़ की गमगमाहट टाँगों की घण्टियों और मोटरों के हॉर्न के मारे राह चलनेवालों को क़दम रखने भर की जगह मिलना मुहाल था। बड़े दिन की छुट्टियों के कारण फूलवालों की दुकानों पर विशेष रौनक थी। प्रो. धवन की नज़र भी एक दुकान पर रखे हुए एक नरगिस के गुलदस्ते पर अटक गयी। बग़ल में टेनिस [रैकेट] दबाये वे अपने ख़याल में चले जा रहे थे रुक गये और एकटक गुलदस्ते की ओर देखने लगे। पानी एक समतल रास्ते पर बहा चला जाता है लेकिन राह में गड्ढा पड़ जाने पर वह भँवर काटने लगता है वहाँ से आगे निकलना दूभर हो जाता है। ऐसे ही प्रो. धवन अपने नित्य के ध्यान में कुछ भारी-से कुछ गम्भीर-से चले जा रहे थे। लेकिन इस गुलदस्ते ने उन्हें रोक लिया। वे भँवर में फँस गये।

ऐसा होता है अकसर कि चिन्ता या विचार का सीधा साफ़ अभिप्राय या ओर-छोर नहीं जान पड़ता। विचार एक अस्पष्ट व्यापक वातावरण की तरह रहता है। उसमें जो स्मृतियाँ उग्र हो उठती हैं वही स्पष्ट अनुभव होती हैं और याद भी रहती हैं। गुलदस्ते में सिर्फ़ आठ या दस फूल थे। कितने सादा, कितने आकर्षक, कितने भाव भरे...बिलकुल उसी के अनुरूप, उसी के योग्य। यदि वह उन फूलों को ले जाकर उसे भेंट कर सकता। परन्तु वह क्या उसके उपहार को स्वीकार करेगी? किसी को फूल भेंट करने के लिए अधिकार होना चाहिए....किसी को फूल भेंट करने के लिए साहस होना चाहिए। व्यथित आँखों से उन फूलों की ओर देखता हुआ वह आगे बढ़ गया। आठ-दस क़दम जाने के बाद हृदय के एक प्रबल उद्गार से उसके क़दम रुक गये। वह लौट आया। वह गुलदस्ता उसने ले लिया।

शीशे के स्वच्छ फूलदान में प्रो. धवन की मेज़ पर रखा हुआ नरगिस के फूलों का गुलदस्ता 'कौशल्या' का प्रतिबिम्ब था। जैसे मन्दिर में स्थापित मूर्ति

भगवान् का प्रतिबिम्ब है। शायद इससे भी बहुत अधिक। नितान्त निर्मल-निश्छल-निश्चल और वे नरगिस के फूल कितने सरल और कितने गहरे, मूक परन्तु मार्मिक।

प्रो. धवन उसे अर्द्ध उन्मीलित आँखों से देखते थे और उनकी दृष्टि में वह फूलदान और गुलदस्ता भावजगत् में श्वेतांगी श्वेत वसना कौशल्या का रूप धारण कर लेता। नरगिस का फूल इसमें न वह तीखी सुगन्ध है न रंग की चटक, वह सुन्दर नहीं बल्कि भव्य है, मोहक नहीं महान् है। धवन विह्वल हो उस गुलदस्ते के सामने माथा टेक देते थे और आँखें मूँद लेते थे।

कौशल्या से धवन का परिचय पुराना नहीं था। एम. ए. में पढ़ते समय असहयोग आन्दोलन में कॉलेज छोड़ अपनी कलम के ज़ोर को न सँभाल सकने के कारण वह सम्पादन के क्षेत्र में देश-सेवा के लिए कूद पड़ा था। उसकी ओजपूर्ण लेखनी की सराहना थी। उसकी लेखनी के गाण्डीव की टंकार शीघ्र ही गूँज उठी। अपनी उत्कट विद्रोही लेखनी के कारण एक बरस के लिए वह जेल भी गया था। वहाँ अग्नि में तपकर कुन्दन बनकर जब वह लौटा उसी समय उसका कौशल्या से परिचय हुआ था। कौशल्या एम. ए. पास कर बी. टी. की तैयारी कर रही थी। स्वभाव से बहुत गम्भीर थी और समाज में अपने सम्मान की ओर से भी बेपरवाह न थी। धनी की बेटी तिस पर विशेष सुशिक्षित यद्यपि अभिमान नहीं था परन्तु गौरव यथेष्ट था पर सौम्यता के साथ। उसकी सौम्यता और गौरव इतने ठोस जान पड़ते थे कि वह विवाह के बिना भी पूर्ण ही-सी थी। समाज में सुधार उसके जीवन का उद्देश्य अवश्य था परन्तु वह व्यग्रता उथलापन उसमें न था जो व्यक्ति को उद्देश्य के प्रति बावला कर देता है।

धवन कौशल्या को उस दृष्टि से न देख सकता था जिस दृष्टि से विवाह के योग्य प्रणयिनी की ओर देखा जाता है। उस दृष्टि में चाह रहती है और देखनेवाला भरोसे और साहस की चट्टान पर खड़ा होता है। धवन कौशल्या की ओर उसी तरह देखता था जैसे रात का मुसाफ़िर ध्रुव तारे की ओर देखता है।

धवन साधारण मध्य श्रेणी का नवयुवक था। धन के मुक़ाबले में कौशल्या में और उसमें बहुत अन्तर था। विद्या या संस्कृति के अधिकार से जिससे पुरुष नारी पर शासन कर सकता है उसमें कौशल्या उसके बराबर थी। एक ओजपूर्ण लेखक और कलाकार होने का गौरव जिसके कारण वह धनी-से-धनी की ओर

भी तिरछी आँखों से देख सकता था कौशल्या के सामने शिथिल हो जाता था। वह धवन के लिए वह इष्ट थी जिसकी प्राप्ति का सामीप्य ही बड़ी चीज़ थी। कौशल्या के प्रति उसके मन में केवल शुद्ध प्रेम था।

सहृदयी सुशिक्षित कौशल्या के हृदय में धवन की योग्यता और उसके उत्साह और उसकी वीरता के प्रति अनन्त भक्ति थी परन्तु वह उसका ढिंढोरा नहीं पीटती फिरती थी। ऐसा करना उसे शोभा नहीं देता था। वह प्रायः मौन रहकर उसकी ओर देखा करती थी परन्तु संयत रूप से।

धवन ने देखा घड़ी में अभी सात नहीं बजे थे। अपने हृदय पर दया कर वह उठ खड़ा हुआ। वह नरगिस का गुलदस्ता उसने उठा लिया। टेनिस [रैकेट] हाथ में लिये चलना और खेल की पोशाक पहने रहना ही उचित था। बिना किसी विशेष प्रयोजन के किसी भले आदमी के घर जाना हो तो खेल से लौटते हुए यूँ ही दो मिनट को आप चले जा सकते हैं उसमें कुछ ख़ास हरज़ नहीं लेकिन घर से उसी मतलब से कपड़े पहनकर जाने के लिए माकूल वजह चाहिए। धवन चला जा रहा था परन्तु उसके चेहरे पर रक्त के वेग से झिमझिम अनुभव हो रहा था।

कौशल्या के यहाँ पहुँच धवन ने देखा कमरे में कोई नहीं था। छोटी मेज़ पर Dawn का Sunday edition पड़ा था। Dawn को देख धवन को कुछ साहस हुआ। वह Dawn का सहायक सम्पादक था और उस अंक के आरम्भ में उसकी छोटी-सी कविता थी, Hark! The Bugle blows.

चिन—कौशल्या की भानजी—ने झाँककर देखा और दौड़ गयी। एक मिनट में कौशल्या ने आकर कहा—नमस्ते। धवन काउच से कुर्सी से उठकर खड़ा हो गया। कौशल्या ने मुस्कराकर कहा बैठिये परन्तु धवन खड़ा रहा। जब कौशल्या धवन के कन्धे पर हाथ से बैठने का इशारा कर कुरसी के साथवाले काउच पर बैठ गयी तब बैठकर धवन ने कहा, "आपका शायद समय ख़राब हुआ मैं तो यूँ ही इधर से निकलते हुए एक मिनट के लिए भीतर आ गया था।"

कौशल्या ने हलकी मुस्कराहट से उत्तर दिया, "नहीं कुछ भी नहीं मैं तो यों ही बैठी आपका Dawn पढ़ रही थी, ज़रा उठकर यूँ ही उधर गयी थी। आपने बड़ी कृपा की जो आये। आपने Hark! The Bugle blows तो ख़ूब लिखी है। धवन ने कहा, "क्या आपको कविता पसन्द आयी?"

कौशल्या ने कहा, "कविता दरअसल बहुत ही अच्छी है।"

तो मैं उसे आपको भेंट करता हूँ सहसा धवन ने कहा और कौशल्या की ओर देखा।"

कौशल्या ने तनिक आँख उठाकर कहा, "धन्यवाद।"

धवन कुछ कहना चाहता था परन्तु शब्द उसके होंठों तक आकर रह जाते थे। वे दानों एक-दूसरे की अनुपस्थिति को अनुभव कर रहे थे। नरगिस का गुलदस्ता धवन के हाथ में था उसकी दृष्टि उसी पर थी। परन्तु उन फूलों में उसे उतने ही ध्रुव तारे दिखायी पड़ रहे थे। काउच की बाँह पर कोहनी टिकाये हथेली पर ठोड़ी रखे कौशल्या ने एकटक उसी नरगिस के गुलदस्ते को देख रही थी। धवन ने ज़रा आँख उठाकर कहा, "इन फूलों को मेज़ पर रखियेगा।" एक क्षण ठहरकर कौशल्या ने फूलों की ओर हाथ बढ़ा दिया। उसने मुख से कुछ कहा नहीं परन्तु उसकी भंगिमा में धन्यवाद स्पष्ट था।

उस चुप से धवन को एक असमंजस अनुभव हो रहा था। धीमी आवाज़ में उसने कहा, "अच्छा तो फिर आज्ञा दीजिये।" और आँख उठाकर कौशल्या की ओर देखा।

कौशल्या ने भी धीमे स्वर में कहा, "अभी बैठिये।" कुछ मिनट तक दोनों चुप बैठे रहे। संकोच अनुभव कर धवन ने फिर कहा, "अच्छा अब चलता हूँ।" कौशल्या चुप रही परन्तु वह चुप अनुमति की न थी। आध मिनट तक और चुप बैठकर जब और चुप बैठे रहना बिलकुल असंगत जान पड़ा तब वह उठ खड़ा हुआ। दरवाज़े तक छह-सात क़दम चलने में लगभग एक मिनट लग गया। कौशल्या भी उठकर चार क़दम आगे बढ़ आयी पर चुप। दरवाज़े का परदा उठाने से पहले वह फिर ठहर गया। कौशल्या ने आहिस्ता से क्षीण मुस्कुराकर कहा, "फिर कब आइयेगा?"

धवन ने रैकेट को बग़ल में दबाते हुए हँसकर कहा, "जब भी कहिये मुझे तो सदा फ़ुरसत है जब कहिये आ सकता हूँ आपका ही समय नष्ट होगा।"

कौशल्या ने उत्तर दिया, "मुझे क्या काम है आपको Dawn की इतनी Responsibility है। यह आपकी कृपा है आप आ जाते हैं।" धवन के लिए 'अच्छा नमस्ते' कहने का यही ठीक अवसर था वर्ना फिर चुप हो जाने से संकोच का आलम उसे आ घेरता। लौटते समय राह में उसकी छाती गजों फूल रही थी।

ब्रेडला हॉल में चीनी दार्शनिक शीलुंग का व्याख्यान था पूर्व के सन्देश। कौशल्या व्याख्यान सुनने आयी थी। अगली दो-तीन पंक्तियों में धवन को न

देख पाकर वह सोच रही थी, शायद धवन न आयेंगे। परन्तु व्याख्याता के खड़े होते ही जबकि कौशल्या का ध्यान स्टेज की तरफ़ था धवन आकर दरवाज़े के समीप ही एक कुर्सी पर बैठ गया था। व्याख्यान की समाप्ति पर वह दरवाज़े पर कौशल्या को मिला। नमस्ते के शिष्टाचार के बाद वह उसे उसकी गाड़ी तक छोड़ने गया। ड्राइवर ने कार का दरवाज़ा खोल दिया। कौशल्या कुछ जगह छोड़कर बैठी और उसने धवन की ओर देखकर कहा, आइये। धवन बैठ गया।

कार पुरानी अनाकली में पहुँची थी कि कौशल्या ने [कहा] "भाई, तुम मुझे छोड़ने आये हो कहीं फिर मुझे आपको छोड़ने जाना पड़े इससे पहले तुम्हीं को मैं न छोड़ आऊँ।" इससे पहले धवन कुछ उत्तर देता कौशल्या ने ड्राइवर से कहा, "ज़रा गवालमण्डी की तरफ़ चलो।" कार घूमकर भारत बिल्डिंग्स के पास पहुँची। धवन ने कहा, "आपने कष्ट व्यर्थ किया। मुझे तो इस समय घर जाना भी नहीं है।" कौशल्या ने उसकी ओर देखकर सरलता से पूछा, "तो फिर कहाँ जायेंगे?" धवन ने संकोच से कहा, "मैं चला जाऊँगा। मुझे तो दफ़्तर रावी रोड पर जाना है।" कौशल्या ने ड्राइवर से कहा, हास्पिटल रोड से घुमाकर गुरुदत्त भवन की ओर ले चलो। Dawn के दफ़्तर पर धवन उतर गया। उतरकर उसने कहा, "अब आपको अकेले ही जाना होगा।" कौशल्या ने कहा, "अच्छा आज आप सन्ध्या को आइयेगा।"

सन्ध्या समय धवन कौशल्या के यहाँ गया। कौशल्या ने कहा, "आज आप तेरह दिन बाद आये हैं। आपने तो अपने-आपको Dawn को बिलकुल अर्पण कर दिया।"

धवन ने कहा, "मैं आता तो परन्तु आपका समय ख़राब होगा। इसी ख़याल से नहीं आया।"

कौशल्या ने कहा, "अच्छा आने का समय न मिला करे तो दो लाइनें लिखकर ख़बर तो दे दिया करो। तुम बहुत तेज़ लिखते हो, एक बरस तो जेल काट ही आये हो, मुझे डर लगा रहता है कहीं फिर उधर न चल दो।"

धवन ने हँसकर कहा, "ऐसा होगा तो Dawn से आपको ख़बर मिल ही जायगी।" कौशल्या ने कहा, "बारह सफ़े का Dawn रोज़ कौन पढ़ेगा मुझे तो परीक्षा की भी तैयारी करनी है। जहाँ Dawn के लिए इतना कुछ लिखते हो, इधर आने की फ़ुरसत न रहा करे तो तीन लाइनें लिखकर अपनी कुशल तो दे दिया करो।"

धवन का मन गद्‌गद हो गया मानो वह वात्सल्य की लहर में बह चला। उसने कहा, "मैं कहो रोज़ हाजिरी दे जाया करूँ। कहो रोज़ दस सफ़े का एक पत्र लिख दिया करूँ, कहो यहीं पड़ा रहूँ। इसी काउच पर लेकिन फिर तुम्हीं तंग आकर निकाल दोगी, कहोगी परीक्षा के लिए पुस्तकें देखने का समय नहीं मिलता।"

कौशल्या ने स्नेह से धवन की ओर देखकर कहा, पागल हो तुम! कुछ देर तक स्तब्धता रही। कौशल्या ने धवन के हाथ की उँगलियों को छूकर कहा, 'तुम्हारी इन उँगलियों में आग भरी है, वह तुम्हें एक दफ़े ज़ंजीरें पहना चुकी है, उन्हें लोहे के छल्ले पहना दो तो इनकी चाल धीमी पड़ जाय (पंजाब में विवाह के समय दूल्हा लोहे का छल्ला पहनता है।)'

धवन ने मुस्कराकर कहा, "कुछ लोग जंजीरें पहनने के ही लायक़ होते हैं।"

कुछ देर चुप रहकर कौशल्या ने धवन के हाथ को अपने हाथ में लेकर कहा, "अच्छा भाई ज़जीरें पहनने से कैसा मालूम होता है?"

कौशल्या के व्यवहार से धवन का साहस बढ़ गया था। उसने कौशल्या की आँखों की ओर देखकर कहा, "हाथ-पैर में ज़ंजीर पहनने से कुछ हरज़ नहीं बशर्ते दिल न ज़जीर में जकड़ा जाय।" उसका हाथ कौशल्या की छाती पर पहुँच गया। सहसा कौशल्या काँप-सी उठी—जैसे पौष के महीने में अचानक लोटा भर ठण्डा पानी बदन पर पड़ जाने से शरीर के रोएँ खड़े हो जाते हैं। धवन ने लज्जित होकर आँखें झुका लीं।

३/१/३७

कौशल्या ने धवन के हाथ को अपने हाथ में लिया। दोनों चुप थे। धवन के लिए कुछ बोलना अब कठिन था। उठते हुए उसने कहा, "अच्छा अब चलता हूँ।" कौशल्या चुप थी वह भी उठ खड़ी हुई।

उस दिन से धवन को एक ही विचार व्यथित किये हुए था। क्योंकर उससे वह असंयत व्यवहार बन पड़ा? वह अपने मन से पूछता था बिना किसी विशेष प्रयोजन क्यों उससे ऐसा बन पड़ा? यद्यपि उसका उसमें कुछ भी अपराध न था परन्तु वह फिर भी लज्जित और दु:खी था। उसका मन कह रहा था मैं

दरअसल कौशल्या के इस favour के अयोग्य था एक ग्लानि और व्यथा से जीवन असह्य हो रहा था। अब उसके लिए कौशल्या के यहाँ जाना असम्भव था। मुँह लटकाये वह केवल उसकी गली के पिछवाड़े से हो आया था। छत पर चढ़कर पुरानी अनारकली की ओर देखकर उसकी आह निकल जाती थी।

धवन को दफ़्तर में चार बजे की डाक से एक लिफ़ाफ़ा मिला। कौशल्या ने लिखा था, "अत्यन्त प्रिय भैया आज एक सप्ताह पूरा हो गया। उस दिन तुम इतने नाराज़ होकर गये कि फिर मुँह न दिखाया और दो लाइन लिखकर समाचार तक न दिया। आख़िर मुझसे ऐसी कौन-सी भूल हो गयी जिससे इतनी नाराज़ी कि मुँह मोड़कर बैठ गये। ग़लती के लिए डाँट ही दिया होता तब भी एक बात थी, न होता मैं क्षमा माँग लेती गिड़गिड़ाती, तुम न मानते पैरों पड़ जाती और होता तुम मार-पीट करते वह भी सह लेती। पर तुम हो कि मुँह फेरकर बैठ गये जैसे कभी जानते ही न थे। शायद भूल ही गये। तुम्हारी तो वही मसाल है कि Out of Sight out of Mind और मैं हूँ कि इन्तज़ार में आँखें पथरा गयी हैं। तुमसे इतना भी न हुआ अपनी मौसी या बहन दया से मेरा परिचय करा देते कि कभी-कभी मैं ही आ जाती। जाति और राष्ट्र की तुम्हें बड़ी चिन्ता है पर एक छोटी-सी जान को यों तरसा रहे हो। अच्छा भाई बताओ, कब आओगे? क्या पत्र पाते ही आओगे? मैं तो स्त्री हूँ मुझे तो आने-जाने के लिए बहाने और सफ़ाई की ज़रूरत है। तुम्हारे पैरों कौन बेड़ियाँ पड़ी हैं। दस मिनट के लिए यहाँ आओगे तो भी Dawn (उषा) तो समय पर हो ही जायगी। देश भर में उषा का प्रकाश फैलाना चाहते हो परन्तु मुझ पर काली रात्रि क्यों फैला रहे हो। शायद तुम्हें मेरे यूँ पत्र लिखने में भी उच्छृंखलता और धृष्टता दिखायी पड़े। यदि ऐसा हो तो आकर डाँट जाओ। उच्छृंखलता क्या ऐसी बुरी चीज़ है। जहाँ उच्छृंखलता का स्थान है वहाँ वही शोभा पाती है। बल्कि ऐसा न होने से अभाव-सा खटकता है। न गवारा अभिमान मालूम होता है। तुम आओ भैया देखो इतने समझदार हो कवि हो मर्मज्ञ हो तुम्हें क्या इतना लिखने की ज़रूरत है? प्यार-अत्यन्त प्यार xxx तुम्हारी जीजी।"

दो दफ़े पत्र को पढ़कर धवन ने उसे कोट के भीतर की जेब में रख लिया। अभी दफ़्तर का एक घण्टा बाक़ी था। वह समय से पहले नहीं जाना चाहता था क्योंकि दूसरे साथ के काम करनेवाले आदमी अभी बैठे थे। वह सामयिक विचार के खाने में रेल के बजट पर नोट लिख रहा था परन्तु अब कुछ भी लिखना सम्भव न था। एक वाक्य लिखता और काट देता। उसने फिर

घड़ी की तरफ़ देखा। अभी पाँच बजने में ही न आते थे और कॉलम का मैटर भी पूरा न हुआ था। मन की छटपटाहट में कोई भी राह न दिखायी देती थी। उसी दिन किसी तीसरे दर्जे के यात्रियों के कष्ट पर प्राप्त [पत्र] को ज्यों-त्यों कॉलम में देकर उसने सिर्फ़ एक लाइन जोड़ दी क्या Railway authorities इस ओर ध्यान देंगे। पाँच बजने में अभी तीन मिनट था। उसने जेब से पत्र निकालकर फिर एक दफ़े पढ़ा। आख़िर पाँच बज गये। बाइसिकल उठा वह तुरन्त अनारकली की ओर चल दिया।

कौशल्या निचले कमरे में काउच पर बैठी हुई थी। प्रतीक्षा में हाथ की मुट्ठी पर ठोड़ी टिकाये वह दरवाज़े की तरफ़ देख रही थी। गली के मोड़ पर से ही बाइसिकल की घण्टी की आवाज़ सुनकर उसका मन उछल आया। धवन भीतर आया। उसने आते ही कहा, नमस्ते। उसके स्वर में उत्साह झलक रहा था। वह काउच पर कौशल्या के साथ ही बैठ गया। कौशल्या वैसे ही चुप बैठी रही। धवन उसके बोलने की प्रतीक्षा कर रहा था। आख़िर उसने पूछा, क्या नाराज़ हो गयी जीजी? कौशल्या ने सिर हिलाकर इनकार कर दिया। पाँच-सात मिनट गुज़र गये परन्तु कुछ बात न हुई। कौशल्या अधमुँदी आँखों से सामने फ़र्श की ओर देख रही थी। धवन ने बहुत प्रतीक्षा के बाद कहा, तुमने मुझे बुलाया था जीजी। कौशल्या ने ठोड़ी झुकाकर हामी भरी। कुछ देर ठहरकर धवन ने फिर कहा, क्या कुछ काम था? कौशल्या ने फिर ठोड़ी झुका दी। कुछ देर ठहरकर पूछा, क्या काम था जीजी? कौशल्या ने कहा, तुम आये नहीं थे। वह दोनों चुप बैठे थे कोई बातचीत नहीं हो रही थी लेकिन धवन को वह चुप खल नहीं रहा था। फिर भी उसने क़हा, जीजी कुछ कहो तो? कौशल्या ने कहा, तुम कहो। धवन के ओठों पर हँसी फिर आयी। कौशल्या ने मुस्करा दिया। चिन भीतर से दौड़ आयी। बुआ के गले लिपटकर उसने कहा, आख़िर अब तो चलो। धवन [ने] पूछा कहाँ जाओगी? चिन ने बुआ [को] पकड़कर कहा, न न, मत बताना आण्टी मत बताना।

कौशल्या ने हँसकर कहा, I promised to buy... चिन ने दोनों हाथों से कौशल्या के होंठों को पकड़ लिया। कौशल्या ने उसके नन्हें-नन्हें हाथों को चूम लिया फिर मुस्कुराकर धवन की ओर देखा और कहा, a toy चिन ने मचलकर बुआ की छाती में सिर गड़ा दिया।

चिन को बायें हाथ की उँगली थमाकर कौशल्या उसे खिलौना ले देने के लिए अनारकली की तरफ़ चली। उसके दायीं ओर धवन था। वे दोनों चुप थे। चिन अपने संगत-असंगत प्रश्न पूछे चली जा रही थी। कौशल्या के (....)

गौरव से सिर उठाये बहुत मन्थर गति से चली जा रही थी। अनारकली की भीड़ कौशल्या को अप्रिय नहीं जान पड़ रही थी। चिन की प्रसन्नता का ठिकाना न था एक खिलौने का वायदा था और मिले तीन। वह चाहती तो और ले सकती थी परन्तु उसका दिल भर गया। लौटते समय धवन उन्हें मार्केट तक छोड़ गया। धवन के जनरल पोस्ट आफिस की तरफ़ घूम जाते ही कौशल्या को आगे क़दम बढ़ाना कठिन हो गया। उसे मालूम होता था शायद वह अपरिचित राह से अपरिचित स्थान की ओर जा रही थी।

जिस रोज़ धवन के आने की आशा होती और वह न आता उस दिन कौशल्या को एक साँस के साथ हृदय में हूक उठती। ऐसा प्रतीत होता मानो सहारे के अभाव में वह अतल गहराई में गिरी जा रही है। वह आँख बन्द करके बैठ जाती या शिथिल पलँग पर पड़ जाती। रविवार के दिन धवन ने दोपहर को आने का वायदा किया था परन्तु वह नहीं आया। तीसरा पहर गया, चौथा पहर भी गया आख़िर छह भी बज गये। बिजली की बत्ती जल गयी लेकिन कौशल्या उसी प्रकार जड़ काउच पर बैठी हुई थी। अब भी वह निराशा के विरोधों में प्रतीक्षा किये जा रही थी। चिन पास में बैठी मचल रही थी कभी बुआ के लम्बे बालों को सँवारती कभी उसके पास पड़ी किताब के पन्ने गिनती। गली में साइकिल की घण्टी सुनकर चिन उछल पड़ी, आहा खबारवाले चाचा जी।

चिन धवन से बहुत हिल गयी थी। आते ही वह उसके घुटनों से लिपट गयी। उसने उसे उठाकर चूम लिया। कौशल्या के चेहरे की उदासी उड़ गयी। कई दिन से अपना तैयार किया हुआ एक प्रश्न उसने छूटते ही कुछ मुस्कराकर पूछा, तुम चिन को चूम क्यों लेते हो? कौशल्या ने पूछा, उसके चेहरे पर लज्जा की लाली दौड़ आयी थी। वाह क्यों, मैं उसे बहुत प्यार करता हूँ, धवन ने हँसकर कहा। कौशल्या ने पूछा, और मुझे? उसकी गर्दन झुक गयी। धवन के हृदय का सम्पूर्ण रक्त उसके चेहरे पर छा गया। एक क़दम बढ़ थरथराते हुए हाथ से उसने कौशल्या की ठोड़ी उठाकर उसके कपोल को चूम लिया। कौशल्या की आँखें मुँद गयीं। आधा मिनट दोनों चुपचाप खड़े रहे।

कौशल्या ने कहा, आओ ऊपर चलें। ऊपर कौशल्या का अपना छोटा-सा कमरा था, जिसे उसने ढंग से सजाया हुआ था। जीने पर दोनों एक-दूसरे का हाथ थामे एक साथ ऊपर चढ़ रहे थे। क़ौशल्या की आँखें प्राय: मुँदी हुई थीं धवन का शरीर सन्ना रहा था। ऊपर के कमरे का फर्नीचर हलका और नाज़ुक

दो कुर्सियाँ, एक cabinet और एक तरफ़ दीवार के साथ उसी ढंग का काउच था। कौशल्या ने धवन को एक कुर्सी पर बैठा दिया और दूसरी कुर्सी पर स्वयं बैठ गयी। वह चुप थी। चुम्बन का मद उसके शरीर में व्याप्त था। धवन को अपने कमरे लाकर और उसे एक ओर सन्तोष अनुभव हो रहा था। कमरे की जो सजावट थी वह उसके बनने में ही थी मलाई के रंग की दीवारें उसी रंग की छत वही रंग नीचे कार्पेट का था। फर्नीचर हलके बादामी रंग का था। एक तरफ़ एक स्टैण्ड पर महात्मा गाँधी का bust रखा था। उसके सामने दीवार पर ही कौशल्या की माँ का फोटो लटक रहा था। पढ़ने की मेज़ के एक तरफ़ दीवार [पर] कश्मीरी ख़ुदाई के फ्रेम में स्वयं कौशल्या की एक फोटो था दूसरी तरफ़ उसी (....) था। कुछ देर चुप रहकर धवन ने कहा, जीजी एक तुम अपना छोटा-सा फोटो मुझे दे दो। कौशल्या ने पूछा, फोटो का क्या करोगे? धवन ने कहा, क्यों देखा करूँगा। कौशल्या ने कहा, मैं जो हूँ। धवन [ने] हँसकर कहा, तो फिर तुम्हीं को न उठा ले जाऊँ? कौशल्या ने सिर हिलाकर अनुमति दे दी। धवन [ने] ज़ोर से हँसकर कहा ख़ूब। धवन ने उसकी ओर देखा वह मानो खोयी हुई-सी थी।

धवन का मकान उसकी दृष्टि में इस लायक़ नहीं था कि कौशल्या को वह अपनी मौसी या बहन से मिलाने ले जाता लेकिन कौशल्या की इच्छा को वह टाल न सका। उस दिन के बाद तीन-चार दफ़े कौशल्या धवन के यहाँ हो आयी थी। बसन्त पंचमी के दिन Dwan का विशेषांक निकलना था। इसलिए रविवार को भी धवन को दफ़्तर जाना ज़रूरी था। इसलिए वह नौ बजे सुबह ही पहले कौशल्या के यहाँ गया। घना बादल था कोहरा छाया था। उसने पुकारा 'चिन'। चिन नहीं थी। वह सीधा जीने से कौशल्या के कमरे में चला गया। कौशल्या शाल ओढ़ काउच पर लेटी थी। एक किताब उसके हाथ में थी पर किताब में उसका मन नहीं था। उसने उत्फुल्ल आँखों से कहा, आओ। धवन ने पूछा, चिन कहाँ है? कौशल्या ने कहा, "आज कोई नहीं है। भैया भाभी को अमृतसर छोड़ने गये हैं। चिन भी साथ गयी है।" घर में बिलकुल सुनसान था केवल नौकर ऊपर रसोई में था।

कौशल्या ने काउच का एक भाग करते हुए कहा, बैठो! धवन ने कहा, आज जल्दी ही जाऊँगा काम है। कौशल्या ने रुँधे हुए से स्वर में कहा, अच्छा बैठो। धवन बैठ गया। कौशल्या ने पुस्तक को साथ के टेबिल पर रखकर कहा, आज बहुत सख़्त जाड़ा है। कौशल्या ने कम्बल का एक हिस्सा उसके घुटनों पर डाल दिया। अपने कपड़ों के भीतर से भी धवन को कौशल्या

के शरीर की सुखद उष्णता का अनुभव हो रहा था। उसे अपने शरीर में एक तनाव अनुभव हो रहा था। कमरे की वह स्तब्धता उस पर बोझ डाल रही थी। कुछ देर में उसे अनुभव हुआ कि कौशल्या का ऊष्ण प्रश्वास उसके गले और गालों पर लग रहा है। कौशल्या के शरीर की कोमलता उसे चुभ रही है। एक क्षण के लिए सहसा नरगिस का गुलदस्ता उसका गुलदस्ता उसकी आँखों सामने आ गया वह नितान्त निर्मल-निश्छल-निश्चल मूक, गम्भीर और मार्मिक—एक दिन सहसा असंयत रूप से हाथ कौशल्या की छाती पर रख देने से उसका सिहर उठना उसकी आँखों के सामने आ गया। वह सहम गया। लांछना का एक चाबुक खाकर तुरन्त उठ खड़ा हुआ। और जीने से उतर गया।

कौशल्या ने कम्बल से मुँह ढाँप लिया अपनी आँखों पर हाथ रख लिया। उसका दिल बफर उठता था दाँतों से होंठ काटकर रह गयी। ग्यारह बजे भोजन के लिए नौकर ने कई दफ़े पुकारा परन्तु कुछ उत्तर न पा उसने समझा कि बीबी जी सो रही हैं।

तीन बजे चिन और उसकी माँ अमृतसर से लौट आयीं। कौशल्या के सुबह से कुछ खाये-पीये बिना सोते रहने की ख़बर पा उन्होंने ऊपर जाकर देखा कौशल्या को तेज बुखार था। उसे ज़बरदस्ती पलँग पर लिटा दिया गया। घण्टे भर में डॉक्टर भण्डारी ने आकर एक नुस्ख़ा लिख दिया।

संध्या आठ बजे के क़रीब भाभी ने कौशल्या के सिर पर हाथ रख पूछा, "शल्लो अब तबीयत कैसी है।?"

कौशल्या ने कहा, "तबीयत अब ठीक है। लेकिन सर्दी मालूम होती है। ज़रा अँगीठी भिजवा देना।" नगीन अँगीठी में अंगारे दहकाकर रख गया। नगीन के चले जाने के बाद उठकर कौशल्या ने पास के कमरे में जा अपना बड़ा ट्रंक खोला। उसमें से एक छोटा-सा लकड़ी का कश्मीरी नक़्क़ाशी का बक्स वह निकाल लायी, उस बक्स में केवल धवन के पत्र थे। उस बक्स को उसने अंगारों पर रख दिया और चुपचाप लेट गयी।

बृहस्पतिवार था। कौशल्या का ज्वर अब भी नहीं उतरा था। चिन जीने पर से दौड़ती हुई आयी। उसने हाँफते-हाँफते कहा, धवन चाचा जी आये! बुला रहे हैं। कौशल्या ने बिना करवट बदले ही कहा, कह दो जाओ। चिन उसी तरह दौड़ती हुई चली गयी, उसने हाँफते-हाँफते धवन से कह दिया बुआ जी कहती हैं, "जाओ।"

धवन कुछ समझ न सका। कौशल्या की बीमारी की ख़बर से वह बहुत चिन्तित था। उसने समझ लिया कौशल्या अधिक बीमार है, उठ नहीं सकती और अपने सोने के कमरे में वह उसे बुला नहीं सकती।

उसने अगले दिन सोच-सोचकर एक पत्र लिखा, "अत्यन्त प्रिय जीजी, न जाने अभी तक तुम्हारी तबीयत ठीक हुई या नहीं। जिस समय से तुम्हारी तबीयत ख़राब होने का समाचार मिला है मन अत्यन्त चिन्तित है। तुम्हें क्या बताऊँ मन के क्षोभ कैसे मिटाऊँ? आज सोचता हूँ यदि मैंने स्त्री होकर जन्म लिया होता शायद इस समय तुम्हारी कुछ सेवा कर सकता, आकर तुम्हारे पैताने बैठ सकता। परन्तु.....हम लोग शरीरी हैं परन्तु शरीर को भूलकर आत्मा का आत्मा से जो सम्बन्ध है उसे हम अपनी चर्म आँखों से देख सकते तो शायद इन बाधा बन्धनों की अड़चनें हमें बाँधकर यों न सतातीं। आज इस बन्धन से समाज के बनाये औचित्य को लौह बन्धन में मेरी आत्मा कैसे कुचलकर विच्छिन्न हो रही है। प्रिय जीजी अपने स्वास्थ्य का समाचार लौटती डाक से देना। क्या एक दफ़े दो मिनट के लिए तुम्हें न देख सकूँगा। तुम्हारा भैया।"

पत्र का कोई उत्तर नहीं आया। तीन दिन उसके लिए तीन काल के समान गुज़रे। सन्ध्या से कुछ पहले ही कौशल्या के यहाँ पहुँचा। उसकी साइकिल की घण्टी की आवाज़ [सुन] चिन दौड़ी हुई आयी। धवन ने पूछा, जीजी का क्या हाल है?

चिन ने अपनी घुँघराली बेक़ाबू लटों को आँखों के आगे से हटाकर कहा, "बुआ जी ऊपर हैं, अभी माँ के साथ छोटी मौसी के यहाँ से लौटी हैं।"

धवन की जान में जान आयी। चिन को पुकार धवन ने कहा, "बड़ी बीबी रानी जा ज़रा बुला तो ला।"

चिन गोली की तरह जीने से लपककर ऊपर पहुँची। दूसरे क्षण में उसके धड़ाधड़ जीने से नीचे उतरने का शब्द सुनायी दिया परन्तु उस तेज़ी से उतरते चले आने के पीछे किसी के संयत क़दमों की आवाज़ न सुनायी दीं। चिन ने हाँफते हुए आकर कहा, बुआ जी कहती हैं, जाओ।

धवन के सिर पर निर्मल आकाश से बिजली गिरी। उसे अपने कानों पर विश्वास न होता यदि पहले एक दफ़े और वह यह 'जाओ' न सुन चुका होता। उसके सम्पूर्ण शरीर का रक्त पैरों में आ गया। पैर उठाये न उठते थे परन्तु वह अगले क्षण गली में निकल आया। उसके मस्तिष्क की शिराओं में रक्त का वेग इतना बढ़ गया था कि सब तरफ़ प्रबल वेग से ओले पड़ने की-सी तड़ातड़

सुनायी पड़ रही थी। और उस तुमुल कोलाहल में केवल एक शब्द वह समझ सकता था, जाओ।

वह समझ न सका, कैसे, क्योंकर, किस भूल, किस अपराध के कारण वह 'मनुष्यत्व' से गिर गया। परन्तु वह गिर गया था इसे सारा संसार = कौशल्या जानती थी और वह स्वयं इससे इनकार नहीं कर सकता था। केवल एक काँटा उसके मस्तिष्क में चुभकर उसे व्याकुल कर देता था—क्या उसका प्रेम विशुद्ध नहीं था?

यशपाल बांत्रा

३/१/३७

सूर्य की पहली किरणें अब ऊँचे मकानों की छतों पर आकर देर तक सोनेवालों को जगा रही हैं। चैत्र की मृदुल हवा बह रही है। चैत्र की वायु और प्रभातकालीन कोमल धूप की जो विशेषता है वह घने बसे तंग नगरों में अपना अस्तित्व खो नहीं बैठती। तीसरी मंज़िल की खुली छत पर कानस का सहारा लिये मधु खड़ी है। उसकी आयु सत्रह वर्ष की है। बहुत जल्दी सुबह नहाकर अपने बाल धूप में सुखा रही है। बसन्त की मृदु हवा और उसके प्रभाव की ओर उसका ध्यान नहीं है। वह चिन्तामग्न है। सोच में उसकी आँखों की पलकें मस्तिष्क में चिन्ता के बोझ के कारण दब-सी रही हैं। वह चारों तरफ़ छाये सौन्दर्य से बेख़बर अपने मन की उलझन को ही देख रही है। उसकी दोनों कोहनियाँ पीठ पीछे की दीवार पर टिकी हुई हैं। सिर कुछ एक ओर झुका हुआ है। एक दीर्घ नि:श्वास ले नीचे की ओठ को दाँत से काटते हुए उसने कहा—

...यह घर मुझे छोड़ना ही पड़ेगा। इसके सिवा और चारा ही नहीं। बिलकुल पक्षी की तरह पिंजरे में बन्द होकर मैं न रह सकती हूँ न रहूँगी। माँ और चाचा जी को मेरा घर से बाहर तक निकलना असह्य है। पन्द्रह मिनट के लिए भी घर से बाहर जाने के लिए मुझे बीस बहाने करने पड़ते हैं चालीस झूठ बोलने पड़ते हैं।

एक दीर्घ नि:श्वास लेकर सिर के बोझ को दूसरे कन्धे पर बदलते हुए—

और यह तो होने से रहा कि मैं न आगे पढ़ूँ न किसी से मिलूँ न कांग्रेस के जलसे में जाऊँ और चाचा जी जिससे चाहें मुझे ब्याह कर दें। ब्याह तो मुझे करना नहीं। हरगिज़ नहीं। यदि उन लोगों के यहाँ मेरा ब्याह हो गया तो मेरी ज़िन्दगी बरबाद हो जायगी। यह कैसे हो सकेगा। कभी नहीं।

उसकी आँखें भर आती हैं।

बहन जी की तरह मैं तो देश का काम करूँगी। घर से मुझे मतलब ही क्या है? यहाँ मेरा कौन है। इन लोगों की तो इच्छा मुझे उठाकर उन लोगों को दे देने की है। मैं स्वयं ही यहाँ से चली जाऊँगी। मैं भी उन्हीं लोगों के साथ

रहूँगी। उस मारे-मारे फिरने में दुःख, तकलीफ़, भय और आशंका में इस जलन और दासता से कहीं अधिक शान्ति है। जिसे मैं नहीं चाहती उससे मुझे कौन ब्याह सकता है। वह यह कभी नहीं होगा चाहे मुझे जान देनी पड़े। वह दुःख कितना मधुर है जिसको मनुष्य अपने कर्त्तव्य के लिए स्वयं उठाता है। उस भटकने में जान को हथेली पर ले दर-दर फिरने में कितनी शान्ति है। मुझे ऐसा जान पड़ता है वे मुझे मेरा नाम लेकर पुकार-पुकारकर बुला रहे हैं। उन्हें मेरी आवश्यकता है लेकिन यहाँ किसी को मेरी आवश्यकता नहीं, जितनी जल्दी हो सके मुझे दुरदुराने की फ़िक्र में है। लेकिन इस ब्याह के नाम से ही मेरी आत्मा ग्लानि से भर उठती है। कई दफ़े मुझे रात में उनकी पुकार सुनायी पड़ी है मैं चौंक पड़ी हूँ। मुझे उनके पास जाना पड़ेगा। मैं ज़रूर जाऊँगी। यहाँ रहना मेरे लिये सम्भव ही नहीं। उस दिन मैं उनसे मिली थी। उन्होंने कैसे मुस्कराकर कहा था—आप ख़ूब सोच लीजिये इस मार्ग में विकट उलझनें हैं। देश का कार्य तो आप घर में रहकर भी कर सकती हैं। लेकिन उन्हें क्या मालूम कि मैं किस परिस्थिति में हूँ कैसे नीच विचार के दुष्ट आदमियों के चुंगल में फँसी पड़ी हूँ यह लोग हरदम मेरे पर काट देने की फ़िक्र में हैं। मुझे कुचल देना चाहते हैं...

जीने पर से किसी के ऊपर चढ़ने की आहट आती है परन्तु मधु अपनी उलझन में ऐसी व्यस्त है कि कुछ नहीं सुन पाती। उसकी सहेली और चचेरी बहन लीला जीने से ऊपर आ उसे चिन्ता मगन देख ठिठक गयी। उसके चेहरे पर एक रहस्यमयी मुस्कुराहट और आँखों में विनोद की चमक छा रही है। वह दबे पैर मधु के समीप आ उसके सिर के पीछे से उसकी आँखें मूँद लीं। मधु ने अपनी आँखों पर रखे हुए हाथों को स्पर्श कर कहा, "लीला छोड़ दे।"

लीला होंठों को दबा हँसी रोक चुप रही। मधु ने फिर कहा, "लीला छोड़ दे भई। क्यों तंग करती है" परन्तु लीला हँसी रोके उसी तरह मधु की आँखें मूँदे रही। मधु ने फिर कहा, "लीला मैं तेरे पैर पड़ती हूँ छोड़ दे।" लीला ने अब भी न छोड़ा। मधु ने खीजकर कहा, "कौन है छोड़ दे, मेरा जी अच्छा नहीं मुझे तंग मत कर।"

लीला ने हँसते हुए कहा, "तेरा दूल्हा! जय!" मधु की आँखें छोड़ हाथ की उँगली ठोड़ी पर रख विस्मय से उसने कहा, "वाह री दूल्हे के ध्यान में ऐसी मस्त है कि सुनती ही नहीं। मैंने तुझे बीस दफ़े पुकारा लेकिन कोई जवाब

नहीं। यहाँ ऊपर चाँदनी में बैठी क्या सोच रही है कि कैसे अपने दूल्हे के साथ चाँदनी की बहार लूटेगी? सच्च बता तूने कभी जयराम को देखा है?'' लीला ने बाँहें मधु के गले में डाल दीं।

मधु ने रुआँसी-सी होकर कहा, ''बहन तेरे पैर पड़ती हूँ। मुझसे ऐसी बातें न कर। मेरा जी अच्छा नहीं। दूल्हा गया भाड़ में।''

लीला ने मधु को स्नेह से खींचते हुए कहा, ''दुर पगली ऐसा कोई कहता है? अच्छा तू फिर क्या सोच रही थी?''

मधु ने अपने गले से लीला की बाँहें छुड़ाकर कहा, ''लीला तू जानती है मैं कसम खा चुकी हूँ मैं ब्याह नहीं करूँगी। चाहे मेरी जान क्यों न चली जाय।''

लीला की मुस्कराहट उड़ गयी। उसने धीमी आवाज़ में कहा, ''ब्याह नहीं करेगी। सगाई हो गयी है। ब्याह नहीं करेगी तो क्या करेगी?

मधु ने पैर के अँगूठे से फरश की ईंट को कुरेदते हुए कहा, ''क्या जानूँ। परमेश्वर जानता है क्या करूँगी।'' एक दीर्घ नि:श्वास खींचकर वह चुप रह गयी।

लीला ने गम्भीर होकर कहा, ''तू तो पगलों की तरह बातें करती है, तू भी क्या, 'चन्दा', 'वीरा' और 'शीला' की तरह कांग्रेस में शामिल होना चाहती है। उनकी देख कितनी बदनामी हो रही है। 'राधा' तो जेल भी चली गयी है। वहाँ जाने से तुझे क्या मिलता है?''

मधु ने लीला की तरफ़ बिना देखे ही उत्तर दिया, ''मिलना क्या है। मुझे बदनामी की परवाह नहीं। जो लोग भौंकना चाहें तो उनका मुँह कौन पकड़ सकता है...भौंका करें। 'राधा' जेल चली गयी तो क्या हो गया? जेल चले जाने में क्या है? जेल में क्या रखा है? जब कुछ करना ही है तो उसमें चाहे जान चली जाय।''

लीला मधु की ओर देख क्षण भर अवाक् रह गयी। फिर उसके हाथ अपने दोनों हाथों में दबाकर उसने कहा, ''मद्दो तेरे दिल में न जाने क्या समाया है? तू न जाने क्या करनेवाली है? बहुत दिनों से तुझे चुप-चुप देखकर मन मसोसकर रह जाती हूँ। तू पहले की तरह अब मुझसे सच-सच नहीं कह देती। सच बता मुझे कुछ डर-सा लग रहा है। मालूम होता है तू कुछ कर गुज़रेगी। तू कहीं चली जायगी। आज रात मैंने स्वप्न में देखा कि तू कहीं चली गयी है। मैं बहुत रोयी हूँ। इसलिए तुझे ढूँढ़ने दौड़ी आयी हूँ। पगली बहन कहीं कुछ कर न बैठना। ज़िन्दगी बरबाद हो जायगी। न जाने मद्दो मेरा मन सहम-सा जाता है। बता तो बहन तेरे दिल में क्या है?''

मधु सिर झुकाये चुप खड़ी रही। लीला ने उसके हाथ अपने हृदय पर दबाकर करुण स्वर में पूछा, "मद्दो बोलती क्यों नहीं?"

मद्दो ने रूखे स्वर में उत्तर दिया, "कुछ नहीं।"

लीला रो पड़ी। मधु ने खिन्न स्वर में कहा, "बहन लीला, इस समय तू नीचे जा मुझे थोड़ी देर अकेली बैठ लेने दे। मेरा मन इस समय बहुत दु:खी है। तू जा मैं हाथ जोड़ती हूँ।"

लीला मधु के गले में हाथ डाल फूट-फूटकर रोने लगी। परन्तु मधु चुप खड़ी थी। उसके मन में आवेश और व्याकुलता की आँधी आ रही थी। उसके चेहरे पर एक कठिन भाव था जो भयंकर-से-भयंकर बाधा का सामना करने के उसके निश्चय की सूचना दे रहा था।

तिरस्कार का कुछ भी असर होता न देख लीला के स्नेह के फन्दे से छूटने के लिए मधु ने कहा, "अच्छा चल नीचे चल।" यह कह लीला को वहीं छोड़ नीचे उतरने लगी। उसी समय नीचे से मधु के पिता की आवाज़ सुनायी पड़ी। 'मधु'! 'मधु!' वे पुकार रहे थे। उस पुकार में क्रोध और झुंझलाहट की झनकार थी।

तीसरी मंज़िल के पहले कमरे में जीने से उतरते ही मधु को पिता की क्रुद्ध मूर्ति दिखायी दी। पिता के पीछे ही मधु का बड़ा भाई खड़ा था। पिता की आँखें क्रोध में लाल हो रही थीं। ओठ फड़फड़ा रहे थे। उनके हाथ में एक चिट्ठी थी। मधु को छत पर से उतरते देख उन्होंने क्रोध में डाँटकर पूछा, "तू कहाँ थी?"

मधु पिता के क्रोध से चकित होकर ठिठक गयी। पिता ने दुगने क्रोध में चिल्लाकर पूछा, "कहाँ थी तू?"

सिर के गीले बालों पर साड़ी का पल्ला डालते हुए मधु ने बहुत धीमे स्वर में उत्तर दिया, "ऊपर बाल सुखा रही थी।"

पिता ने हाथ के पत्र को मधु के सिर पर फेंककर कहा, "यह किसने लिखा है?"

मधु ने पत्र की ओर देखा। उसका चेहरा पीला पड़ गया। क्रोध में पिता के मुख से शब्द नहीं निकल रहे थे। उन्होंने फिर चिल्लाकर पूछा, "यह किसने लिखा है? यह तेरी किताबों की आलमारी में था। यह किसने लिखा है?"

मधु ने पिता की ओर देखकर बहुत धीमे स्वर में कहा, "मैंने लिखा है।" सुनकर पिता चुप रह गये। उनके हाथों की उँगलियाँ मुट्ठियाँ बाँध रही थीं।

उन्होंने झल्लाकर पूछा, "किसे लिखा है तूने?" मधु चुप रही। उसने आँखें झुका लीं। पिता क्रोध में आगे बढ़ आये। दोनों हाथों की मुट्ठियाँ बाँधकर उन्होंने फिर चिल्लाकर पूछा, "किसे लिखा है तूने?"

मधु ने पिता की ओर देखकर बहुत धीमे स्वर में कहा, "मैं नहीं बताऊँगी।"

"नहीं बतायेगी बदज़ात!" क्रोध में चिल्लाकर पिता ने कहा। क्रोध में पागल होकर पिता का हाथ एक दफ़े चल गया। परन्तु होश में आकर उन्होंने हाथ को रोक लिया। दाँत पीसकर उन्होंने कहा, "चली जा उसी के पास। तेरा इस घर में कोई मतलब नहीं। उतार दे यह सब ज़ेवर।"

मधु चुप खड़ी रह गयी। उसकी आँखों के आगे अँधेरा छा गया। पिता ने फिर चिल्लाकर कहा, "सुना नहीं तूने?"

मधु ने हाथों से सोने के कड़े और गले से सोने का हार जो पिछले दिन उसे सगाई के समय पहनाया गया था उतारकर फ़र्श पर डाल दिया। वह ऊपर छत पर चली गयी। दरवाज़े में खड़ी लीला यह सब-कुछ देख रही थी। मधु उसके समीप उसे बिना लक्ष्य किये ही ऊपर चली गयी। लीला चुप-चुप स्तब्ध खड़ी थी। जो कुछ हुआ वह सब उसने देखा परन्तु कुछ भी उसकी समझ में न आया। लीला ने देखा मधु ऊपर छत पर चली गयी है। परन्तु उसके पीछे-पीछे ऊपर जाने का साहस उसे न हुआ। दूसरे कमरे में से उसे मधु की माता की क्रोध और आँसुओं से भरी आवाज़ सुनायी दे रही थी। माँ कह रही थी, "जवान लड़की को गाली देते उस पर हाथ छोड़ते तुम्हें शरम नहीं आयी।"

पिता क्रोध में कह रहे थे, "बस दूर हट जा मेरी आँखों के सामने से।"

माता-पिता के क्रोध को देखकर 'यदु' डरकर लीला की टाँगों से आ लिपटी। उसकी छोटी बहन भय से चिल्लाकर रोने लगी। बच्ची की ओर किसी का ध्यान न था, सब क्रोध में अपनी बात कह रहे थे। नौकर डरकर नीचे और रसोई में जा छिपे थे। लीला किंकर्त्तव्यविमूढ़ होकर पत्थर की मूर्ति की तरह कमरे में जीने के दरवाज़े में वैसे ही खड़ी थी।

लगभग बीस मिनट गुज़र गये। लीला ने सोचा वह वहाँ क्यों खड़ी है? उसी समय मधु की माता उस कमरे में आयीं। उनके चेहरे पर आँसू पोंछने के चिह्न थे, आँखें लाल थीं। लीला से उन्होंने पूछा, "लीला मधु कहाँ है?"

लीला के कुछ उत्तर देने से पहले ही माता ने फिर कहा, "नीचे तो कहीं नहीं। तुझे मालूम है कहाँ गयी, क्या ऊपर छत पर गयी है? ये तो ग़ुस्से में

पागल हो जाते हैं न कुछ सोचा न समझा न उससे पूछा। बेटी चल ऊपर तो देख!"

माँ और लीला ऊपर छत पर गयीं लेकिन मधु वहाँ न थी। माँ घबरा रही थीं। वे नीचे आयीं। वे चिल्ला-चिल्लाकर पूछ रही थीं, "मधु कहाँ है? उसे किसी ने कहीं देखा है?"

न जाने क्यों उनका दिल बैठा जा रहा था। उनसे खड़ा न रहा गया। वे लेट गयीं। थोड़ी-थोड़ी देर बाद वे पुकारतीं, "कुछ पता चला।"

इसके बाद बहुत देर तक वे न बोलीं, न हिलीं न डुलीं। लीला उनके मुँह पर पानी के छींटे देकर पंखे से हवा करने लगी।

छोटा-सा कमरा है। कमरे के आधे भाग में चार बिस्तर की दरियों पर एक दोहर बिछी है। दीवार के किनारे तीन कम्बल और एक रजाई बेपरवाही से पड़ी है। दीवारों पर दो-चार कपड़े कुछ विलायती ढंग के कुछ देशी ढंग के टँगे हैं। दो-चार नीचे पड़े हैं। फ़र्श पर जहाँ दरियाँ नहीं बिछीं हैं वहाँ दो-चार बर्तन खाना खाने के कोने में रखे हैं। तीन-चार अख़बार और चार-पाँच पुस्तकों की जिल्दें बिस्तरों पर पड़ी हैं। देखने से मालूम होता है किसी सराय का कमरा है। इसमें ठहरनेवालों के लिए यही कमरा सोने और उठने-बैठने का है। तीन नौजवान इस समय मौजूद हैं। दो जूते दरी के आगे पड़े हैं। इनमें से एक दीवार के सहारे पीठ लगाये बैठा है एक कोहनी के बल लेटा है। तीसरा जान पड़ता है अभी बाहर से आकर बैठा है या अभी उठकर जाने को तैयार है। वह बूट पहने है इसलिए पैरों को दरी के आगे रखे पैर फैलाये साथियों के साथ गप लगा रहा है।

बातचीत का सिलसिला न तो बिलकुल गम्भीर ही जान पड़ता है न निरा मज़ाक ही। तीनों नौजवानों के चेहरे पर चिन्ता नहीं है और न बिलकुल साधारण स्वच्छन्दता का ही भाव है। एक प्रकार लापरवाही जो चिन्ता को भुलाने के लिए या दबा देने के लिए स्वयं पैदा की जाती है उनके भाव में और चेहरे पर है।

जो दीवार के सहारे पीठ टिकाकर बैठा हुआ था उसने कहा, "परिणाम क्या होगा इसी की फ़िक्र में यदि रहें तो किसी भी निश्चय पर नहीं पहुँचा जा सकता। जो उचित जान पड़े उसके लिए यत्न करने में मुझे सन्तोष है।"

जो बूट तथा पोशाक पहने हुए था उसने कहा, " 'उचित' क्या है यह भी परिणाम का ख़याल करके ही निश्चय किया जाता है या जो whim आ जाय वही उचित?"

जो कोहनी के बल लेटा हुआ था उसने कहा, "परिणाम का निश्चय तो तब ठीक हो जब पहले जेल से छूटने पर स्वागत का इन्तजाम करके और अपने लिए जेल से छूटने पर City Congress Committee द्वारा दिये जाने के लिए ख़ुद Address किसी Friend को दे दिया जाय।"

बैठे हुए ने कहा, "This is really disgusting."

कोहनी के सहारे लेटे हुए ने हँसकर कहा, "Rather amusing."

पोशाक पहने हुए व्यक्ति ने कहा, "ख़ैर इससे भी Propaganda तो होता ही है पब्लिक में जाग्रति तो होती है।"

बैठे हुए व्यक्ति ने कहा, "यह तो तमाशा है Public amusement is a Public function. गवर्नमेण्ट न जाने क्यों इस तरफ़ इतना ध्यान देती है। हाँ Prestige के लिए हो तो हो।"

पोशाक पहने व्यक्ति ने कहा, "It creates a mentality. It prepares a ground."

बैठे हुए व्यक्ति ने कहा, "No it spoils it. Makes it thickly crowded with weeds."

कोहनी के सहारे लेटे व्यक्ति ने कहा, "कुछ न होने से तो घास ही अच्छी है ज़रा जानवरों के चरने के लायक़ जगह हो जाती है।"

बैठे व्यक्ति ने कहा, "जानवर माने पुलिस!"

किसी के आने की आहट सुनकर जूते पहने व्यक्ति ने झाँककर देखा। खड़े हो अपने साथियों की ओर देखकर कहा, "जीजी आयी हैं।" और आगे बढ़कर कहा, "आइये भैन जी!"

उसकी बात सुनकर दूसरे दोनों साथी भी उठ खड़े हुए। दो नवयुवतियाँ कमरे में आयीं। इनमें से जो कम आयु की थी वह 'मधु' थी और दूसरी उससे कुछ अधिक उमर की। उसने संरक्षिका के ढंग से मधु की पीठ पर हाथ रखकर जो व्यक्ति अब तक दीवार से पीठ टिकाकर बैठा बातचीत कर रहा था उसकी ओर देखकर कहा, "लो निधि यह लो सँभालो।"

निधि ने कुछ विस्मय से कहा, "क्या?"

. जीजी ने मुस्कराकर कहा, "लो अब सँभालो!" और मुस्कराते हुए स्नेह से मधु की पीठ पर हाथ फेरते हुए कहा, "लो अब तुझे पहुँचा दिया। जिस

किसी चीज़ की ज़रूरत हो मुझे ख़बर कर देना समझी। बड़ी बहादुर लड़की है।''

निधि ने जीजी को सम्बोधन करके कहा, 'क्या ये आ गयीं? बिलकुल?' जीजी ने हँसकर कहा, ''अभी और क्या कुछ बाक़ी है? अच्छा मुझे बहुत जल्दी है मैं ठहर नहीं सकती।'' जीजी ने मधु का सिर चूमकर प्यार किया और तुरन्त लौट गयी।

१०/३/३७

जीजी के चले जाने के बाद निधि ने मधु की ओर देखकर कहा, ''आप बैठिये।'' मधु एक ओर दीवार से लगकर बैठ गयी। निधि ने उसके समीप बैठकर पूछा, ''कहिये तो मामला कैसे हुआ?''

मधु सिर झुका साड़ी के किनारे को खोंटने लगी। उसका संकोच देख निधि ने अपने दोनों साथियों को बाहर जाने के लिए कहा। दोनों के चले जाने पर बहुत गम्भीर स्वर में कहा, ''हाँ, कहिये तो आज सहसा कैसे आ गयीं?''

मधु ने सिर झुकाये साड़ी के खूँट को खोंटते हुए कहा, ''आपके पत्र का उत्तर मैंने लिखकर रखा था। सदानन्द कल उसे लेने नहीं आया। आज सुबह ही नौकर ने उसे निकालकर पिता जी को दे दिया। पिता जी बहुत नाराज़ हुए। उन्होंने कहा, इस घर में तेरा काम नहीं। उसी के पास चली जा जिसको तूने यह ख़त लिखा है।''

निधि ने पूछा, ''तो आप पहले कैसे आयीं?''

मधु ने आहिस्ता से सिर उठा निधि की ओर देखकर कहा, ''अपने मकान की छत से मैं दूसरे मकान पर जा उससे उतरकर जीजी के यहाँ टाँगे पर चली गयी। वहाँ से कपड़े बदलाकर जीजी यहाँ ले आयी हैं।''

निधि ने कुछ सोचकर कहा, ''तो क्या आपको केवल इसी घटना के कारण घर छोड़ना पड़ा?''

मधु ने सिर हिलाकर कहा, ''नहीं, घर में तो वैसे भी नहीं रह सकती थी। मैं बहन जी से पहले ही कह चुकी थी।''

निधि ने ग़म्भीरता से आँखें आधी मूँदते हुए पूछा, ''घर आपको छोड़ना क्यों ज़रूरी था?''

मधु ने कहा, "मैं ब्याह नहीं करना चाहती। ख़ासकर उस जगह मैं ब्याह नहीं करना चाहती जिस घर में मेरा जबरदस्ती ब्याह किया जा रहा है।"

निधि, "इसी कारण आप घर छोड़ना चाहती थीं?"

मधु ने सिर झुकाकर हामी भरी।

निधि ठोड़ी पर उँगली रख कुछ देर फ़र्श पर देखता रहा। फिर उसने कहा, "देखिये बहन जी! यदि आप ब्याह नहीं करना चाहतीं और जबरदस्ती आपका ब्याह किया जा रहा है तो हमें आपसे पूरी सहानुभूति है। हम लोग स्त्रियों की पूर्ण स्वतन्त्रता के पक्षपाती हैं। हमारे विचार में किसी भी लड़की को ब्याह न करने का या जिससे वह चाहे उससे उसे ब्याह करने का पूरा अधिकार है। यह एक सामाजिक प्रश्न है। हम समाज की कुप्रथाओं, स्त्रियों पर होनेवाले अत्याचार के घोर विरोधी हैं उसके प्रति क्रान्ति चाहते हैं परन्तु हमारा मुख्य लक्ष्य राजनैतिक है। सामाजिक प्रश्नों पर ध्यान देते हुए उनके साथ सहानुभूति रखते हुए भी हम तो अपनी सम्पूर्ण शक्ति और जीवन को राजनैतिक समस्या यानी देश की स्वतन्त्रता के लिए ही अर्पण कर चुके हैं। इसलिए सामाजिक अत्याचार के प्रति आपके विरोध के साथ पूरी सहानुभूति रखते हुए भी आपकी अधिक सहायता नहीं कर सकते। मेरे विचार में आपको समाज के, माता-पिता के इस अत्याचार का विरोध घर में ही रहकर करना चाहिए।"

मधु ने अपनी बड़ी-बड़ी आँखों से निःसंकोच निधि की ओर देखकर कहा, "मैंने देश की स्वतन्त्रता के लिए ही घर छोड़ा है।"

निधि, "ठीक है। लेकिन आपने अभी कहा था कि आप ब्याह नहीं करना चाहतीं और ख़ासकर उस जगह ब्याह नहीं करना चाहतीं। घरवाले आप पर जबरदस्ती कर रहे हैं इसीलिए आपको घर छोड़ना पड़ा है। यदि आपके घर छोड़ने का कारण यही है तो हम आपके घर छोड़ने की जिम्मेदारी लेने को तैयार नहीं। मैं तो आपको यही सलाह दूँगा कि आप घर लौट जाइये और घर में रहकर ही अत्याचार का विरोध कीजिये।"

मधु ने दृढ़ता से कहा, "घर तो मैं लौटकर नहीं जा सकती चाहे मुझे कहीं जाना पड़े।"

निधि ने कहा, "और आप कहाँ जा सकती हैं?"

मधु ने कहा, "कहीं नहीं, न होगा मैं आत्महत्या कर लूँगी।"

निधि मधु की बात से चौंक गया। कुछ देर सोचकर कहा, "यदि घरवाले आप पर ब्याह के लिए ज़ोर न दें तो घर लौट जाने की क्या हर्ज़ है।" मधु ने सिर हिलाकर कहा, "कभी नहीं। मैं घर में रहकर कुछ भी नहीं कर सकती इसलिए मैं घर कभी लौटकर नहीं जाऊँगी।"

निधि ने कुछ आश्वासित होकर कहा, "यदि यह ब्याह का सवाल न उठता तब तो आप घर में रहतीं हीं।"

मधु ने कहा, "नहीं, मैं घर पर रहकर कुछ नहीं कर सकती। मैंने बहन जी से पहले ही कह दिया था मैं बिलकुल सैनिक की तरह देश के लिए काम करना चाहती हूँ घर पर रहकर वह कभी हो नहीं सकता।"

निधि ने मुस्कुराकर कहा, "तो फिर ब्याह का तो कोई सवाल ही नहीं, चाहे घरवाले आपको ब्याह के लिए विवश न भी करते घर आपको छोड़ना ही पड़ता। घर आपने ब्याह से बचने के लिए छोड़ा है या देश की स्वतन्त्रता की लड़ाई में सिपाही की तरह लड़ने के लिए हमारे दल में भरती होने के लिए छोड़ा है?"

मधु ने दोनों बाँहें छाती पर बाँधकर दृढ़ परन्तु धीमे स्वर में उत्तर दिया, "देश के लिए लड़ने के लिए आप लोगों के दल में भरती होने के लिए।"

निधि ने मुस्कराकर कहा, "तब फिर क्या है हम आपका हृदय से स्वागत करते हैं। जिस तरह हम रहते हैं आप भी रहिये। कष्ट जो कुछ होगा उसे सहिये।"

मधु ने शान्त होकर कहा, "कष्ट से मैं नहीं डरती।"

: २ :

वही मकान है। वैशाख के दिन हैं। प्राय: प्रात: नौ बजे का समय है। कमरे में निधि अकेला है। उसके चेहरे पर आह्लाद फूटा पड़ता है। आँखों में एक चमक-सी है। शरीर में स्फूर्ति-सी है। हाथ के काग़ज़ों को फाड़कर उसने बारीक टुकड़े कर दिये फिर उनकी अख़बार के काग़ज़ में एक पुड़िया बनाकर उसने मीठे स्वर में पुकारा, "मीना"।

आँगन की बग़ल की रसोई में से आकर मधु सामने खड़ी हो गयी। उसके हाथ रसोई के सामान से सने हुए थे। निधि के सामने आकर वह खड़ी हो गयी और मुख से कुछ न कहकर उसने प्रश्नात्मक दृष्टि से निधि की ओर देखा।

मधु-मीना की अवस्था निधि से भिन्न नहीं थी। उसके चेहरे पर अरुणिमा छा रही थी। पतले-से लाल ओठों से हँसी फूट पड़ना चाहती थी और आँखों में उन्माद लहरा रहा था।

निधि ने कुछ आश्चर्य से मुस्कराकर कहा, "तुम्हारा यह क्या हाल है? तुम्हें देखने से कोई भी कह देगा कि कुछ ख़ास बात है। तुम तो बिलकुल जैसे भूली हुई-सी जान पड़ती हो। ज़रा अपनी आँखों को तो शीशे में देखो बिलकुल गुलाबी हो रही हैं जैसे नशा-सा हो। सचमुच ज़रा देखो तो। तुम्हें ऐसा नहीं होना चाहिए मीना।"

निधि के स्वर में एक आह्लाद का कम्पन-सा था।

मधु ने कहा, "नहीं तो मैं तो बिलकुल साधारण हूँ, मुझे कुछ भी नहीं। आप ज़रा अपनी आँखों को देखिये आपका क्या हाल है।" दोनों हँस दिये।

निधि ने काँपते हुए स्वर में पूछा, "क्या कर रही हो।" मधु ने कहा, "खाना तैयार कर रही हूँ।"

निधि ने कहा, "तुम खाना तैयार करने के लिए तो घर छोड़कर नहीं आयी हो। अभी उन लोगों के आने में तो बहुत देर है। देखो इन काग़ज़ों को जला दो और फिर ज़रा यहाँ आओ।"

मधु काग़ज़ लेकर चली गयी। आधे मिनट में धोये हुए हाथों को पोंछती हुई वह फिर कमरे में आयी।

दीवार के सहारे दोनों एक साथ सटकर बैठ गये। यद्यपि दोनों चुप थे परन्तु उनकी सम्पूर्ण अनुभूतियाँ एक-दूसरे के मर्म का स्पर्श कर रही थीं।

निधि ने आर्द्र स्वर से कहा, "तुम तो ब्याह करने के इतने विरुद्ध थी फिर इतनी जल्दी कैसे विवाह कर लिया?"

मधु से कुछ कहते न बना। उसका रोम-रोम पुलकित हो रहा था। उसने आँखें मूँद लीं। शायद निधि को उत्तर मिल गया।

निधि ने कहा, "देखो तो।" मधु ने उन्माद भरी तरल आँखें खोलकर निधि की ओर देखा। निधि जो कुछ कहना चाहता था वह उसके ओठों पर ही रह गया।

कुछ क्षण चुप रहकर उसने कहा, "अच्छा तो तुम एक बात कहना चाहती थी वह तुमने कही ही नहीं।"

मधु ने बहुत धीमे स्वर में कहा, "आप जान तो गये।"

निधि ने उसके हाथ को अपने हाथ में लेकर कहा, "तुमने तो न कही। मैं जान गया तो शायद ठीक-ठीक न जान पाया हूँ। अच्छा यह तो बताओ तुम्हारे मन में यह ख़याल पैदा कैसे हुआ। मेरे मन में तो इतनी बड़ी महत्त्वाकांक्षा का पैदा होना क्या उसकी आशा तक भी न हो सकती थी। तुम तो जानती हो मैं तो एक सिपाही हूँ। सिपाही के जीवन का क्या आसरा? एक क्षण है दूसरा क्षण नहीं। लेकिन तुम्हारे मन में यह विचार यह भाव कैसे पैदा हो गया?"

मधु ने निधि के कन्धे का सहारा लेते हुए आँखें झुकाये हुए कहा, "आपने ही तो कहा था—तुम उम्र में छोटी हो, नहीं तो तुम पैर पूजने के लायक़ हो।"

निधि ने कहा, "हाँ, मैंने कहा, अब भी कहता हूँ तुम्हारे त्याग और साहस को देखकर तुम अवश्य पदपूजन के योग्य हो परन्तु उस समय जो मैंने कहा था उसमें केवल आदर का भाव था। परन्तु प्रेम और आदर में तो भेद है। आदर तो हम सैकड़ों का करते हैं परन्तु प्रेम! वह प्रेम जिसका आरम्भ आत्मसमर्पण और 'ऐक्य' या अद्वैत में है जीवन में यों नहीं मिल जाता, सब किसी को मिलता भी नहीं, बल्कि किसी विरले को ही मिलता है। उसकी आशा करने का साहस भी मैं नहीं कर सकता था। और फिर तुम्हें उस रूप में पाने की बात मैं कहाँ सोच सकता था?"

निधि ने मधु के गले में बाँहें डाल दीं। मधु ने आँखें मूँदकर सिर निधि के कन्धों पर रख दिया।

कुछ क्षण चुप रहकर निधि ने कहा, "अच्छा एक बात तुमसे क्यों छिपाऊँ। जिस दिन तुम आयी थीं उस दिन और अगले दिन ही तुमको इधर-उधर दीवार या दरवाज़े के समीप से आते-जाते देखता था तो न जाने क्यों मैं इस बात पर लक्ष्य करता था कि तुम कितनी लम्बी हो और फिर उस स्थान पर जाकर मैं देखता था कि तुम मेरे कन्धे से कुछ नीची हो। उस समय यह ख़याल आता था कि पुरुष की पत्नी को इतना ऊँचा होना चाहिए या इससे कुछ अधिक? मैं इस बात को सोचना भी उचित नहीं समझता था। मैं कहता था कि मैं ऐसा क्यों सोचता हूँ। मुझे एक पवित्र कुमारी के विषय में ऐसा नहीं सोचना चाहिए। परन्तु न जाने क्यों यह ख़याल मेरे मन में आ जाता था। क्या प्रकृति कुछ व्यक्तियों को एक-दूसरे का संगी बनाकर ही उनकी सृष्टि करती है? प्रथम दृष्टि में जो प्रेम हो जाता है उसका अंकुर क्या पहले ही से दोनों हृदयों में विद्यमान रहता है? जो केवल समय की प्रतीक्षा में रहता है? क्या तुम्हारा विचार है?"

मधु ने निधि के कन्धे पर सिर रखे-ही-रखे आँख बिना खोले कहा, "मुझे ऐसा मालूम होता था कि तुम मुझे पुकार रहे हो। कई दफ़े मैं ऊपर की मंज़िल में नींद में चौंक पड़ती थी। मुझे ऐसा मालूम होता था कि तुम मुझे नीचे गली से मेरा नाम लेकर पुकार रहे हो!"

निधि ने उसे समीप दबाकर पूछा, "तुमने पहले देखा कब था?"

मधु ने कहा, "दो दफ़े देखा था। एक दफ़े बहन जी के साथ कांग्रेस के जुलूस में।"

निधि ने पूछा, "तब तुम मुझे क्या जानती थी।"

मधु, "यह जानती थी यह देश का काम करते हैं।"

निधि, "बस।"

मधु, "हाँ।"

निधि, "और तुमने क्या सोचा था?"

मधु—"मैं भी यह काम करूँगी।"

निधि—"बस।"

मधु—"हाँ"।

निधि—"तो तुम मेरे लिये घर छोड़कर नहीं आयी?"

मधु—"तुम्हारा साथ देने के लिए आयी हूँ।"

निधि—"तुम तो कहती हो कि तुम्हें मेरी पुकार सुन पड़ती थी।"

मधु—"मुझे ऐसा जान पड़ता था तुम मुझे देश के काम के लिए पुकार रहे हो।"

निधि ने गम्भीर होकर कहा, "तुम (देश) को मुझसे अधिक प्यार करती हो?"

मधु ने सिर झुकाकर हामी भरी।

निधि ने कहा, "तो मुझसे प्यार करने में देश के प्यार के प्रति कुछ तो फ़रक पड़ेगा।"

मधु ने सिर हिलाकर इनकार किया।

निधि ने कहा, "सो कैसे?"

मधु ने कहा, "हम दोनों तो एक हैं एक साथ देश को प्रेम करेंगे उसका काम करेंगे। हमें किसी दूसरे के लिए कुछ करना ही नहीं जो कुछ करना है देश के लिए करना है।

निधि—"कुछ तो ध्यान बँटेगा।"

मधु ने सिर हिलाकर कहा, "हम दोनों एक हैं, हमारा प्रेम एक है, हम एक व्यक्ति हैं हमारा ध्यान एक है वह बँटेगा कैसे?

निधि ने मधु को प्रगाढ़ आलिंगन में जकड़कर चूम लिया।

कुछ देर दोनों चुप रह गये। फिर निधि ने कहा, "मधु प्रिये सिपाही के जीवन का क्या आसरा! यदि मैं बहुत जल्दी देश के काम आ जाऊँ?"

मधु ने आँखें मूँदे-ही-मूँदे उत्तर दिया, "इससे अच्छा और क्या होगा।"

निधि ने कम्पित स्वर में कहा, "तो तुम क्या करोगी?"

मधु ने कहा, "मैं भी तो काम आ जाऊँगी केवल थोड़ा फ़रक रहेगा।"

११/३/३७

: ३ :

एक औसत दर्जे के सामान से सजा कमरा है। बाँस की बुनी हुई तीन कुर्सियाँ और एक छोटी-सी Tea table बीचोंबीच रखी है। अँगीठी की कानस पर एक ओर पीतल का सारस, दूसरी ओर एक टाइम पीस रखी है। बीचोंबीच एक छोटी-सी फोटो एक नक़्क़ाशी के फ्रेम में मढ़ी हुई दीवार से सटी रखी है। यह फोटो निधि की है। यह कमरा मधु के रहने का है परन्तु मधु इस समय मौजूद नहीं है। एक कुर्सी पर नवयुवक और दूसरी दो पर एक-एक नवयुवती और युवती बैठी परस्पर बातचीत कर रही हैं। युवती घर की मालिक है। मधु उसी के यहाँ रहती है। नवयुवती नवयुवक के साथ मधु से मिलने आयी है। परन्तु उसे मालूम हुआ मधु भानु के साथ सिनेमा देखने गयी हुई है। भानु युवती के देवर का नाम है प्रायः सत्ताईस वर्ष का नवयुवक है। मधु के भानु के साथ सिनेमा देखने जाने के समाचार से नवयुवक बहुत विक्षिप्त हो गया है। उसके साथ की नवयुवती भी इससे प्रसन्न नहीं है।

नवयुवक ने अपनी कलाई की घड़ी देखते हुए कहा, "अब तो नौ बज गये हैं यदि सिनेमा देखकर सीधे लौट आना होता तो वे लोग आ गये होते। कृष्णा जीजी अब कब तक बैठोगी? भाभी जी उनसे तुम्हारे आने की बाबत कह देंगी।"

भाभी सिलाई पर अपने लड़के के लिए स्वेटर बुन रही थीं। एक सिलाई ख़तंम कर स्वेटर को हाथ मे लेते हुए उन्होंने कहा, अब आते ही होंगे वे दोनों

टाँगे पर न आकर यदि पैदल आ रहे होंगे तब भी अब पहुँचा ही चाहते हैं। बाज़ार में से कोई चीज़ ख़रीदने लग गये होंगे।

नवयुवक ने कहा, "हाँ अब मौसम बदलने लगा है नये मौसम के लिए नयी सेण्ट या नये फैशन की किसी चीज़ की ज़रूरत होगी।"

नवयुवक ने कहा, "भाभी मधु को यह इतना शौक़ शोभा नहीं देता। मेरे विचार में तो जब वह एकदम इतने नये विचार की औरत है और शौक पूरा करने की उसे इतनी चाह है तो वह सब झगड़ा छोड़कर ब्याह ही क्यों नहीं कर लेती?"

भाभी ने बुनाई की सलाइयों को रोककर कहा, "कुछ समझ में नहीं आता उसका कुछ ठिकाना नहीं। अभी दुपहर में अच्छी भली थी। ट्यूशन पढ़ाकर लौटी थी, नीचे बैठी बातचीत करती रही अचानक ऊपर आ गयी। थोड़ी देर बाद केवल ऊपर उसके पास आया। मैंने दूध पिलाने के लिए लड़के को पुकारा तो नीचे आकर उसने मुझे बताया कि बुआ जी रो रही हैं चाचा जी उन्हें दिलासा दे रहे हैं। ऊपर आकर देखा तो सचमुच मुँह भरे बैठी है, आँखें लाल हैं। केवल पास कुर्सी पर बैठकर ख़ुशामद कर रहा है।"

नवयुवक ने कहा, "केवल को दिल बहलाने के लिए कुछ काम तो चाहिए।" कृष्णा जीजी आयीं और चेतन की बात भी सुनती जा रही थीं और मासिक पत्र में से कुछ पढ़ती भी जाती थीं। चेतन की बात सुनकर मानो अपना ध्यान पत्र में लगा रखना उसके लिए सम्भव न रहा। पत्र से आँख ऊपर उठाकर उसने कहा, "पति के बिना वास्तव में ही स्त्री की मिट्टी ख़राब है। स्त्री बेचारी की परिस्थिति ही कुछ ऐसी है कि पुरुष के बिना वह कटी डोर की पतंग की तरह अस्थिर रहती है उसकी कुछ स्थिति ही नहीं। मैं यह सोचती हूँ मधु की यह हालत कुछ दो-चार महीने या बरस की नहीं। वह कैसे गुज़र करेगी। विधवा हो जाने पर स्त्री सब आशा छोड़ सब-कुछ सहने के लिए तैयार हो जाती है, उसका तेज जाता रहता है, जब आशा नहीं होती तब मन में वेग नहीं रहता। परन्तु जब वेग मन में हो तो प्राणी का पत्थर के समान पड़े रहना भी सम्भव कैसे हो सकता है।"

चेतन ने कहा, "यदि वेग को दबाने की इच्छा न हो तो उसे पूरा ही करना चाहिए ढोंग से क्या लाभ? जो आदमी विवश पड़ा है बँधा हुआ है उसकी ग़ैर मौजूदगी में उसे लोगों की नज़रों में गिराने में क्या लाभ?"

भाभी ने स्वेटर और सलाइयों को गोद में रखकर कहा, "उस समय अगर मधु ही बाधा न देती तो यह मुसीबत उसके सिंर क्यों आती? उस समय कुछ

भी मुश्किल न था। एक तरह से सब प्रबन्ध हो ही गया था। यदि वह निधि को विदेश चले जाने देती तब यह संकट क्यों पड़ता? उसके बाद उसके भी जाने का इन्तजाम हो जाता, लेकिन उस समय स्वयं इसी ने कुछ नहीं होने दिया। कहने लगी हम लोग घर-बार छोड़कर इसलिए नहीं आये हैं कि विदेश में जा छिपें। निधि की तो इच्छा थी परन्तु इसने ही नहीं होने दिया।''

कृष्णा जीजी ने पत्र को एक ओर रखकर कहा, ''भाभी, लड़के-लड़कियों में कितना फ़रक है। निधि के लिए घर छोड़कर देश के लिए जान की बाजी लगाकर निकल पड़ना जितना कठिन था मधु के लिए घर से क़दम बाहर रखना उससे कहीं अधिक कठिन था। निधि ने प्राणों की बाजी लगाकर घर छोड़ा होगा लेकिन मधु को पूरी-पूरी आत्महत्या करनी ही पड़ी होगी। फिर यदि निधि की अपेक्षा उसमें जिद्द अधिक थी तो क्या आश्चर्य।''

चेतन ने कहा, ''यदि उद्देश्य के प्रति इतनी ही लगन थी तो प्रेम का नाटक रचने की क्या ज़रूरत थी। उसे समझ पाना बहुत कठिन है। उसके सब पैंतरे निराले हैं। जो व्यक्ति देश-प्रेम में दीवाना है उसे दूसरे प्रेम का ध्यान ही कैसे आ सकता है?''

भाभी ने हथेली पर ठोड़ी रखते हुए कहा, ''व्यक्ति को निश्चित रूप से एक रास्ता पकड़ना चाहिए। दो किश्तियों पर सवार होना सम्भव नहीं।''

कृष्णा ने कहा, ''भाभी मनुष्य तो मनुष्य है। वह देश के लिए यदि मर जाने को तैयार है तब भी वह मनुष्य ही रहेगा। मनुष्य के गुण-धर्म उसमें ज़रूर रहेंगे। देश के प्रति एक व्यक्ति प्रेम में बावला होकर सेवा का व्रत ग्रहण कर सकता है। दूसरा उसे कर्त्तव्य समझकर भी उस ओर जा सकता है। मुझे डर है कि जो पतंगे की तरह बावला होकर देश के प्रति अपना जीवन अर्पण करेगा उसका जीवन यदि शीघ्र ही देश के दीपक की लौ पर भस्म नहीं हो जायगा तो उसका बावलापन उसका मद समय पाकर उतर न जाय। परन्तु जो व्यक्ति कर्त्तव्य समझकर नाप-तोलकर सम्भव और असम्भव विचार कर चलेगा उसकी बात धीमी या तीव्र हो सकती है वह दायें-बायें भी घूम सकता है परन्तु वह पीछे हटने का विचार नहीं करेगा। ऐसा व्यक्ति जो अपने-आपको भूलकर बावला नहीं हो गया है वह अपने मनुष्यत्व से बिलकुल सदा बेख़बर नहीं रह सकता। वह शीतोष्ण प्रिय-अप्रिय को अनुभव किये बिना नहीं रह सकता। वह एक दिन की मज़दूरी पर काम करने नहीं आया है। वह निश्चित समय तक काम और उसके बाद आराम की व्यवस्था नहीं कर सकता। उसके लिए सदा

ही काम का समय है उसी के बीच में जहाँ उसे रस की एक बूँद दिखायी पड़ती है वह उसे ले लेता है वह उसी रस के सहारे जीवन को हरा रख सकता है। 'देश-प्रेम' उसके जीवन का ध्येय है अपने प्रियतम या प्रियतमा का 'प्रेम' उसके जीवन का अंग है। मुझे तो ऐसा जान पड़ता है देश के नाम पर बाजी लगाकर मैदान में आकर इधर-उधर सामने पीछे मौत देखकर भी जब इन दोनों के हृदयों ने प्रेम पाया होगा तो इन दोनों के हृदयों में दूना उत्साह भर गया होगा। मैं तो देश-प्रेम के लिए क़ुर्बान होने के लिए जाते हुए अपने हृदय के प्रेम में आप्लुत इस जोड़ी की बात सोचती हूँ तो गद्‌गद हो जाती हूँ। और अब मधु क्या है वह वीणा है जिसके तार छिन्न-भिन्न हो गये हैं।''

चेतन ने अपना विचार न बदलने की सूचना देने के लिए कहा, ''लेकिन उसका व्यवहार तो बड़ा विचित्र है।''

कृष्णा ने कहा, ''व्यवहार विचित्र न होता तो घर न बैठी होती, दो-चार बच्चों की माँ होती। एक बात है—उसमें साहस है, व्यक्तित्व है। हमारे समाज में स्त्रियों में साहस और व्यक्तित्व होने से वह कुछ अनोखी-सी जँचने लगती है। बहुतों को उसका सिनेमा चले जाना या इस जगह से उस जगह चले जाना भी दुश्चरित्रता जान पड़ती होगी। परन्तु उस पर जो जीवित दुःख का बोझ है उसे ध्यान बँटाने के लिए वह क्या करे।''

चेतन ने आहिस्ता से कहा, ''जीजी तुम भी तो आख़िर हो ही।'' कृष्णा जीजी ने कहा, ''वितृष्णा से मेरा दुःख मृत है मैं विधवा हूँ। मुझे आशा का प्रकाश व्याकुल नहीं करता। मैंने उधर से आँखें मूँद ली हैं। उसका दुःख जीवित है। वह स्पन्दन करता रहता है, उसकी आशा उसे जलाती रहती है। वह आँखें बन्द नहीं कर सकती, निराश नहीं हो सकती। वह समझती है उसका भी अधिकार है। यह अधिकार की अनुभूति उसके हृदय में दाँत गड़ाती रहती है।''

बाहर क़दमों की आहट सुनकर तीनों ने दरवाज़े की ओर देखा। मधु और केवल कमरे में आ गये हैं। केवल हाथ में एक बादामी काग़ज़ का पार्सल लिये था। मधु ने वह पार्सल केवल के हाथ से लेकर भाभी की गोद में रखते हुए कहा, ''कुश को केले बहुत अच्छे लगते हैं। यह थोड़े-से लाल केले उसके लिए लेती आयी हूँ।'' भाभी कुर्सी से उठ खड़ी हुईं। बोलीं, ''मधु देख कृष्णा कब से तेरी प्रतीक्षा में बैठी हैं तूने बहुत देर लगा दी। तू बैठ, मैं ज़रा 'कुश' को देखूँ कहीं नौकर ने कुर्सी पर ही न सुला दिया हो।

भाभी के साथ ही चेतन भी बाहर चला गया। केवल उसकी जगह जा बैठा। कृष्णा ने स्नेह से हँसकर कहा, "मधु, कुश के लिए चीज़ ख़रीदकर मन की साध पूरी हो जाती है?"

केवल ने कहा, "जीजी यह बहुत नासमझ है। देखो बात-बात पर रोती रहती है। इसे समझाओ नहीं तो इसकी हालत ख़राब हो जायगी। सिनेमा से हम लोग आ रहे थे। दीरेवाली गली में बहुत-सी औरतें आ रही थीं, बहुत शोर मच रहा था। किसी औरत ने दूसरी से कहा, बेचारी के भाग खुल गये। उसे उम्मीद थी कि उसका मर्द फिर ज़िन्दा लौट आयेगा। बस जिद्द करने लगी कि उसके घर चलो। न जान न पहचान उस मकान के सामने जाकर खड़ी हो गयी। कहने लगी कि मैं उसे बधाई दूँगी। मैंने समझाया कि वह तो तुझे पहचानती नहीं। नहीं मानी खड़ी-खड़ी मकान की ओर देखती रही। जब आँखों में आँसू भर आये तब लौटी।"

कृष्णा उठकर मधु की कुर्सी की बाँह पर बैठ गयी और उसके सिर को छाती से लगा लिया।

मधु बिलकुल चुप थी। वह एकटक सूर्य की ओर देखती रही थी। इस तरह चुप हो जाने में उसे ज़रूर बेहोशी आ जाती थी। कृष्णा यह जानती थी इसलिए उसने बात छेड़ने के अभिप्राय से कहा, "पगली! तूने स्वयं ही अपनी सबसे अमूल्य चीज़ को देश की खातिर अर्पण कर दिया है।"

मधु ने दीर्घ निःश्वास लेकर कहा, "यदि देश का इसी से भला हो सकता था उसने हम दोनों को एक साथ ही क्यों न निगल लिया। मैं देश के ३५ करोड़ को सुखी करने के लिए जीवन दे सकती हूँ परन्तु मेरी भी तो जान है। देश भर को सुखी करने के लिए मैंने अपना हृदय निकाल बाहर रख दिया है पर मैं और वे भी क्या देश का अंग नहीं?"

कृष्णा कुछ कह न सकी। वह कुछ कहना चाहती थी परन्तु उस समय कुछ कहना बेमौक़ा मालूम दे रहा था। देर हो रही थी परन्तु यों मधु को अकेली छोड़कर जाने का उसे साहस नहीं होता था। यदि उसे इस समय मूर्च्छा आ गयी तो सारी रात....कौन उसकी सुध लेगा?

यशपाल बांत्रा

१२/३/३७

Confession

"पूज्य पिता जी, श्रीचरणों में प्रणाम! मैं अपने घोर अपराध का दण्ड स्वयं ही भुगत रही हूँ इसलिए आशा करती हूँ आप और समाज मुझे क्षमा करेंगे। मेरे मन और आत्मा पर पाप की छाया किस प्रकार पड़ी, किस तरह मैंने पाप और वासना के प्रभाव को ग्रहण किया, यह मैं समझ नहीं पायी हूँ। परन्तु पाप की ओर मेरी प्रवृत्ति हुई, मेरे मन में वासना का अंकुर जमा, और उस ओर क़दम रखकर मैंने अनुचित आचरण किया। आपकी सब आशाओं को मिट्टी कर दिया। आपके और अपने मुँह पर मैंने अपने ही हाथों से कालिख पोत ली। इस अवस्था में चुपचाप इस संसार से विदा लेकर, इस असफल जीवन को समाप्त कर पापप्लुत शरीर को, इन जीर्ण वस्त्रों को यहीं छोड़ मैं परमपिता परमात्मा की असीम दया में विश्वास रख, यह प्रार्थना करती हूँ, हे सर्वान्तर्यामी दयामय विभो! मेरी निर्बलता को क्षमा करो। फिर एक बेर नर शरीर का दान मुझे दो ताकि मैं पूर्ण ब्रह्मचर्य का पालन कर अपने नये जीवन को वेदोक्त धर्म के प्रचार में लगाकर ईश्वर तुम्हारी आज्ञा का पालन कर सकूँ।

"अपनी निर्बलताओं के कारण वासना की ओर प्रवृत्ति होने से मेरा मन, और इन्द्रियलोलुपता से मेरा शरीर अपवित्र होकर मैं, अब हे परमपिता आपके सत्य अनादि और अनन्त ज्ञान का संसार में प्रचार करने के अयोग्य हो गयी हूँ। आत्महत्या के घोर अपराध की शरण ले रही हूँ। हे प्रभु! यद्यपि आत्महत्या आपकी आज्ञा के विरुद्ध है, महापातक है परन्तु इस अपवित्र शरीर से जब मैं आपकी सत्य आज्ञाओं के पालन के अयोग्य हो गयी हूँ तब इस शरीर को व्यर्थ धारण कर संसार में एक घृणित जीव की भाँति रहने से क्या लाभ? परमपिता आपके चरणों में आपकी इस अधम पुंत्री की नतमस्तक होकर यही विनय है

कि मेरे घोर अपराधों को क्षमा कर एक बार फिर अपनी सेवा का अवसर प्रदान करें। आप करुणा के सागर आपकी असीम दया के लिए हे जगन्नियन्ता कुछ भी कठिन नहीं।

"हे करुणामय परमपिता! मुझसे जो अपराध बन पड़ा है, हे दयामय उससे मेरी और दूसरी ब्रह्मचारिणी बहनों को बचाइये। आप अपनी अपरिमेय शक्ति से उनके हृदय में ज्ञान और बल का संचार कीजिये ताकि वे पाप और वासना की प्रवृत्ति का दमन कर ब्रह्मचर्य का यथावत् पालन कर सकें और अपने जीवन को सत्य विद्याओं के आदि मूल वेदोक्त ज्ञान के प्रचार से सफल बना सकें।

"पिता जी, आपने मुझे अपनी शक्ति भर ब्रह्मचर्य और सदाचार के मार्ग पर चलाने का पूरा प्रयत्न किया परन्तु न जाने कैसे मेरे मन में निर्बलता प्रवेश कर गयी। धर्मशास्त्र में कहा है कि दशेन्द्रियाँ अश्व हैं और मन सारथी है परन्तु नर-नारी के दुर्भाग्य से यह सारथी ही सबसे पहले विपथगामी होकर विद्रोही हो उठता है। इन्द्रियरूपी अश्वों को सुमार्ग पर न चलाकर दायें-बायें हाँकने लगता है। घोड़े वासना की शिलाओं से टकराकर ज़ख़्मी हो जाते हैं और यह शरीररूपी रथ जो सत्यज्ञान के भण्डार के अमूल्य रत्न को लेकर मोक्ष के लक्ष्य पर जाने के लिए परमपिता द्वारा इस संसार के मार्ग पर भेजा गया है चकनाचूर हो जाता है। ऐसा क्यों होता है? इसका कारण है वेदों के आदेश की उपेक्षा करना।

"बालब्रह्मचारी भगवान् दयानन्द सरस्वती ने हमें वह मार्ग दिखला दिया है परन्तु हम वासनाओं से आकर्षित हो भटक जाते हैं, मार्ग भूल जाते हैं। पूज्य पिता जी, मैंने माँ का सुख जाना ही नहीं। वे मेरे होश सँभालने से पहले ही परमपिता की करुणामयी गोद में जा चुकी थीं। पिता जी, आपने ही मुझे माता और पिता दोनों का स्थान लेकर पाल-पोसकर कष्ट सहनकर यह दुर्लभ मनुष्य शरीर प्रदान किया परन्तु हा दुर्भाग्य, मैंने उसकी कुछ क़दर न जानी। आपने मुझे ब्रह्मचर्य के सत्य मार्ग पर लाने के लिए क्या नहीं किया? वासना से बचाने के लिए क्या नहीं किया? बचपन में सब प्रकार के कुसंग से बचाया। पाँच वर्ष की आयु से ही मुझे पवित्र वेदमन्त्रों को याद करा दिया। नीतिं और सदाचार के श्लोक भी याद करा दिये। दोनों समय अपने साथ बिठाकर सन्ध्या और अग्निहोत्र भी कराया। बचपन में मुझे

सदा सादे और मोटे वस्त्र पहनाये, शौकीनी से बचाने के लिए मेरे सिर के बालों को भी काट दिया। घर में जूता या चप्पल भी, जैसा कि ब्रह्मचारिणियों के लिए उचित है, पहनने नहीं दिया। विवाह आदि के बुरा प्रभाव डालनेवाले दृश्यों तथा नाटक, सिनेमा, मेले, तमाशे सबसे मुझे बचाया और छह वर्ष की आयु में कन्या गुरुकुल में प्रविष्ट करा दिया जिसे महर्षि की आज्ञानुसार ब्रह्मचर्यव्रत के पालन के लिए दयालु वैदिकधर्मियों ने स्थापित किया है। और जहाँ ब्रह्मचर्य पालन तथा वेदोक्त शिक्षा का प्रबन्ध है। आज मेरी आयु साढ़े तेरह वर्ष की है। सब प्रकार से उचित वातावरण पाकर भी क्यों मैं पथभ्रष्ट हो गयी? हाय, दुर्भाग्य!

"परन्तु इसमें कुछ उत्तरदायित्व दूसरों पर भी है। नर-नारी के मन को निर्बलता से बचाने के लिए ही वेदों में बालकों और बालिकाओं के लिए गुरुकुलों की स्थापना का उपदेश दिया गया है। उन्हें सब प्रकार के अनैतिक और वासनामय प्रभाव से बचाने का उपदेश दिया गया है। परन्तु मैं अपने उदाहरण से वैदिक धर्मावलम्बी महानुभावों को यह बता देना चाहती हूँ कि कलियुग के इन गुरुकुलों का प्रबन्ध सन्तोषप्रद नहीं। जैसे मुझ पर वासना का प्रभाव पड़ा वैसे ही अन्य दूसरी ब्रह्मचारिणी बहनों के मन में भी यह वासना और शौकीनी की निन्दनीय प्रवृत्ति जाग उठी। इसका उपाय होना चाहिए, नहीं तो कन्या गुरुकुलों का उद्देश्य सफल न होगा और महर्षि आत्मा इससे दु:खित होगी।

"वेद की आज्ञा ब्रह्मचारिणियों को, गृहस्थों के संगति से बचाने की है फिर क्यों गुरुकुलों में गृहस्थी की शौकीनी के प्रभाव को पहुँचाने दिया जाता है? क्यों ब्रह्मचारियों और ब्रह्मचारिणियों को दो महीने की छुट्टी के समय नगरों में जाने की आज्ञा दे दी जाती है? सात वर्ष तक गुरुकुल में रहने के समय मुझे एक ही बेर पिता जी घर पर लाये और उसका मुझ पर इतना प्रभाव पड़ा। जो ब्रह्मचारिणियाँ प्रतिवर्ष दो मास के लिए शहरों में जा गृहस्थों में जीवन व्यतीत कर आती हैं उन पर इसका कितना गहरा प्रभाव पड़ता होगा? वास्तव में बहुत ही बुरा प्रभाव उन कन्याओं पर पड़ता है। बहुत हद तक वे ही शौकीनी, विलास और वासना की मारात्मक बीमारी को गुरुकुल में पहुँचाती हैं। जो लड़कियाँ घर छुट्टियाँ बिताकर आती हैं वे प्राय सुगन्धित तेल, साबुन, चेहरे पर लगाने की क्रीम पाउडर आदि का ज़िक्र दूसरी लड़कियों से करती रहती हैं।

महीन कपड़ों, रेशमी साड़ियों, आभूषणों, मोज़े और ऊँची एड़ी के जूतों की प्रशंसा करती हैं। दो-तीन ने यहाँ तक स्वीकार किया कि उन्होंने घर जाकर तीन किनारे की साड़ी, मोज़े, गुरगाबी पहनीं, सिर में सुगन्धित तेल लगा, टेढ़ी माँग निकालीं, क्रीम और पाउडर का व्यवहार किया, सुरमा लगाया और उसमें कुछ दोष नहीं है।

"इसमें दोष नहीं है तो दोष है किसमें? ब्रह्मचर्य का जब पालन हम लोगों ने नहीं किया तो फिर शेष क्या रह गया। एक-दो लड़कियों ने यहाँ तक कहा कि उन्होंने नवयुवकों के साथ बैठकर चाय पी और सिनेमा देखा। और वे गुरुकुल से निकलकर ब्याह कर लेंगी। मैं पूछती हूँ क्या महर्षि का उद्देश्य यही था। मैं तो आज अपने अपराध के बोझ को अनुभव कर रही हूँ और संसार से विदा लेती हूँ परन्तु समाज को सावधान किये जाती हूँ कि वे बेख़बर न रहें। गुरुकुल में जैसा कि ब्रह्मचर्य का पालन होना चाहिए वैसा नहीं हो रहा। वहाँ भी शौकीनी की बीमारी पहुँच रही है। लड़कियाँ जान-बूझकर बालों को इतना ढीला बाँधती हैं कि वे कानों पर घूम जायँ। जान-बूझकर बालों की एकाध लट छोड़ देती हैं ताकि सामने लटक जाय। जान-बूझकर कुरते की आस्तीन को कोहनी के ऊपर काट देती हैं, ताकि बाँहें ब्लाउज़ की तरह रहें। धोती का आँचल जान-बूझकर सिर से गिरा देती हैं। इन सब बातों की मनाही है। ऐसा करने से उचित दण्ड भी मिलता है परन्तु शौकीनी और विलास की इच्छा तो वहाँ पहुँच ही जाती है। वे कुरते के किनारे छिपा-छिपाकर सोजनकारी करने का यत्न करती हैं। एक लड़की ने चालाकी से धोती के किनारे ऐसे स्याही गिरा ली कि फूल की बेल-सी मालूम होने लगी। मुझे स्वयं इस प्रकार का इच्छा हुई। गुरुकुल की ब्रह्मचारिणियों को ऐसे कुसंस्कारपूर्ण दृश्यों को क्यों देखने दिया जाता है। जो अध्यापिकाएँ पढ़ाने आती हैं वे क्यों महीन इस्तरी किये कपड़े पहने रहती हैं। क्यों किनारेदार साड़ियाँ पहनती हैं। क्यों चशमा लगाती हैं, अँगूठी पहनती हैं, ब्लाउज़ और जम्पर पहनती हैं जूड़ा बाँधती हैं चप्पल या गुरगाबी पहनती हैं। और फिर क्यों हमें अश्लील पुस्तकें पढ़ायी जाती हैं? कहने को मन्त्र-तन्त्र और दूसरी पाठ्य-पुस्तकों में से अश्लील प्रकरण निकाल दिये जाते हैं परन्तु क्या दूसरी पुस्तकों में अश्लीलता नहीं भरी हुई। महर्षि ने ऐसी पुस्तकें ब्रह्मचारिणियों के लिए वर्जित की हैं। हमें मेघदूत और शकुन्तला नाटक के बहुत-से अंश निकालकर पढ़ाया जाता है। परन्तु उन छिपाये गये अंशों को पढ़ने की इच्छा हमें न होती होगी? क्या वाल्मीकि रामायण में अश्लीलता नहीं है?

उसमें क्या नहीं लिखा है, "व्यूढ़ोरस्को वृषस्कन्ध: शाल प्रांशुर्महा भुजा"। कुमारी ब्रह्मचारिणियों को यह जानने की क्या आवश्यकता है कि पुरुष का शरीर सुन्दर और आकर्षक होता है? हमें यह क्यों बताया जाता है कि दुष्यन्त शकुन्तला के रूप पर मोहित हो गया था? यह जानकर क्या मन में यह भाव नहीं उठता कि किसी दिन कोई हमारे रूप पर भी मोहित होगा। और यह सौन्दर्य की चर्चा ब्रह्मचारिणियों को क्यों सुनायी जाती है? परमपिता परमात्मा के सिवा संसार में सुन्दर कौन है? प्राकृतिक सौन्दर्य का आकर्षण ब्रह्मचर्य के लिए घातक है। यह गुरुकुल में फुलवारी क्यों लगायी जाती है? और फूल तोड़कर हार बनाने की इच्छा होने पर या जब बालों में फूल खोसने को मन चाहता है तो क्यों बुरा कहा जाता है? वह वार्षिक उत्सव करके सुगन्ध और श्रृंगार की हुई नगर की स्त्रियों को क्यों बुलाया जाता है और हमारे मन में जलन क्यों पैदा की जाती है। यह अध्यापिकाओं के गाल केले के नये पत्ते की तरह क्यों चिकने और मुलायम रहते हैं? ब्रह्मचारिणियों का आश्रम सृष्टि के उस कोने में होना चाहिए जहाँ इन वासनामय प्रभावों की पहुँच न हो। पर वह स्थान कहाँ है? इन फूलों पर तितलियों को क्यों मँडराने दिया जाता है? इन पक्षियों को क्यों गुरुकुल में व्यभिचार करने दिया जाता है? क्या इसका प्रभाव बुरा नहीं पड़ता? हमें पुरुषों के चित्र क्यों देखने दिये जाते हैं? हमें यही क्यों बताया जाता है कि पुरुष संसार में होते हैं और स्त्री का ब्याह उससे होता है! यही जड़ है सब रोग की। इस प्रकार के व्यभिचार से ब्रह्मचारिणियाँ कैसे बच सकती हैं? माना कि दर्पण हमें नहीं दिया जाता परन्तु हमें लोटे के जल में क्यों मुख देखने दिया जाता है। हमें यह क्यों बता दिया जाता है नेत्र विशाल और केश लम्बे अच्छे होते हैं। यह चीज़ें अच्छी क्यों होती हैं? केवल श्रृंगार की भावना है, विलासिता है, मन का अब्रह्मचर्य है, पतन है। और मैंने क्या किया? मुझे क्यों पाप की अग्नि से झुलसकर शान्ति के लिए परमपिता की गोद में प्रवेश करना पड़ रहा है? वेद के सत्य का प्रचार क्या वे ब्रह्मचारिणियाँ कर सकती हैं जिनके मन में पाप की, अब्रह्मचर्य की भावना यों प्रविष्ट हो गयी हो?

"गुरुकुल के ब्रह्मचर्याश्रम में रहते हुए ही यों मेरे मन में विलासिता की छाया पड़ सकी थी परन्तु अधिष्ठात्रियों के मुख से सदुपदेश सुनकर मैं उसका दमन करती रही। आख़िर मेरे दुर्भाग्य से वह दिन आया कि पिता जी आप मुझे इस वर्ष बहुत कमज़ोर हो जाने के कारण दो मास की छुट्टी में घर ले आये।

मैं अमृतसर आते ही चकाचौंध हो गयी। कुछ सोचने या विचारने तक की शक्ति मुझमें न रही। श्रृंगार से लदी हुई सुगन्ध उड़ाती हुई इन सब स्त्रियों को देखकर मैं यह याद न रख सकी कि मेरे जीवन का पवित्र आदर्श क्या है? इस विलास की नगरी में विलासिता की जीवित पुतलियों के बीच आ मैं सब-कुछ भूल गयी। पिता जी घर में और कोई स्त्री न होने के कारण यह उचित समझा कि मुझे ताऊ जी के यहाँ स्त्रियों तथा लड़कियों के बीच रखा जाय! यदि आप मुझे अपने पास अकले रखते तो शायद मेरे लिये वही अच्छा होता। ताई जी, भाभी, 'मृणाल' और 'पद्मा' के बीच आकर मैं कैसे लगती हूँ? ये लोग मुझे 'जंगली बकरी' कहती हैं। यहाँ आकर मैं केवल देखती रही, सोचा या समझा मैंने कुछ भी नहीं। यहाँ आकर मैंने देखा ताऊ जी के सिवा सन्ध्या कोई भी नहीं करता। हवन भी केवल ताऊ जी एक ही समय करते थे। सन्ध्या समय मैं अकेली ही हवन करती थी। १६ आश्विन की सन्ध्या को मैं हवन न कर सकी, बातें सुनती रही और बिना हवन किये भोजन कर लिया।

"१७ को प्रात:काल मृणाल ने मुझसे कहा, 'दरबार साहिब' घूमने चलो। मेरी इच्छा भी उसके साथ जाने की हो गयी। वे मुझे अपने साथ ब्रह्मचारिणी रूप में न ले जाना चाहती थीं। मृणाल ने मुझे अपनी साड़ी दी और धोती बदल लेने को कहा। मैंने उसका कहना मान लिया। मैंने रेशम की साड़ी पहनी। गुरगाबी पहन ली ब्लाउज़ भी पहन लिया।

"हम 'दरबार साहिब' गयीं। बाज़ार में जगह-जगह बड़े शीशों में मुझे अपनी आकृति दिखायी देती थी तो मैं मुस्करा देती थी। मेरा मन भटक रहा था। मैंने न रास्ते में कुछ देखा न सुना। लौटकर आयी तो वह मृणाल के कपड़े उतारने को मेरा मन न हुआ। मैंने उसकी आलमारी की चीज़ों को देखा। उसमें पाउडर था क्रीम थी, सुगन्ध इतर, होंठ रँगने की बत्ती, नाखून रँगने का रंग और बहुत-सी चीज़ें जिन्हें मैं नहीं पहचानती थी। मैंने मृणाल की चीज़ों को देखा फिर छज्जे पर खड़ी हो इधर-उधर देखती रही। मैंने गली में देखा एक नौजवान स्त्री मृणाल की ही तरह सजी हुई जा रही थी। उसके साथ एक नौजवान था। वे दोनों मुस्कराते बातें करते जा रहे थे। उन दोनों ने बाँहें मिला रखी थीं। सहसा मेरे मन में इच्छा हुई कि मैं दौड़कर जाऊँ और स्त्री को हटाकर उसकी जगह नवयुवक की बाँह-में-बाँह डालकर चलने लगूँ। वे लोग चले गये। मैं लौटकर मृणाल की श्रृंगार की आलमारी के सामने आ खड़ी हुई। ज्ञान की आँखों पर अज्ञान की पट्टी बँध गयी थी, मन पाप पंक में फँस गया।

मैंने अपने पर बिन्दी लगायी, फिर पाउडर लगाया। बिन्दी मध्यम पड़ गयी उसे फिर लगाया। होंठ की बत्ती लगायी। सिर के बाल टेढ़े करके माँग सँवारी, सुगन्ध लगायी। और फिर उस गली में जानेवाले स्त्री की तरह आँचल कन्धे पर गिराकर मैंने कमर पर हाथ रखकर देखा। उस समय मेरा मन पाप की सीमा तक पहुँच चुका था।

"मैं इस अन्तिम समय सत्य को छिपाने का पाप न करूँगी—मेरे मन में इच्छा हुई कि मेरा ब्याह हो जाये। इसी समय हो जाय। मैं गुरुकुल न जाऊँगी। मैं फिर छज्जे पर आ गयी। सामने जो भी अच्छे कपड़े पहने नवयुवक जाता दिखायी देता, मेरी इच्छा होती कि उसी से मेरा विवाह हो जाय।

"उसी समय छज्जे पर आहट सुनकर मैंने घूमकर देखा तो आप खड़े थे। मुझे उस अवस्था में आप बहुत देर तक आश्चर्य और घृणा से देखते रहे और बिना कुछ कहे ही लौट गये। मैं लज्जा और आत्मग्लानि से पसीना-पसीना हो गयी।

"पूज्य पिता जी उस समय मुझे ज्ञान हुआ कि मैंने क्या किया है? बहुत देर तक मैं अपने पापाचरण के लिए पश्चात्ताप करती रही। मैंने देखा कि मैंने ब्रह्मचर्याश्रम को वासना की आग में झोंक दिया है। मैंने वैदिक शिक्षा और गुरुकुल को कलंकित किया है। मैंने आपकी आशाओं को मटियामेट कर दिया है और आपको कलंकित किया है। मेरे जीवन का जो उद्‌देश्य ब्रह्मचर्यपूर्वक वैदिक शिक्षा ग्रहण कर वेद के सत्य ज्ञान का प्रचार करना था उस उद्‌देश्य के योग्य मेरा यह जीवन शेष नहीं रहा है। अब इस कलंकमय शरीर को बचाकर रखने से क्या लाभ? कुमारिल भट्ट ने अपने पाप का प्रायश्चित्त तुषों की अग्नि में झुलसकर किया था—क्योंकि उसने अपने ज्ञान के पिता बौद्ध धर्म के आचार्यों को धोखा दिया था। पिता जी मैंने आपको धोखा दिया है इसलिए मैं भी अपने पाप का प्रायश्चित्त प्राणान्त द्वारा ही कर रही हूँ। मेरी आत्मा प्रायश्चित्त द्वारा निर्मल हो जायगी परन्तु इस कलंकित शरीर और मन का मैं अन्त कर रही हूँ, अब कुछ ही क्षणों की देर है। आप इस कलंकिनी, विश्वासघातिनी का मुख जीवित अवस्था में नहीं देख सकेंगे। मैंने 'विष' खा लिया है। और कोई विष मुझे यहाँ नहीं मिल सका इसलिए मैंने शहद और घी मिलाकर खा लिया है। मुझे मृत्यु से कुछ भय नहीं है, मुझे कुछ पीड़ा नहीं अनुभव हो रही और न मैं पीड़ा से डरती हूँ। मुझे केवल पश्चात्ताप है तो इस बात का कि मैं जीवन के पवित्र मार्ग से विचलित हो गयी। परमपिता परमात्मा मुझे पुनर्जन्म में सद्‌बुद्धि

प्रदान करें ताकि मैं उनके ज्ञान की ज्योति को जो उन्होंने वेदों द्वारा प्राणिमात्र के उपकार के लिए सृष्टि के आरम्भ में अर्पण की है मनुष्य मात्र में प्रचार कर सकूँ। हे दयामय पिता परमात्मा आप मेरे पिता जी को मुझ कलंकिनी के द्वारा दिये जानेवाले सन्तान वियोग को सहन करने की शक्ति प्रदान कीजिये। मैं इस कलुषित जीवन द्वारा उन्हें लज्जित नहीं करना चाहती।

"मुझे विष खाये हुए पाँच घण्टे हो गये। अभी तक सिवाय मतली आने के मुझे कुछ कष्ट अनुभव नहीं हुआ। हे प्रभु! अब और देरी न करो। इस पापिन को प्रात:काल लोगों के जागने से पहले अपनी करुणामय गोद में बुला लो। अब मैं अपना कलंकित मुख किसी को नहीं दिखाना चाहती।

"लेकिन मैं जाते समय आर्य पुरुषों से यह प्रार्थना करके जाना चाहती हूँ कि यदि वे वास्तव में ब्रह्मचारिणियों द्वारा जगत् का कल्याण चाहते हैं तो ब्रह्मचारिणियों के आश्रम को विलासिता और शृंगार के सभी प्रकार के प्रभावों से बचाकर रखना चाहिए ताकि दूसरी बहनें मेरी तरह पथभ्रष्ट न हो सकें। ब्रह्मचर्याश्रम ऐसी जगह होने चाहिए जहाँ किसी भी प्रकार स्त्री-पुरुष और शृंगार शौकीनी के भाव की पहुँच न हो, परन्तु ऐसा स्थान सृष्टि के किस कोने में होगा? फूल तितलियाँ, मक्खियाँ, चिड़ियाँ, तोते, कबूतर यह पक्षी कहाँ नहीं पहुँच पायेंगे? क्या ब्रह्मचारिणियों के आश्रम में रहनेवाले जीवों को भी ब्रह्मचर्याश्रम की शिक्षा नहीं दी जा सकती? ऐसे अनेक कारण हैं जो ब्रह्मचर्य के लिए घातक हैं। कण्व ऋषि के आश्रम में शकुन्तला क्यों पहले ही प्रलोभन में फँस गयी? अवश्य आश्रम निवासी विवाहित तपस्वियों और जीव-जन्तुओं की जीवनचर्या का प्रभाव उस पर पड़ा होगा। शकुन्तला का चरित्र कुछ आदर्श नहीं था। फिर भी उसकी कोई निन्दा नहीं करता। क्यों वह वन्य पुष्पों से शृंगार करती थी? क्यों दुष्यन्त को देखते ही स्वयमेव उसके मन में विवाह-सम्बन्धी इच्छा उत्पन्न हुई? क्या यह सब उचित था? उमा ने क्यों पति के लिए तपस्या की? कौमार्य जीवन में पति की कामना करना क्या मानसिक ब्रह्मचर्य है? पर वह तो पवित्रता का आदर्श है फिर...अब क्या मैं तो आदर्श से गिर ही गयी और उसका प्रायश्चित्त मैं प्राण त्याग द्वारा कर रही हूँ। लेकिन अभी तक विष ने अपना प्रभाव नहीं दिखाया।

यह क्या... 'दरबार साहिब' जानेवाली स्त्रियाँ आहिस्ता-आहिस्ता हरि कीर्त्तन करती हुई उठने लगीं। क्या प्रात:काल लोगों को अपना कलंकित मुँह दिखा देने के पश्चात् लज्जा और लांछना लेकर ही मुझे संसार से विदा

मिलेगी? मृणाल और पद्मा के सामने जो मुझे जंगली बकरी समझती हैं मैं कैसे आँखें ऊँची करूँगी। वे भी कुमारी हैं। संसार की कल्पना में जितना शृंगार हो सकता है वे सब उसे करती हैं परन्तु उन्हें न लज्जा है न आत्मग्लानि। उन्हें न कोई लांछित करता है न प्रतारणा देता है। सब उन्हें प्यार करते हैं। वे अभिमान में सिर उठाकर चलती हैं। पाप क्या मेरे लिये ही है? उनके लिए नहीं? पिता जी आपने मेरी ओर किस तिरस्कार दृष्टि से देखा था। क्या आप मृणाल और पद्मा को कभी इस दृष्टि से देख सकते हैं? आँखें झपकने लगीं हैं...पिता परमात्मा मुझे अब अपनी करुणामयी गोद में बुला रहे हैं—ये जम्हाई आ रही है—क्या यह निद्रा है?....यह आज की मेरी निद्रा चिर निद्रा हो। ओम् तत्सत्...।

यशपाल बांटड़ा
२२/३/३७

An Honest Black Mail

एक बड़ा और शानदार दफ़्तर का कमरा है। फर्नीचर विलायती है लेकिन पर्दे वगैरह रेशमी छपे हुए देशी हैं। बीच में कैबिनेट टेबल है उसके पास एक रिवोल्विंग चेयर है। अँगीठी की चौड़ी कानस पर एक ओर महात्मा गाँधी और दूसरी ओर लोकमान्य तिलक की आधे धड़ की मूर्तियाँ रखी हैं। मेज़ के दूसरी ओर दो कुर्सियाँ रखी हैं। फ़र्श पर नीचे बढ़िया कालीन बिछे हैं। सभी सामान क़ीमती और सोफ़ियाना ढंग का है। दायीं ओर के रेशमी पर्दे से ढके दरवाज़े से लाला मानचन्द ने कमरे में प्रवेश किया। और रिवोल्विंग चेयर पर बैठ गये। गाँधी टोपी सिर से उतारकर उन्होंने मेज़ पर एक ओर रख दी और खद्दर के कोट के ऊपर के दो बटन खोल दिये। मेज़ पर रखी हुई चाँदी की घण्टी को दबाया। बरामदे के दरवाज़े से परदा हटाकर नौकर कमरे में आया। मानचन्द ने आँख से छत के पंखें की ओर संकेत किया। नौकर ने बिजली स्विच घुमाकर पंखा चला दिया। कुर्सी की पीठ पर सिर टिकाते हुए कहा, "एक सिगरेट दो।" नौकर ने मेज़ पर रखे हुए 'चर्खा' मार्का सिगरेट के डिब्बे को खोल सामने हाजिर किया। लाला मानचन्द ने हाथ से उसे हटा देने का इशारा कर कहा, "दूसरा दो।" डिब्बे को मेज़ पर रख भीतर जा नौकर "Pal Mall Black and White" का एक डिब्बा उठा लाया और खोलकर सामने हाजिर किया। एक सिगरेट लाला मानचन्द ने ले होंठों में दबा लिया। नौकर ने एक दियासलाई जला सिगरेट पर लगा दी। लाला मानचन्द दो-तीन कश खींच चुके तब नौकर ने कहा, "उन्हें अब बुलाऊँ?"

लाला मानचन्द ने भौंहें समेटकर पूछा, "किसे?"

नौकर ने उत्तर दिया, "वो कांग्रेसवाले वालण्टियर!"

लाला मानचन्द ने सिगरेट का धुंआ निकालते हुए कहा, "वे गये नहीं?"

नौकर—"नहीं साहब बरामदे में बैठे हैं।"

लाला मानचन्द ने कहा, "अच्छा भेज दो।"

नौकर बाहर गया और दो कांग्रेस वालण्टियर भीतर आये। उनके धोती और कुर्ते मैले थे। चेहरे से थकावट मालूम होती थी, एक के कन्धे पर खद्दर की चादर पड़ी थी। उन्हें देखने से मालूम होता था कि धूल भरी सड़क पर सफ़र करके आये हैं। उस सजे हुए कमरे में वे बिलकुल विरूप जान पड़ते थे। कमरे के भीतर आ वन्दे मातरम् कह वे लोग मेज़ के सामने खड़े हो गये।

लाला मानचन्द ने उन्हें कुर्सी पर बैठने के लिए नहीं कहा। वालण्टियरों की ओर देखकर उन्होंने पूछा, "कहिये?"

कन्धे पर चादर रखे हुए स्वयंसेवक ने मेज़ के बायीं ओर आ दोनों बाँहों को सामने बाँधकर कहा, "आपसे कुछ निवेदन करना है। हम लोग 'बिदना' गाँव से आ रहे हैं। गाँव की हालत बहुत ख़राब है। किसानों ने बड़ी वीरता से परिस्थिति का सामना किया है परन्तु यदि इस समय उन्हें सहायता न मिली तो किया-कराया सब काम तबाह हो जायगा बल्कि गाँववालों पर बहुत ही उलटा असर पड़ेगा। जिन लोगों ने लगान नहीं दिया उनका सब माल-मत्ता कुरक हो गया है। उनके हल, बैल, बर्तन, भाँड़े, कपड़े सब-कुछ जब्त हो गया है। उनके पास मुँह में डालने को इस समय दाना तक नहीं है। औरतों के शरीर पर कपड़े तक ऐसे हैं कि उनके लिए बाहर पानी तक लेने जाना सम्भव नहीं। उनके बच्चे भी हैं। मर्द-औरतें तो जिस तरह भी हो पेट दबाकर दो दिन रह सकते हैं लेकिन बच्चों का तड़पना वे कैसे देख सकते हैं। यदि इस समय हम उनके मुँह में दाना न दे सकेंगे तो आप समझ लीजिये उनकी क्या अवस्था होगी और दूसरे लोगों पर क्या प्रभाव पड़ेगा। हम लोग उन्हें सान्त्वना देकर आये हैं कि कांग्रेस तुम्हारी ओर से बेपरवाह नहीं है। इस समय तक वे लोग सब-कुछ सहकर भी अभी तक दबे नहीं हैं। परन्तु भूख और बच्चों का तड़पना इसके सामने तो कोई उपदेश काम नहीं कर सकेगा। कांग्रेस की आज्ञा से उन्होंने अपना सब-कुछ क़ुर्बान कर दिया है। अब वे कांग्रेस की ओर प्राण रक्षा के लिए देख रहे हैं।"

लाला मानचन्द ने एक लम्बी साँस खींचकर पूछा, "तो क्या करना चाहिए?"

स्वयंसेवक ने कहा, "कम-से-कम उन लोगों के लिए दिन में एक दफ़े पेट भरकर रोटी का प्रबन्ध हो जाना चाहिए। दो दिन तो हम लोगों ने भुना चना बाँटकर उन्हें रखा है परन्तु आज कुछ न रहने से हम यहाँ आये हैं।"

लाल मानचन्द ने चिन्तित स्वर में कहा, "आप तहसील कमेटी के मन्त्री के पास क्यों नहीं गये?"

स्वयंसेवक ने अपने नंगे सिर साथी की ओर संकेत कर कहा, "यह कहते हैं इनके पास एक पैसा भी शेष नहीं। दो दिन तक इन्होंने जो कुछ हो सकता....इनका सब-कुछ कुर्क हो गया है। मकान [पर] कुर्क अमीन का ताला पड़ा है।"

लाला मानचन्द ने तहसील कमेटी के मन्त्री की ओर देखकर पूछा, "आप उन लोगों के लिए कुछ चन्दा क्यों नहीं जमा करते?"

मन्त्री ने कहा, "साहब वहाँ किसी के पास कुछ है ही नहीं। और यदि कोई दो सेर अनाज दे भी सकता था तो वह पुलिस के डर के मारे नहीं देगा। हम सब-कुछ करके हार गये।"

लाला मानचन्द ने ठोड़ी पर हाथ रखकर कहा, "आपको जिला कांग्रेस कमेटी के पास जाना चाहिए था।"

"वे सब लोग भी शायद दूसरे गाँवों में गये हुए हैं। सुबह हम लोग सब जगह हो आये हैं। हमें कोई भी न मिला। इस समय परिस्थिति आपके हाथ में है। इन लोगों के प्राण और कांग्रेस की नाक सब आपके हाथ में है।"

लाला मानचन्द ने खिन्न होकर कहा, "मेरे हाथ में क्या है? मैं क्या कर सकता हूँ। इस तरह तो काम नहीं चल सकता। सबको अपने-अपने भरोसे अपने पैरों पर खड़े होकर देश का काम करना चाहिए। देश किसी एक का ही तो है नहीं। उसके लिए कष्ट भी सभी को उठाना पड़ेगा। उन लोगों के हाथ-पैर हैं। वे मज़दूरी कर सकते हैं पर बैठकर उन्हें कौन कितने दिन तक खिला सकेगा।"

स्वयंसेवक के चेहरे पर निराशा और क्रोध की छाया फैल गयी। उसने कहा, "गाँवों में यदि मज़दूरी मिल सकती तो हम यहाँ तक क्यों दौड़े आते साहब? उन लोगों को वहाँ से किसी शहर तक पहुँचाने के लिए भी तो रुपये की ज़रूरत है। और फिर इस तरह उन लोगों को घर-बार गँवा मटियामेट हो गाँव से नेस्तनाबूद हो जाते देख क्या दूसरे लोग कांग्रेस की बात सुनने को तैयार होंगे? वैसे आप लोग जो आज्ञा देंगे वही किया जायगा। फिलहाल तो दस-पाँच रोज़ के लिए उन लोगों को एक मूठ अनाज मिलना ही चाहिए।"

लाला मानचन्द ने मेज़ पर हाथ पटककर कहा, "साहब मेरे यहाँ रुपया पेड़ों पर नहीं फलता। आपको मैं जवाब दे चुका हूँ। मेरा सिर न खाइये। अभी पिछले महीने रिसेप्शन कमेटी की प्रेसीडेण्टी में मैं सत्रह सौ रुपये का दण्ड भुगत चुका हूँ। जब देखो कांग्रेस के लिए चन्दा देने की जिम्मेवारी मेरे ही सिर

पर है। मैं ख़ुद ग़रीब आदमी हूँ। उस वक़्त गाँधी जी को बुलाकर सब लोग एक तरफ़ हो गये [तो] थैली की रक़म मुझे ही पूरी करनी पड़ी। मैं ख़ुद करज़े के मारे परेशान हूँ। मैं जब जेल गया था इतना मेरा नुकसान हुआ उसे किसने पूरा कर दिया। ना जाने आप लोग ख़याल क्या करते हैं? मैं अपना सिर बेचकर आप लोगों को रुपया ला दूँ?"

लाला मानचन्द के माथे पर त्योरियाँ पड़ गयीं। खड़े हुए स्वयंसेवकों की ओर न देखकर उन्होंने मेज़ पर पड़ी हुई डायरी के कुछ पन्ने पलटे। फिर रेक में से काग़ज़ खींच फाउण्टेनपेन उठा कुछ लिखने के लिए तैयार हुए और चर्खा मार्का डिब्बे से एक सिगरेट निकाल उन्होंने सिगरेट सुलगाया।

लाला मानचन्द ने मेज़ पर की घण्टी दबायी। नौकर भीतर आया। लाला जी ने कहा, "केवल को बुलाओ।"

नौकर ने कहा, "केवल बीबी जी को गाड़ी पर लेकर गया है।"

लाला—"कब गया? कब लौटेगा?"

नौकर—"अभी ही गया है।"

"अच्छा! ठहरो"—कहकर लाला जी ने पाँच-दस लाइनें काग़ज़ पर लिखीं और काग़ज़ को लिफ़ाफ़े में रख नौकर को देकर कहा, "अभी जाओ यह लिफ़ाफ़ा दत्त साहिब के यहाँ बाइसकिल पर ले जाओ-आधे घण्टे से पहले लौटकर आओ।"

नौकर के चले जाने के बाद स्वयंसेवकों की ओर देखकर लाला मानचन्द ने कहा, "मैं आप लोगों को जवाब दे चुका हूँ। मुझे इस समय ज़रूरी काम है।"

दोनों वालण्टियर लौटकर बरामदे में खड़े होकर बहुत आहिस्ते से कुछ बातचीत करते रहे। तीन मिनट बाद वे फिर कमरे में आये। चादर कन्धे पर रखे हुए वालण्टियर की आँखें लाल हो रही थीं। मालूम होता था अभी हाल में उनके आँसू पोंछे गये। कमरे में आहट सुन लाला मानचन्द ने आँख उठा ऊपर देखा। स्वयंसेवकों को फिर लौटते देख वे विस्मित हो गये।

चादर कन्धे पर रखे हुए स्वयंसेवक ने विनीत स्वर में नमी भरी आँखों से कहा, "लाला जी हम उन लोगों को आश्वासन देकर आये हैं। हम उन्हें क्या मुँह दिखलायेंगे। मेरे पास कुछ है नहीं, एक छोटा मकान 'पियरिया' मुहल्ले में है आप उसी को गिरवी रखकर मुझे कुछ रुपया दिला दीजिये।"

लाला जी ने तुनुककर कहा, "जी मैं ऐसा साहूकारा नहीं करता-फिरता हूँ।"

लाला का उत्तर सुन वालण्टियर ने झपटकर उनका गला दबोच लिया। लाला के मुँह से केवल 'है!' का शब्द निकल सका और आँखें चढ़-सी गयीं। दूसरे वालण्टियर ने आगे बढ़ उनके दोनों हाथ पकड़ लिये और चादर में से आध गज के क़रीब सीधा कपड़ा फाड़ उसे बट देकर लाला के हाथ को कसकर बाँध दिया। फिर लाला की जेब से उनका रेशमी रूमाल निकालकर उसे उनके मुँह में ठूँसने लगे। बड़े कष्ट से लाला ने कहा, "सु-सु सुनो तो।"

चादरवाले वालण्टियर ने आहिस्ते से कहा, "चिल्लाओगे तो जान निकाल दूँगा।"

लाला ने कहा, "एक बात।"

वालण्टियर ने ज़रा उँगलियों को ढीला कर दिया।

तीन-चार लम्बी साँस लेकर लाला ने कहा, "कितने रुपये से आपका काम चल जायगा।"

वालण्टियर ने घृणा से उत्तर दिया, "मुझे अपने मतलब के लिए रुपया नहीं चाहिए। मुझे उन भूखे मरते लोगों के पेट में दो मुट्ठी अनाज डालना है। मैं सब-कुछ करके हार गया हूँ। उन लोगों ने लगानबन्दी आन्दोलन में हम लोगों के कहने से योग दिया है। उनके मरने की जिम्मेवारी भी हमारे ही सिर है। मैं उन्हें अपनी आँखों भूखा मरता नहीं देख सकता चाहे उसके लिए मुझे कुछ ही क्यों न करना पड़े चाहे मैं फाँसी पर लटक जाऊँ पर यह न देख सकूँगा।"

लाला ने कहा, "इस वक़्त एक सौ रुपये से आपका काम चल जायगा? मेरे पास यहाँ इससे अधिक नहीं है?"

स्वयंसेवक ने कहा, "चल जायगा। और लाला का गला छोड़ दिया। उनके हाथ भी खोल दिये।"

लाला ने वालण्टियरों को कुर्सियों की ओर संकेत कर बैठने के लिए इशारा किया और कहा, "रुपया मुझे साथ के कमरे से लाना होगा", यह कहकर उठ खड़े हुए।

स्वयंसेवक ने कहा, "चलिये कुछ हरज़ नहीं।" तीनों आदमी परदा हटा दूसरे कमरे में चले गये। एक मिनट बाद लौटकर लाला ने उनसे फिर बैठने के

लिए कहा और स्वयं भी बैठ गये। स्वयंसेवक नोट जेब में रख खड़े रहे।

लाला ने रूमाल से चेहरे का पसीना पोंछते हुए कहा, "दरअसल बात यह है कि दूध जला छाछ फूँक-फूँककर पीता है। मुझसे तीन-चार आदमी पहले कुछ रुपया इसी तरह ले गये। बाद में मालूम हुआ कि यह रुपया जिस मतलब से दिया गया था उसमें नहीं लगा। आप समझ सकते हैं रुपया यदि ठीक जगह लगे तो मेरे पास है ही क्या फिर भी मैं जो कुछ भी अपने तक को बेचकर लगा सकता हूँ। मेरा है ही क्या? जो कुछ है देश का ही है। आप लोग जो कुछ कर रहे हैं उसके लायक़ शक्ति मुझमें है नहीं। फिर भी जो कुछ है उससे इनकार नहीं। सन् '३० में जेल गया था। लेकिन फिर सेहत की वजह से मेरे लिये यह सम्भव न हो सका। दिल की बीमारी का क्या भरोसा? (मुस्कुराकर) पर भाई हो तुम बड़े बेढब। इसी को कहते हैं By all means. And all is fair in love and war. और तुम love में भी हो और war में भी। ठीक है न! love देश से और war गवर्नमेण्ट से। ख़ैर इस रुपये की सूचना city के secretary को दे देना ताकि हिसाब में शामिल हो जाय...या रहने देना Need not worry for such a trifle. लेकिन महात्मा जी तुम्हारे इस साहस को सुनें तो क्या कहें—ख़ैर तुम्हारा अभिप्राय तो स्वार्थ का नहीं। Brave soldiers! I will be glad to see you again."

लाला जी ने हाथ बढ़ाकर दोनों से हाथ मिलाया। चादर ओढ़े हुए युवक ने द्रवित कण्ठ से कहा, "आपके साथ जो अभद्रता का व्यवहार हमने किया उसके लिए हम बहुत लज्जित हैं। लेकिन परिस्थिति भी तो आपसे छिपी नहीं। उसे आप लड़कों की भूल समझकर ध्यान न दीजियेगा।"

स्वयंसेवक चले गये।

एक मिनट हाथ की उँगली दाँत तले दबाकर लाला मानचन्द ने कुछ सोचा फिर दाँत पीसकर उन्होंने कहा, "Damn it, to blackmail me like this!"

: २ :

सेशन की अदालत में दोनों वालण्टियर हथकड़ी-बेड़ी पहने एक ओर कटघरे में खड़े हैं। उनके समीप पुलिस का एक सिपाही है। एक नौजवान वकील खद्दर की कोट पतलून पहने इन दोनों वालण्टियरों के समीप खड़ा है मानो उनसे अभी सलाह कर चुका है।

Court Inspector ने Lower Court की मिसिल पेश की और अपने पहले गवाह Sub-inspector incharge कोतवाली को बयान के लिए पेश किया। सब-इन्स्पेक्टर ने बयान दिया—

सुबह नौ बजे के क़रीब मुझे हेड कान्स्टेबिल ने ख़बर दी कि टेलीफ़ोन पर मुझे लाला मानचन्द बुला रहे हैं। टेलीफ़ोन पर मुझे लाला मानचन्द ने कहा कि अभी दो बदमाश जो खद्दर के कपड़े पहने हुए थे मेरे यहाँ आये थे और मुझे छुरा दिखाकर मुझसे एक सौ रुपया ज़बरदस्ती ले गये हैं। उनमें से एक का रंग साँवला है वह खद्दर का कुर्ता और निकर पहने है और उसके कन्धे पर एक चादर है, दूसरा सिर्फ़ खद्दर का कुर्ता और निकर पहने है उसके सिर पर गाँधी टोपी है। मुझे लाला मानचन्द ने यह भी कहा कि उनके ख़याल में बदमाश लोग या तो सदर बाज़ार की तरफ़ गये होंगे या स्टेशन की तरफ़। मैं फौरन दो कान्स्टेबिल लेकर सदर बाज़ार की तरफ़ से स्टेशन को चल पड़ा और स्टेशन पर Railway Police को मैंने फ़ोन पर बदमाशों का हुलिया बता दिया और उन्हें हिरासत में ले लेने के लिए कह दिया। मुझे स्टेशन तक जाने में कोई आदमी इस हुलिये का नहीं मिला। लेकिन लौटते वक़्त ज़रूर स्टेशन से एक फर्लांग के फासले पर मैंने इन दोनों मुलज़िमों को गिरफ़्तार किया। तलाशी लेने पर इनमें से मुसम्मी ज्ञानचन्द के पास से दस-दस रुपये के दस नोट बरामद हुए। मैंने दोनों को हिरासत में ले लिया। मैंने लौटकर मुलज़िमों को आगाह किया कि उन्हें लाला मानचन्द की रिपोर्ट पर जेल दफ़ा ३९५ ताज़ीरात हिन्द डकैती के जुर्म में हिरासत में ले लिया जाता है। पूछने पर इस मुलज़िम ने जो कुर्ता निकर चप्पल और चादर कन्धे पर रखे था ज्ञानचन्द बताया दूसरे ने अपना नाम धनसिंह बताया। सकूनत, पेशा और क़ौम पूछने पर उन्होंने जवाब दिया, सकूनत हिन्दुस्तान पेशा हिन्दुस्तान की सेवा, क़ौम हिन्दुस्तानी बताया। लाला मानचन्द को फ़ोन पर इत्तला दी। उन्होंने मुलज़िमों को पहचान लिया। और उनके नौकर दुलारे ने भी उन्हें पहचान लिया। मैंने उनकी रिपोर्ट दर्ज़ कर ली। लाला मानचन्द की रिपोर्ट वही थी जो उन्होंने फ़ोन पर मुझसे की थी। मैंने रिपोर्ट पर उनका दस्तख़त ले लिया। किशन ने जो लाला मानचन्द का नौकर है बयान दिया कि जब वह लाला मानचन्द के हुकुम से एक चिट्ठी लेकर दत्त साहिब के मकान पर जा रहा था उसने दो खद्दर के कपड़े पहने नौजवानों को मकान के सामने सड़क पर मुश्तवा हालत में घूमते हुए देखा था। किशन ने इन दोनों मुलज़िमों को पहचान लिया। मैंने उसके बयान उसका अँगूठा ले लिया।

सेशन जज ने पहले सरकारी वकील से पूछा, "आप गवाह से कुछ और पूछना चाहते हैं?" वकील के इनकार कर देने से सेशन जज ने मुलज़िम के वकील से कहा, "आप गवाह से ज़िरह कर सकते हैं।"

वकील ने हाथ के काग़ज़ को खोल लिया लेकिन उस तरफ़ देखे बिना ही सब-इन्स्पेक्टर से प्रश्न किया—"इन्स्पेक्टर साहब आपको शहर की इस कोतवाली में काम करते काफ़ी समय हो गया है, क्यों?"

सब-इन्स्पेक्टर—"जी हाँ, तीन बरस और कुछ और ज़्यादा।"

वकील—"शहर के बड़े आदमियों से तो आपकी इस अरसे में काफ़ी जान-पहचान हो गयी होगी?"

इन्स्पेक्टर—"जी हाँ, बहुतों को मैं पहचानता हूँ। शायद कुछ को नहीं भी पहचानता।"

वकील—"आपका उनसे मिलना-जुलना रहता है?"

इन्स्पेक्टर—"काम पड़ने पर जिससे ज़रूरत होती है मिलता हूँ।"

वकील—"काम पड़ने से आपका मतलब?"

इन्स्पेक्टर—"यानी तहक़ीक़ात और इन्तज़ाम के मुतल्लिक़।"

वकील—"वैसे दोस्ताने और रसूख से पार्टी वगैरह में भी?"

इन्स्पेक्टर—"पार्टियों में जाने की फ़ुर्सत मुझे नहीं रहती कभी फ़ुर्सत रहने पर चला भी जाता हूँ।"

वकील—"इस शहर में तीन साल में आपने दिनदहाड़े डकैती के कितने मामलों की तहक़ीक़ात की होगी?"

इन्स्पेक्टर—"तादाद ज़ुबानी याद नहीं डायरी देखकर बताया जा सकता है।"

वकील—"कोई एकाध।"

इन्स्पेक्टर—"सर्राफ़े से एक दफ़े एक दुकान से कुछ जेवर उठाया गया था।"

वकील—"ऐसे छुरा दिखाकर जैसे आपने इस मामले में बयान किया है?"

इन्स्पेक्टर—"ठीक ऐसे नहीं लेकिन दिन में डकैती की गयी थी।"

वकील—"और दूसरी जगह आपने ऐसी वारदात देखी है आपकी सर्विस तो बहुत लम्बी है।"

इन्स्पेक्टर—"मेरी सर्विस काफ़ी है लेकिन ठीक ऐसे वाक़े से मुझे साबिका नहीं पड़ा।"

वकील—"नहीं पड़ा। लेकिन आपने नाविलों में ऐसे बहुत-से वाक़े पड़े होंगे? क्या आप कभी नाविल नहीं पढ़ते क्या?"

इन्स्पेक्टर—"कभी-कभी पढ़ लेता हूँ। लेकिन यह वाक़ा मैंने नाविल में नहीं पढ़ा था।"

वकील—"इन्स्पेक्टर साहिब मैं यह नहीं कहता कि आपने यह अपना बयान नाविल पढ़कर घड़ा है। मैंने सिर्फ़ यह कहा है कि ऐसे वाक़े आपने नाविलों में पढ़े होंगे। हाँ, आपकी याददाश्त कुछ कमज़ोर तो नहीं?"

इन्स्पेक्टर—"मैं नहीं समझता कि मेरी याददाश्त कमज़ोर है।"

वकील—"तो आपको ऐसे कई वाक़े नाविलों में पढ़े याद होंगे। ख़ैर आपने फ़रमाया कि मुलज़िमों को जिस वक़्त आपने गिरफ़्तार किया वे चप्पल पहने हुए थे।"

इन्स्पेक्टर—"जी हाँ, पहने हुए थे।"

वकील—"मुलज़िमों की चाल से कुछ घबराहट ज़ाहिर होती थी या उनके चेहरे पर कुछ घबराहट मालूम होती थी?"

इन्स्पेक्टर—"किसी क़दर मालूम होती थी।"

वकील—"आपने अपने बयान में इसका कुछ ज़िक्र नहीं किया। अच्छा यह तो बताइये आपने बहुत डकैतियों की तहक़ीक़ात की होगी आपने चप्पल पहनकर किसी को डकैती करने जाने की बात सुनी है?"

इन्स्पेक्टर—"यह अपनी तबीयत और आदत है।"

इसके बाद लाला मानचन्द ने बयान दिया—मैं अपने रोज़ाना पत्र-व्यवहार के काम लगा हुआ था। एक ख़त लिखकर मैंने अपने नौकर किशन को उसे फौरन साइकिल पर डॉक्टर दत्त के पास ले जाने के लिए दे दिया। इसके बाद मैं दूसरा पत्र लिख रहा था उसी समय ये आदमी मेरे कमरे में चले आये। इनमें इस आदमी ने ज्ञानचन्द की ओर संकेत करके यह उस वक़्त चादर ओढ़े हुए था एक छुरा निकाल मुझे धमकाया कि तुम्हें आराम से मौज़ उड़ाने का क्या हक़ है जब हम भूखे मर रहे हैं। अभी हमें सौ रुपया दो वर्ना तुम्हारा काम तमाम कर देंगे। इससे पहले कि मैं होश सँभालूँ इस दूसरे शख़्स ने धनसिंह की ओर संकेत कर पीछे से आ मेरी दोनों बाँहें पकड़ लीं। मैंने अपने

को ख़तरे में देखकर इनसे कहा, एक सौ रुपया मैं दे सकता हूँ लेकिन इस वक़्त मेरे पास नहीं है। दूसरे कमरे में से लाना होगा। यह दोनों शख़्स मेरे साथ दूसरे कमरे में गये। वहाँ मैंने इन्हें कैश बक्स में से दस-दस के दस नोट निकालकर दे दिये। इन लोगों ने मुझे धमकी दी कि अगर मैं किसी से इस मामले का ज़िक्र करूँगा तो मेरे लिये अच्छा न होगा! इन लोगों के चले जाने के बाद मैंने अपना कर्त्तव्य समझा कि इस मामले की रिपोर्ट पुलिस में दे दूँ। मैंने फ़ोन पर कोतवाली इन्चार्ज को ख़बर दे दी। कोई सवा घण्टे के बाद मुझे टेलीफ़ोन पर कोतवाली से बुलाया गया। वहाँ जाकर मैंने इन मुलज़िमों को पहचाना और रिपोर्ट पर दस्तख़त किया। मेरे नौकर क़रीब आधे घण्टे बाद डॉ. दत्त के यहाँ लौटकर आया था। उससे मैंने वारदात का ज़िक्र किया तो उसने मुझे बताया कि डॉक्टर दत्त के यहाँ जाते वक़्त उसने मेरे मकान के बाहर दो आदमियों को टहलते और बातचीत करते देखा था। मैं कोतवाली उसे अपने साथ लेता गया। वहाँ उसने इन मुलज़िमों को देखकर पहचान लिया। ये वही शख़्स थे जिन्हें उसने मकान के सामने टहलते और बातचीत करते देखा था।

बयान ख़त्म होने पर सेशन जज ने सरकारी वकील की ओर देखकर कहा, "गवाह से कुछ और पूछना चाहते हैं?"

सरकारी वकील ने खड़े होकर कहा, "जी दो-एक सवाल पूछना चाहता हूँ।"

सरकारी वकील ने पूछा, "लाला साहब आपके यहाँ रोज़गार होता हैं?"

लाला—"मेरे यहाँ बीमे का काम होता है और कुछ ग़ैर मनकूला जायदाद से आमदनी होती है।"

सरकारी वकील—"आप कांग्रेस के मेम्बर हैं? आप कांग्रेस के पिछले जलसे में Reception committee के Chairman थे?"

लाला—"जी हाँ।"

सरकारी वकील—"आप कांग्रेस को चन्दा कई दफ़े दे चुके हैं?"

लाला—"जी हाँ कई दफ़े।"

सरकारी वकील ने जज की ओर देखकर कहा, मुझे और कुछ नहीं पूछना।

जज ने मुलज़िम के वकील की ओर देखकर पूछा—"आप कुछ ज़िरह गवाह से कर सकते हैं।"

वकील ने संकोच से लाला जी की ओर देखकर पूछा—"लाला जी जिस समय यह लोग आपके कमरे में आये उस समय आपके घर पर नौकर-चाकर या कोई दूसरा आदमी नहीं था?"

लाला—"उस समय अपने दफ़्तर के काम के नौकर को डॉक्टर दत्त के यहाँ भेज चुका था। मेरा ड्राइवर वाइफ को लेकर उसकी एक सहेली के मकान पर चला गया। रसोईघर में सिवा नौकरानी के और कोई नहीं था।"

वकील ने जज की ओर देखकर कहा, "मुझे और कुछ नहीं पूछना।"

ज़िरह समाप्त हो जाने के बाद जज ने बहस शुरू करने का इशारा किया।

जज ने अभियुक्तों के वकील से कहा, "अभियुक्त अपना बयान दें।"

ज्ञानचन्द ने बयान दिया—"मेरा नाम ज्ञानचन्द है। मैंने सन् १९२१ में इलाहाबाद यूनिवर्सिटी से प्रथम वर्ष में असहयोग के कारण कॉलेज छोड़ दिया था। उसके बाद से जब-जब भी मौक़ा हुआ मैं कांग्रेस का काम करता रहा हूँ। इन दिनों मैं और मेरे साथी धनसिंह 'बिदना' गाँव में लगानबन्दी के आन्दोलन में काम कर रहे थे। कुछ किसानों ने हालत ख़राब होने से कांग्रेस के आदेश को हमारे मुख से सुनकर लगान नहीं दिया। क़ानून के अनुसार लगान की क़ीमत की उनकी जायदाद ज़ब्त कर ली गयी। कुछ की हालत इतनी ख़राब थी कि लगान न देने के कारण उनके कपड़े-लत्ते, बर्तन-भाँड़े और थोड़ा-बहुत अनाज सब-कुछ ज़ब्त हो गया। दो रोज़ जो कुछ हम लोगों के पास था हमने ख़र्च कर इन लोगों के पेट में कुछ अनाज डाला लेकिन उससे कुछ न बन पड़ा। किसानों के बच्चों का भूखों तड़पना हमसे न देखा गया। हम लोग सहायता माँगने के लिए शहर में आये। हमें यहाँ कांग्रेस के सेक्रेटरी मिल नहीं सके। वे बाहर गये हुए थे। और भी कोई आदमी ऐसा न मिला जो कुछ दे सकता। आख़िर हम लाला मानचन्द जी के यहाँ पहुँचे। हमें लाला जी से बहुत-कुछ आशा थी क्योंकि आप कांग्रेस से सहानुभूति रखते हैं और बहुत मौक़ों पर आपने चन्दा भी दिया है। आप पिछली कान्फ्रेन्स में रिसेप्शन कमेटी के प्रेसीडेण्ट भी थे। हमने लाला जी के सम्मुख किसानों की दीन अवस्था का चित्र खींचा। उन्होंने कहा, "इस समय मैं ख़ुद तंग हूँ बहुत-कुछ दे चुका हूँ अत: न दे सकूँगा।" इस पर मैंने अपना छोटा-सा मकान पियरिया में है लाला जी को गिरवी रख लेने को कहा। लाला जी ने द्रवित होकर कहा, "अच्छा यदि ऐसी हालत है तो मैं एक सौ रुपया आप लोगों को दे सकता हूँ। परन्तु इसका व्यंर्थ व्यय न हो और हम इस रुपये के मिलने की सूचना सिंटी कांग्रेस

के सेक्रेटरी को दे दें।" रुपया लेकर हम दोनों सिटी कांग्रेस कमेटी सदर बाज़ार की तरफ़ गये। वहाँ दफ़्तर पर कोई न था। दस-बीस-तीस मिनट वहाँ प्रतीक्षा कर हम स्टेशन की ओर चले गये। स्टेशन से एक फर्लांग इधर हमें गिरफ़्तार कर लिया गया। यह सुनकर कि हम पर डकैती का ज़ुर्म लगाया गया है हम हैरान रह गये। जिस समय लाला जी ने रुपया हमें दिया उस समय कमरे में कोई भी न था। और छुरा या कोई ऐसी चीज़ भी हमारे पास न थी। न मैं या मेरे साथी धनसिंह छुरा रखते हैं।"

सफ़ाई की तरफ़ से दो-तीन किसान 'बिदना' के पेश किये गये। किसानों ने कहा, "हुज़ूर का इक़बाल बुलन्द हो। ये पण्डित जी और ठाकुर साहब बहुत भले आदमी हैं। हमारे गाँव में डेढ़ महीना से आते-जाते हैं। किसी का सोना पड़ा रहे इनके लिए मिट्टी है। गाँव की बहू-बेटी को माँ-बहन समझते हैं।"

सरकारी वकील ने ज़िरह की, "ये पण्डित जी तुम्हारे गाँव में क्या करते थे।

किसान—"सरकार सबको भली बात समझाते थे। भलमनसाहत से रहने को कहते थे। कोई बीमार पड़ता उसे दवादारू देते थे।"

सरकारी वकील—"रहते कहाँ थे?"

किसान—"सरकार कभी मेरी चौपाल में रहते थे कभी कुलजस की चौपाल में सो रहते थे कभी पीतम के यहाँ।"

सरकारी वकील—"खाते-पीते, पहनते-ओढ़ते कहाँ से थे?"

किसान—"हमीं लोगों के यहाँ जो पाते खा लेते थे नहीं चना-चबैना खाकर रह जाते थे। बहुत भले गऊ आदमी हैं। कभी किसी से कुछ माँगा नहीं। बल्कि अपने पास से दाम ख़र्च कर हम ग़रीब गुरबा को खिला दिया करते थे।"

सफ़ाई के वकील ने ज़िरह की ज़रूरत नहीं समझी।

सरकारी वकील ने बहस शुरू करते हुए कहा, "मुझे अदालत की ख़िदमत में बहुत-कुछ नहीं कहना। मामला बहसतलब भी नहीं है। जैसा कि इन्स्पेक्टर साहिब के बयान से मालूम होता है लाला मानचन्द साहब के बयान से ज़ाहिर होता है और मुलज़िमों ने ख़ुद क़बूल किया कि वे १२ तारीख़ अप्रैल के रोज़ क़रीब सुबह नौ बजे लाला साहिब के मकान पर जाते हैं। वे कमरे में दाख़िल होते हैं। वहाँ उस वक़्त कोई दूसरा शख़्स लाला साहिब के अलावा हाज़िर

नहीं। वे किसी से भीतर जाने की इजाज़त नहीं माँगते। अब इसके बाद वे लौटते हैं तो सौ रुपया लेकर और उन्हें गिरफ़्तार कर लिया जाता है स्टेशन के नज़दीक। इतनी बात में तो सफ़ाई को कुछ भी एतराज़ नहीं। रहा मामला कि रुपया डकैती करके छीना गया है या लाला साहिब ने ख़ुद ख़ुशनूदी से दिया है। मुलज़िमों का बयान है कि रुपया लाला साहिब ने अपनी ख़ुशी से दिया और लाला साहिब का बयान है रुपया उनसे जबरन यानी डकैती करके छीना गया। मामले का चश्मदीद गवाह कोई नहीं। अदालत को अपनी राय circumstantial evidence पर क़ायम करनी है। यह देखना है कि दोनों बयानों में से कौन बयान क़ाबिले एतबार है। लाला मानचन्द जैसे कि उन्होंने ख़ुद क़बूल किया और जैसा कि मुलज़िमों ने भी बयान किया कांग्रेस के काम से हमदर्दी रखते हैं उन्होंने कांग्रेस को अकसर चन्दा दिया है। एक सौ रुपया उनके लिए बड़ी बात नहीं है। उन्होंने बीसियों सैकड़ा दिया होगा और ख़ुशी से दिया होगा लेकिन कभी देने के बाद उन्होंने डकैती की रिपोर्ट नहीं की। इस ख़ास मौक़े पर वे ख़ुद रिपोर्ट करते हैं कि उन पर ज़ब्र किया गया, डकैती की गयी। मामला सिर्फ़ सौ रुपये का है। आख़िर वे रिपोर्ट क्यों कर रहे हैं? कोई वजह समझ में नहीं आ सकती। अगर कहिये कि लाला साहब ने इन मुलज़िमों से पुरानी अदावत निकाली है तो यह सफ़ाई की पोज़ीशन को और भी बिगाड़ जायगी। बहुत मोटी अक़्ल का आदमी भी समझ सकता है कि लाला जी को अगर मुलज़िमों से वैर था तो मुलज़िम उनके यहाँ नेकनीयती से मदद माँगने नहीं जा सकते थे जा सकते थे तो सिर्फ़ किसी बदनीयती से। एक पहलू सवाल का और है। सफ़ाई की तरफ़ से गवाही दी गयी है कि मुलज़िम बहुत नेकचलन और ख़ुदापरस्त और गुरबा-परवर अशखास हैं। होंगे! लेकिन वे मौज़ा 'बिदना' में क्या कर रहे थे? वे वहाँ एक ग़ैर क़ानूनी तहरीक़ में मशगूल थे। साफ़ ज़ाहिर है कि उनके दिल में क़ानून के लिए कोई एतराम कोई क़दर नहीं है। ग़रीबों की मदद के ख़याल से ही अगर उन्होंने डकैती की है तो भी वह है डकैती ही। हमारे सामने ऐसी कई मिसालें मौजूद हैं जिनमें गुमराह नौजवानों ने मुल्क़ के ख़याल से ख़ुदगर्ज़ी से नहीं डकैती की है। अंग्रेज़ी तवारीख़ में भी एक ऐसा गुरबा परवर डाकू राबिनहुड का नाम मशहूर है जो डकैती करके ग़रीबों की मदद किया करता था। जो भी हो डकैती डकैती है। इसके लिए कोई दूसरा नाम नहीं तजवीज़ किया जा सकता। और यह भी ख़याल रखना चाहिए कि जाहिल और बदमाश डाकुओं से इस किसम के समझदार डाकू ज़्यादा ख़तरनाक हैं। ये लोग जुलम भी करते हैं और society की हमदर्दी भी अपनी

तरफ़ खींचते हैं। अगर इस रवैये को परवरिश दी जायगी तो society का निज़ाम बिगड़ जायगा, किसी भी भले आदमी का गुज़ारा दो दिन भी नहीं चल सकेगा। जो भी आदमी अपने-आपको देशभक्त समझेगा उसे दूसरों को लूटने का हक़ हो जायगा। मैं अदालत से दरख़्वास्त करूँगा कि ऐसे मामले में क़ानून को पूरी सख़्ती से अमल में लाया जाय ताकि दूसरे अशखास को जिनकी देशभक्ति और गुरबा परवरी ग़लत रस्ते पर राग़िब हो उन्हें तम्बीह हो। बयानों से साफ़ ज़ाहिर है कि इन मुलज़िमों की हरक़त ताज़ीरात हिन्द की दफ़ा ३९५ के मुताबिक़ सरीहन डकैती है और यह उस दफ़ा के मुताबिक़ सज़ा के मुस्तहक़ हैं।'

सफ़ाई के वक़ील ने खड़े होकर कहा—"हमारे तज़ुर्बेकार और आलिम सरकारी वकील साहिब ने फ़रमाया है कि इस मामले में कोई पेचीदगी या उलझन नहीं है। लेकिन प्राय: ऐसा होता है कि जहाँ प्रत्यक्ष ज़ाहिर में बिलकुल सफ़ाई दिखायी देती है वहाँ तह में बहुत ही विकट उलझन और दाँव-पेंच रहते हैं। इन मुलज़िमों पर ताज़ीरात हिन्द की दफ़ा ३९५ के मुताबिक़ डकैती का जुर्म लगाया जा रहा है। इसका कोई भी सबूत अदालत में पेश नहीं किया गया। सिर्फ़ एक शख़्स के बयान पर आप दो नेकचलन नौजवानों पर डकैती की तोहमत लगाकर उन्हें जेल भेजकर उनकी ज़िन्दगी को बरबाद करने जा रहे हैं। पहले बयानों को लीजिये। कितनी परस्पर विरुद्ध एक-दूसरे की काटनेवाली बातें उनमें मौजूद हैं। लाला जी ने बयान में कहा है कि उन्हें छुरे से धमकाया गया। लेकिन गिरफ़्तारी के वक़्त छुरा मुलज़िमों के पास बरामद नहीं हुआ। इसे आप भूलिये नहीं। छुरा था तो गया कहाँ? वाक़े और गिरफ़्तारी में बहुत थोड़ा समय गुज़रा है। इस बीच में छुरा कहाँ चला गया? रात का वक़्त नहीं दिनदहाड़े। अगर छुरा मुलज़िम कहीं फेंकते तो वह किसी की नज़र न पड़ता? दूसरी बात देखिये—गिरफ़्तारी के वक़्त चप्पल पहने हुए थे। डकैती जैसी छीन-झपट भाग-दौड़ के काम में चप्पल पहनकर कोई नहीं जाता है। तीसरी बात देखिये जिस वक़्त लाला साहब के यहाँ से रुपया लिया या दिया गया है और जिस वक़्त वे गिरफ़्तार हुए उतने वक़्त का जो हिसाब मुलज़िम देते हैं वह बिलकुल ठीक जँच जाता है। डकैती करने के बाद मुलज़िम सदर बाज़ार और स्टेशन की तरफ़ नहीं जाया करते हैं वे कहीं देहात में छिपते हैं। या किसी मकान में छिप जाते हैं। चौथी बात हमें तआज़्ज़ुब में डाल देती है। लाला साहिब फ़ोन पर इन्स्पेक्टर साहिब को ख़बर देते हैं कि उन्हें लूटकर मुलज़िम सदर बाज़ार या स्टेशन की तरफ़ गये होंगे। आपने डकैतों के शोख़ी और दिलावरी के अजब

क़िस्से सुने होंगे लेकिन यह शायद ही सुना हो कि डकैत बता जायँ कि हम फलाँ तरफ़ जा रहे हैं। हमें उधर से गिरफ़्तार करवा लेना। और अगर मुलज़िम लाला साहिब को अपने सदर बाज़ार जाने की ख़बर दे जाते तो वे उधर कभी न जाते और लाला साहिब भी लूटे जाने के बाद यह कभी एतबार न कर लेते कि डाकू उन्हें अपनी राह ईमानदारी से बता गये हैं। अब लाला साहिब ने अगर अपनी तबीयत से रुपया इन नौजवानों को दिया है तो फिर वह शिकायत करने क्यों गये? सवाल बहुत पेचीदा है। लाला साहब के ख़याल में या रवैये में यह तबदीली क्योंकर हो गयी इसे तो ठीक-ठीक लाला साहिब ही अदालत को बता सकते हैं। लेकिन अदालत की इतनी ख़ुशक़िस्मती कहाँ? इन्सान के ख़याल में एक क्षण में कैसी तब्दीली हो सकती है और हो जाती है इसे हम सबने महसूस किया होगा। हो सकता है लाला साहिब से इन नौजवानों में कुछ सख़्त सुस्त कहा हो और लाला साहिब ने रुपया देने के बाद इन नौजवानों को सबक़ सिखाने का यह तरीक़ा सोचा हो। वह चन्दा देते-देते तंग आ गये हों। लेकिन इसे आप डकैती नहीं कह सकते। आपके सामने 'बिदना' गाँव के दो किसानों की गवाही भी मौजूद है। ये किसान भोले-भाले और अनपढ़ हैं इससे उनकी गवाही का मोल घट नहीं जाता। बल्कि इससे ज़ाहिर है कि इन लोगों की गवाहीं पढ़ी हुई या बनावटी नहीं है। इस बात से इनकार नहीं किया जा सकता कि दोनों नौजवान क़ानून तोड़ने का आन्दोलन कर रहे थे। लेकिन वे क़ानून को सत्याग्रह अदम तशद्दुद के तरीक़े से तोड़ रहे थे। ज़ब्र नहीं कर रहे थे बल्कि ज़ब्र सह रहे थे। उनसे यह आशा करना कि वे छुरा लेकर किसी के मकान पर आ धमकेंगे और फिर एक कांग्रेस के आदमी पर क्या आप इस पर एतबार कर सकेंगे? हमारे तज़ुर्बेकार दोस्त सरकारी वकील ने इस बात पर बहुत ज़ोर दिया है कि इन नौजवानों के दिल में क़ानून के लिए कोई क़ीमत या इज़्ज़त नहीं है लेकिन याद रखिये—जहाँ ताज़ीरात हिन्द के क़ानून हैं वहाँ 'Laws of ethics' 'नीति के नियम' ज़मीर के क़ानून भी हैं। इन नौजवानों ने लगानबन्दी के आन्दोलन से ताज़ीरात के क़ानून को तोड़ा है। आप चाहते हैं तो उसके लिए उन्हें सज़ा दीजिये। लेकिन याद रखिये। Law ethics and conscience 'नीति के नियम' के ज़मीर के क़ानून ही इन नौजवानों का Sheet anchor बुनियादी असूल है। इन्होंने अहिंसा अदम तशद्दुद Non Violence का व्रत लिया हुआ है ज़ब्र सहना इनका काम है ज़ब्र करना नहीं। सब मामले का दारमदार जैसा कि सरकारी वकील साहब ने फ़रमाया है—circumstantial evidence परिस्थितियों की साक्षी पर है। और आप देख रहे हैं यह परिस्थितियों की साक्षी circumstantial evidence मुलज़िमों की सफ़ाई दे रही है। किसी भी सूरत से

मेरी जेल डायरी • १४९

आप मुलज़िमों को दफ़ा ३९५ के मुताबिक़ डकैती ज़ुल्म में सज़ा नहीं दे सकते।"

जज ने असेसरों की तरफ़ देखकर कहा, "आपने दोनों तरफ़ की ज़िरह और बहस सुन ली। कहना होगा कि बहस दोनों तरफ़ से बहुत ही योग्यता से की गयी है। मामले की कोई परत बिना खोले नहीं छोड़ी गयी। इस मामले में एक दिक़्क़त आप लोगों के सामने यह है कि इसमें सब-कुछ बयानों पर ही निर्भर है। गवाह भी गवाह कहने लायक़ कोई नहीं। एक बयान लाला मानचन्द साहिब का दूसरा है इन दो मुलज़िमों का। सवाल है रुपया दिया गया या छीना गया, यही आपको फैसला करना है। छीना गया है और छुरे से धमकी दी गयी है तो छुरा कहाँ गया? छुरा कहीं फेंका जा सकता है या नहीं? दिया गया तो लाला साहिब ऐसा बयान क्यों दे रहे हैं? कांग्रेस से उनकी हमदर्दी है। चन्दा वह अकसर देते रहे हैं। ख़ुशी से चन्दा देने के बाद कोई आदमी ख़ुद ही पुलिस में रिपोर्ट करेगा या नहीं और कांग्रेस का एक आदमी ख़ुद कांग्रेस के ही वालण्टियरों के ख़िलाफ़? अब आप दूसरे कमरे में जाकर आपस में ग़ौर कर लीजिये।"

असेसर लोग उठकर चले गये। और जज साहिब अपने नोटों को पढ़ने लगे। पाँच ही मिनट बाद असेसर लौट आये। उनके बैठ जाने के बाद जज ने पूछा, "आप लोगों ने मामले पर गौर कर लिया है और आप किसी एक फ़ैसले पर मुत्तफ़िक हैं?" असेसरों के मुखिया ने कहा, "हम लोग मुत्तफ़िक नहीं हो पाये हैं। तीन की राय एक है और एक साहिब की राय अलग है।"

जज—"तीन साहिब की राय क्या है?"

असेसर मुखिया—"हम तीन असेसरों की राय में मुलज़िम ताज़ीरात हिन्द की दफ़ा ३९५ के मुताबिक़ डकैती के जुर्म में क़सूरवार साबित हुए हैं और एक साहिब की राय में बेक़सूर हैं।"

जज—"मैं असेसरों की कसीर तादाद की राय से मुत्तफ़िक हूँ। मेरी राय में लाला मानचन्द जो ख़ुद कांग्रेस के आदमी हैं ख़ामुख़ा कांग्रेस के वालण्टियरों पर जुर्म नहीं लगायेंगे। सफ़ाई तरफ़ से छुरे और चप्पलों पर बहुत ज़ोर दिया गया है। छुरा ऐसी चीज़ नहीं जो एक घण्टे के भीतर कहीं ग़ायब न हो सके। चप्पलों की दलील कोई दलील नहीं है। मुलज़िमों पर दफ़ा ३९५ के मुताबिक़ डकैती का जुर्म साबित हो गया है और उसमें कोई भी शक की माकूल गुंजाइश नहीं है। उनका मतलब चाहे स्वार्थ का न रहा हो लेकिन उनकी हरक़त बहुत

बेजा और ये डकैती की सज़ा के मुस्तहिक़ है। उनका इरादा उनके ज़ुर्म की सफ़ाई नहीं देता। इस तरह क़ानून को हाथ में लेने का नतीज़ा अनार्की के सिवा और कुछ नहीं है। यह अनार्की का ज़ुर्म प्लेग के ज़ुर्म से भी ज़्यादा ख़तरनाक है। मुझे नौजवानों की उम्र का ख़याल है ज़रूर लेकिन उनका ज़ुर्म कितना संगीन है इसे नज़रअन्दाज़ नहीं किया जा सकता इसलिए मैं ताज़ीरात हिन्द की दफ़ा ३९५ के मुताबिक़ डकैती के क़सूर में सात बरस की सख़्त क़ैद की सज़ा का हुकुम देता हूँ।''

दोनों स्वयंसेवक पुकारना चाहते थे 'भारतमाता की जय! क्रान्ति ज़िन्दाबाद' लेकिन पुलिस के सिपाहियों ने धकेलकर उन्हें कटघरे से नीचे कर दिया।

यशपाल बांटड़ा

२५/३/३७

मनुष्य का जीवन केवल अन्न पर निर्भर नहीं

Man does not live by bread alone

बाइबिल का उपर्युक्त वाक्य जिस आध्यात्मिकता के अभिप्राय से कहा गया है उसके अतिरिक्त मनुष्य के साधारण जीवनक्रम में भी वह उतना ही सत्य है। आत्मा-परमात्मा की चर्चा मनुष्य अपने मानसिक विकास के अनुपात के अनुसार सदा ही करता रहा है और शायद सदा करता रहेगा। जो लोग प्राचीन अन्धविश्वास से खीझकर आत्मा-परमात्मा की धारणा के विरुद्ध जिहाद करते हैं वे भी केवल खा-पीकर जीवन को परिपूर्ण समझने का दावा नहीं कर सकते। भौतिक आवश्यकताओं की परिपूर्ति के अतिरिक्त उन्हें भी कुछ और चाहिए। आत्मा-परमात्मा के अन्धविश्वास या मानसिक या दिमाग़ी दासता के विरुद्ध जिहाद के लिए प्राण न्यौछावर करने को वे इतने आतुर हो जाते हैं क्यों? ऐसा न करने से क्या सिर में दर्द या पेट में मरोड़ तो उठता नहीं। जोड़ों के दर्द की भी यह दवा नहीं फिर उन्हें पेट भर खा-पीकर नरम बिस्तर पर भी चैन की नींद क्यों नहीं आती?

शारीरिक आवश्यकताओं से परे इस स्थूल जगत् के परे कुछ ऐसा है अवश्य, जो मोटी नज़र से प्राणरक्षा के लिए अनिवार्य न जान पड़ने पर भी अनिवार्य ही है। कुछ जीवन के लिए परमावश्यक भावना है अवश्य। और यह मनुष्य के लिए परमावश्यक भावना ही ऐसा जान पड़ता है मनुष्यता की एक परिभाषा स्वीकार की जा सकती है। मनुष्य में हँसने की अपने-आपको कुछ देर के लिए भूल जाने की इच्छा ही उसे शेष प्राणियों से पृथक् कर देती है। मनुष्येतर प्राणियों में ऐसी भावना है ज़रूर परन्तु वह इतनी कम विकसित है कि हम लोगों को उसका स्पष्ट अनुभव नहीं हो पाता। वह उनके जीवन में अत्यन्त गौण है। उनके जीवन-रक्षा के साधन इतने अविकसित हैं कि जीवन-रक्षा में ही

उनकी सम्पूर्ण शक्ति व्यय हो जाती है और उनमें जीवन की (superfluous energy का exuberance) विपुल शक्ति का उच्छ्वास उतना प्रत्यक्ष और प्रकट नहीं होता जितना मनुष्य में।

जीवन की शक्ति का उच्छ्वास मनुष्य की आदिम अवस्था में भी उतना ही स्पष्ट है जितना कि बीसवीं सदी की अत्यन्त सभ्य अवस्था में।

हमारे जहाँगीर और वाज़िद अली शाह की रंग-सभाएँ, Piccadilly, Opera Nationale Paris के Rsvels और Jazz और जुलू और सुवाहली लोगों का अग्निस्तूप के चौगिर्द सुरापान कर नृत्य करना दो भिन्न-भिन्न चीज़ें नहीं हैं। जीवन की रक्षा की आवश्यकताएँ हमें उतना व्यस्त नहीं करतीं जितनी कि जीवन शक्ति को उच्छ्वास को प्रकट करने की आवश्यकताएँ करती हैं।

'मद' को सभी धर्मगुरुओं ने 'धर्म ज्ञान' का घातक बताया है परन्तु 'मद' मनुष्य के विकास का उतना ही प्राचीन अंग है जितना कि 'धर्म ज्ञान'। जब मनुष्य उषा के बाल सूर्य, नीले आकाश और भयंकर आँधी के सम्मुख श्रद्धा से साष्टांग दण्डवत् कर अपने कल्याण का बीमा कर लेने का विश्वास कर लेता था तब भी 'मद' उसके साथ था। मालूम होता है 'मद' और 'धर्म विश्वास' मनुष्य जीवन के एक समान आवश्यक अंग हैं। धर्म ज्ञान और धर्म भाव का आविष्कार मनुष्य ने शोक, सन्ताप और भय से बचने के लिए किया है और 'मद' का आविष्कार उसने किया है सुख और आह्लाद की अनुभूति के लिए। फ़र्क़ कुछ नहीं है। अभिप्राय और लक्ष्य है दु:ख की अनुभूति से बचने और सुख की अनुभूति की प्राप्ति की चाह। 'धर्म' Negative निवारक और 'मद' Positive पोषक साधन है। जिन दो व्यक्तियों ने पहले पहल 'धर्म' और 'मद' का आविष्कार किया था वे मनुष्य समाज की चरम कृतज्ञता के पात्र हैं। जैसे मनुष्य के विकास के अनुपात के अनुसार 'धर्म' सूक्ष्म और सूक्ष्मतर होता गया है उसी तरह 'मद' भी उत्तरोत्तर विकास से सूक्ष्म और सूक्ष्मतर होता गया है।

जैसे 'धर्म' जटिल अद्वैत और संख्यातीत 'वादों' और 'ism' में प्रकट हो रहा है 'मद' भी उसी तरह उससे भी अधिक रूपों में प्रकट हो रहा है। जूलू और सुवाहली लोगों के विषरूप मद से fine Chamagne में और फिर रूप बदलकर साहित्य संगीत में और फिर और सूक्ष्म Platonic love के रूप में वह आ प्रकट हुआ है।

यह 'मद' का 'आनन्द' का आकर्षण इतना प्रबल है कि 'धर्म' को लाख यत्न से प्रतिष्ठा के आसन पर दृढ़ करने पर भी आनन्द आकर उसे ठेलकर

नीचे गिरा देता है। आनन्द में इतना बल इसलिए है कि उससे तुष्टि होती है वह Positive पोषक है और धर्म केवल भय से उत्पन्न है वह Negative निवारक है। उसकी ओर हम जाने की कोशिश करते हैं और आनन्द हमें खींच लेता है।

धर्मभाव संख्या में कितने हैं इसका ठीक-ठीक पता शायद Cyclopaedia देखने से लग सकता है। और उनमें असंख्य त्योहार हैं। सभी त्योहार जो ऐतिहासिक हैं उनकी जड़ में धर्मभाव जुड़ा हुआ है लेकिन उनके मनाने में प्रधान उद्देश्य अस्वीकार करने पर भी आनन्दानुभूति की पिपासा ही है। ईसाइयों में Carnival से अधिक विकट शायद कोई दूसरा त्योहार नहीं। carnival का अभिप्राय तो है चरम वैराग्य। Lent से पूर्व जब ईसाइयों के उपवास का आरम्भ होता है Carnival उपवास की तैयारी में मनाया जाता है। carnival का अर्थ ही है farewell to carn अर्थात् शारीरिक उपयोग या चिन्ता को विदाई। परन्तु होता क्या है? Roman Catholic सम्प्रदाय में Carnival में जैसा आनन्दोच्छ्वास और उन्माद का उद्रेक होता है उसका रंग हमें हिन्दुओं की होली में ही मिल सकता है। Easter भी धार्मिक त्योहार है परन्तु उसमें भी church 'धर्म' तो अलग रह जाता है और यह आनन्दोल्लास मुख्य रूप से आगे आ जाता है। यही हाल Christmas का है। ईसाई देशों में Christmas के अवसर पर 'मद' के झाग का जो प्रभाव रहता है और Ball का जो बवण्डर उठता है उसमें बेचारे मसीह का जन्म बिलकुल डूब जाता है। मुसलमानों का मुहर्रम सरासर ग़म और आहोजारी का दिन है। लेकिन उस दिन भी जीवन शक्ति का उच्छ्वास कितना विकट और प्रत्यक्ष होता है। उस दिन 'ग़म' उतना प्रबल नहीं होता जितना 'जोश'। और किसी के आत्माभिमान को चोट पहुँचाने की इच्छा से बहुत डरते-डरते मैं कहूँगा कि उस 'हाय हुसैन' कहकर पीटने में छाती से लहू बहा देने में भी एक सन्तोष का उन्माद है।

हिन्दुओं के त्योहारों का तो कहना ही क्या? हिन्दू तो मानो हमेशा आनन्द में पागल होने का बहाना ढूँढ़ते रहते हैं। और होली के दिन तो जो कुछ न हो जाय वही ग़नीमत। भारत में होली के अवसर पर जीवन शक्ति का जितना उत्कट उच्छ्वास होता है मेरे विचार में यदि उसे नियमित रूप से केन्द्रित कर ब्रिटिश शासन की जड़ में लगा दिया जाय तो वह ब्रिटिश शासन की चट्टान को डाइनामाइट की तरह उड़ा देगा। मनुष्य यों आनन्द में पागल होकर अपनी शक्ति क्यों व्यय करता है? शरीर को पुष्ट करने के लिए व्यायाम कर मनुष्य अपनी शारीरिक शक्ति को क्यों व्यय क़रता है? शारीरिक शक्ति के व्यय में शरीर पुष्ट होता है इसी प्रकार आनन्द में उच्छ्वसित होकर जीवन शक्ति बहाने

से जीवन शक्ति प्रबल होती है। इसीलिए तो राष्ट्र के स्वास्थ्य के लिए नाच-गान, थियेटर, सिनेमा, दंगल, मेले, Olympic games सब बहुत ज़रूरी हैं। वे समाज में जीवन शक्ति उत्पादन करनेवाले glands हैं।

आज होली है। जेल की होली। आज मेरी जेल की छठी होली है। मैं प्राय: त्योहारों के दिन Morose निष्प्रभ-सा हो जाता हूँ और आज की होली के दिन तो ख़ासतौर पर।

वजह क्या है? ऐसी वजह को खोलकर उनके हर स्तर की जाँच कर लेना बहुत कठिन समस्या है। मैं घरबार से दूर हूँ। शायद loving wife की याद unconsciously मुझे सुस्त किये है।

शायद वह आज वहाँ बहुत दूर पास-पड़ोस के आनन्द में स्वयं हृदय से योग न दे सकने के कारण उदास बैठी है और यहाँ हज़ार मील पर उसके हृदय का शोक मेरे हृदय की करुण तन्त्री को स्पन्दित कर रहा है। शायद इस उत्सव के दिन पुत्र की याद से सुस्त माँ का शोक मेरे हृदय को दबाये हुए है—जो भी हो।

आज होली के दिन जेल ख़ास देखने की चीज़ है। क़ैदियों को आज उत्सव मनाने की आनन्द मनाने की भी मनाही है। इससे उनके शोक की सीमा नहीं है। मनुष्य का स्वाभाविक अधिकार भी इनसे छीन लिया गया है—जीवन का भी अधिकार छीन लिया गया है। आज जेल पर कैसी विरूपता छा रही है। लेकिन इतने पर भी धुमक-धुमक की दबी आवाज़ आ रही है। कहीं तसला बज रहा है कहीं मटका ठनक रहा है। हँसने गाने से आनन्द मनाने के लिए सज़ा मिलेगी लेकिन इस प्रवृत्ति को रोकना कितना कठिन है। आनन्द का आकर्षण कितना विकट है। आनन्द और जीवन में फ़रक ही कितना है। आज के दिन यदि क़ैदियों का खाना रोककर भी उन्हें गाने, बजाने, नाचने और हँसने की इज़ाज़त दे दी जाय तो बहुत ख़ुश होंगे।

होली

यशपाल बांटड़ा

२७/३/३७

Yes, man does not live by bread alone.

ज़बरदस्ती

टेलीफ़ोन विज्ञान का वरदान है पर एक हद तक वह अभिशाप भी है। मैंने टेलीफ़ोन इस अभिप्राय से लगवाया था कि ज़रा-ज़रा-सी बात के लिए आदमी न भेजना पड़े शहर की गलियों का चक्कर न लगाना पड़े। लेकिन अनुभव कुछ उलटा ही हुआ। उलझन उलटे बढ़ गयी। रानी को घण्टे भर में चार दफ़े फ़ोन करने की ज़रूरत होती है और आठ दफ़े उसी के लिए घण्टी बजती थी। घण्टी की झनझनाहट के मारे कानों के कीड़े कुलबुला जाते हैं।

रात के साढ़े नौ बजे थे। पानी ख़ूब ज़ोर से पड़ रहा था। इससे रानी बिना नींद आये ही ऊपर के बरामदे में जाकर लेट गयी। इस समय किसी के आ मरने की आशंका भी न थी घर में ज़रा स्तब्धता देख एक ग़ज़ल मुख की सीटी से गुनगुनाते हुए मैं मेज़ पर बैठ ज़रूरी काग़ज़ देख रहा था कि फ़ोन की घण्टी।

ख़ूब! एक दफ़े तो ख़याल आया कि बजने दो। लेकिन जब घण्टी ने हार मानने से इनकार कर दिया तो मैंने Sportsman like spirit में चोगा उठाकर कान से लगा लिया। मेरे 'हलो!' कहने से पहले ही उधर से आवाज़ आयी 'मीना!' स्वर में विह्वलता और उद्विग्नता बिखरी पड़ रही थी। मैं कह देना चाहता था 'मीना' ऊपर सो गयी है परन्तु उधर से इतनी प्रतीक्षा किये बिना ही कहा, 'मीना! अब सचमुच सहा नहीं जाता। तू ठीक समझ नहीं सकती। कोई भी नहीं समझ सकता। कह सकना भी मुश्किल है। लेकिन-लेकिन-लेकिन मीना मेरे लिये इससे अधिक अब और सह सकना impossible है। मैंने बहुत सहा है। इतना सहा है हद हो चुकी है। मेरा ख़याल है मैं पागल हो जाऊँगी। तू अगर मेरी अवस्था में होती तो कभी की पागल हो गयी होती। मैंने इतना सहा है कि इससे अधिक सहना किसी भी स्त्री के लिए सम्भव नहीं। मेरा ही क़सूर है।

उसका फल भी भोग लूँगी। फल भोगे बिना मीना चारा भी नहीं है। 'कली' और 'चमन' के होने से पहले भी मेरी ऐसी ही अवस्था हुई थी। लेकिन-लेकिन इतनी नही। उस समय किसी तरह मैंने सह लिया था। लेकिन अब सह सकना सम्भव नहीं। मैंने निश्चय कर लिया था क्लोरोडीन की शीशी पीकर सो जाऊँगी। न होगा बहुत-सी अफ़ीम निगलकर लेट जाऊँगी। लेकिन बाद में क्या फ़ज़ीहत हो! क्या-क्या अफ़वाहें उड़ें। इसी ख़याल से हौसला नहीं पड़ा। 'उनकी' वह विरही-सी बेबस-सी सूरत देखकर लोगों को उन पर दया आ जाती है। लेकिन मैं घृणा से ग्लानि से भर जाना चाहती हूँ। कलेजे में कटार-सी गड़ जाती है इस तरह के निरुपाय-से नि:शक्त-से प्राणी न जाने संसार में क्योंकर पैदा हो जाते हैं। जिनकी ओर संसार सदा करुणा और अनुकम्पा की दृष्टि से देखता रहता है। क्यों उनके नीचे की धरती फट नहीं जाती और वे उसमें विलीन नहीं हो जाते। और मैं उसकी पत्नी हूँ उसकी भी आश्रिता हूँ। है कोई सीमा? कोई सीमा है आत्मग्लानि की? ऐसे एक व्यक्ति के आगे अपने-आपको अर्पण करना। उसी को अपने शरीर में धारण करना? उसका वह अंश क्या उसी का-सा न होगा? 'कलि' को देखो! कैसे बिलकुल निर्जीव-सी। निरुत्साह-सी। मैं ही जानती हूँ उसे देख कैसे मैं अपने-आपको वश में रखती हूँ मैं ही जानती हूँ। बेबसी का घूँट पीकर रह जाती हूँ। वह मेरी ग़लती का जीवित जाग्रत प्रमाण हरदम मेरी आँखों के सामने मौजूद रहती है।

अब 'एक और'। लेकिन मीना अब सहना मुश्किल है। उस समय मुझे न जाने क्या हो गया था? मैंने बहुत-बहुत सोचकर ही यह किया था। लेकिन काश मैं न सोचती। मीना, मैंने सोचा था कि भावुकता पर जीवन नहीं कट सकता। मैंने सोचा था समाज में जीवन का एक तरीक़ा है। एक रास्ता है। वही सब के लिए ठीक है। जीवन की—परिवार की—चिन्ताओं को लेकर सब-कुछ भूल जाऊँगी। जैसे हज़ारों, लाखों और स्त्रियाँ और समाज में रहती हैं वैसे ही मेरे भी दिन कट जायँगे। लेकिन वैसा तो नहीं हुआ। उस समय ऐसा मालूम होता था कि मीना कि यदि मैं अपने मन को वश में नहीं करूँगी तो पाप के समुद्र में डूब जाऊँगी। परन्तु मीना अब मन की ग्लानि में यूँ इस तरह डूबी जा रही हूँ मालूम होता है मेरे रोम-रोम में पाप बस रहा है। स्वयं अपने शरीर से मुझे इतनी घृणा हो रही है कि एक क्षण भी इस शरीर का धारण करना भी सह्य नहीं। मुझे प्रत्येक वस्तु से घृणा हो रही है। इन कपड़ों से, इस मकान से और जो भी कोई इसमें रहता है मुझे सबसे घृणा है। एक क्षण के लिए भी इसे मैं सह्य नहीं कर सकती। मेरा दिमाग़ फटा जा रहा है। इस जीवन में मुझे शान्ति

नहीं मिल सकती। मेरी जलन मेरे जीवन के साथ ही समाप्त हो सकती है। अब मेरे लिये जीना सम्भव ही नही। आज दुपहर मीना बिलकुल निश्चय कर लिया था। लेकिन सिर्फ़ फ़ज़ीहत के ही ख़याल से मैं रुक गयी। तुमसे कुछ छिपा नहीं। तीन साल हो गये। इन तीन साल में मैंने अपने पर सभी अत्याचार कर लिये। लेकिन मीना अब अन्त आ गया है। अब मैं सहन नहीं कर सकूँगी भाग्य समझकर भी नहीं सह सकती। भाग्य समझकर कुछ सहना है तो समझ लो अब मेरे भाग्य का अन्त आ गया है। भाग्य है ही क्या? मैंने ही ग़लती की। मैंने ही उस समय निर्बलता दिखायी। न जाने कैसे मेरे दिमाग़ में यह कीड़ा समा गया था कि विवाह के बिना जीवन असम्भव है। वह अभाव जितना असह्य था यह सन्तोष उससे भी अधिक असह्य है। सच कहती हूँ मीना मुझे 'अरुण' का ख़याल नहीं है। ब्याह का निश्चय करते ही मैंने उसके सब पत्र जला दिये उसका फोटो फाड़कर फेंक दिया था। कभी मैंने इसके बाद उसे न लिखा। उसके यहाँ कभी नहीं गयी। उसे कभी अपने यहाँ आने नहीं दिया। मैं मोह में पागल नहीं हूँ। मेरा शरीर घृणा से जल रहा है। अब एक क्षण भी सम्भव नहीं। मीना! तेरे सिवा इस समय किसी का भरोसा नहीं। मीना, तेरे सिवा मुझे फ़ज़ीहत से कोई नहीं बचा सकता। एक बात है मीना इनकार न कर। कल सुबह में जल्दी ही तेरे यहाँ आ जाऊँगी। मेरे साथ यमुना के बन्द की ओर चले चलना। वहीं मैं अपना अन्त कर दूँगी। मीना अब नहीं सहा जाता। मीना तू कह देना कि पैर फिसलकर मैं गिर पड़ी थी। बस! मीना यही एक उपाय है। तुझे किसी भी बात की आशंका नहीं। वे वकील हैं तुझे भय ही क्या है। मीना तैयार रहना। मीना! मीना—चलेगी तू। मीना बोलती क्यों नहीं?

मैं बहुत बेबसी की हालत में था—क्या कहूँ-कैसे कहूँ....

उधर से फिर आवाज़ आयी, 'वे आ रहे हैं' और फ़ोन का सम्पर्क टूट गया।

यश.

२२/७/३७

प्रतिहिंसा

Sangharsh

जिन लोगों ने सन् १९२१ का सत्याग्रह आन्दोलन देखा है वे जानते हैं कि सामूहिक ताक़त क्या चीज़ होती है। उस समय आन्दोलन में वह ज़ोर था जो बाढ़ में होता है। उसके आगे वृक्ष, वन, गाँव, शहर कुछ नहीं ठहर सकता। आन्दोलन उसके बाद रुका और चला और ख़ूब चला पर वह बात किसी ने अनुभवं नहीं की। आन्दोलन ने एक बहुत गहरे जल-प्रवाह का रूप धारण कर लिया जो चलता है परन्तु उसमें शब्द और हुंकार कम रह जाती है।

सन् १९२१ में ऐसा मालूम होता था कि अंग्रेज़ी सल्तनत की जड़ें हिल गयी हैं वह वृक्ष गिरा ही चाहता है। अदालत और जेल की दीवारें जय घोष और नारों से थर्रा उठी थीं। कैसा उत्साह था आज़ादी की आशा का, कैसी घृणा थी विदेशी सल्तनत के प्रति!

बड़े-बड़े मनस्वी नेताओं से अधिक काम किया उन लोगों ने जो गाँव-गाँव झण्डा लिये फिरते थे। कुएँ की जगत, कोई ऊँचा टीला, कोई बड़ा पत्थर आबादी में ऐसा न बचा होगा जहाँ खड़े हो इन आज़ादी के सन्देशवाहकों ने जनता को 'बढ़ चलने' का 'मार लेने' का सन्देश न सुनाया हो। कैसी-कैसी प्रभावोत्पादक दलीलें थीं कि डरपोक-से-डरपोक का दिल हाथ भर का हो जाता था। एक ने कहा, यदि सम्पूर्ण भारतवासी मिलकर एक जगह थूक दें तो सब अंग्रेज़ उसमें डूब जायँगे। जब स्वराज्य इतना सरल हो गया था तो उत्साह क्यों न होता?

युक्त प्रान्त के ग़रीबी की चक्की में कुचले हुए किसानों का दिल मन भरकर अरहर की दाल और भात खाने की आशा से दूना हो गया। ग़रीबों का रक्त पीकर लाल हो जानेवाले शासकों के प्रति क्रोध से उनकी आँखों से

चिनगारियाँ निकलने लगीं। सब भाई बोलो एक साथ—हैया। ऐसा मालूम होता था मार ही लिया।

उस समय दमन कौन सह सकता था? परन्तु सरकारी अफ़सरों का कर्त्तव्य था, ड्यूटी थी। उन्होंने दमन किया। दमन हो भी गया। महात्मा जी के अहिंसा के सिद्धान्त को दिल से कितने आदमी मानते थे। वे समझते थे अहिंसा है लाचारी की वजह से।

नाम न बता सकूँगा। एक जिले के कलेक्टर के दमनकारी हुकुमों की वजह से, भूखे नंगों के सामने उसकी असह्य शान की वजह से एक मेव का ख़ून उबल उठा। तलवार लेकर वह कलेक्टर के बँगले पर पहुँचा और अपने क्रोध की अग्नि को उसने कलेक्टर के ख़ून से बुझाया।

अबोध नहीं जानता था कि उसके असंयत क्रोध का क्या परिणाम होगा? पुलिस आयी फौज़ आयी। लाठी की जगह राइफल चलने लगी। उस समय जनता को मालूम हुआ कि अंग्रेज़ थूक में न डूबेंगे। जो सरकार जनमत के आगे दब रही थी, दाँत किटकिटा रही थी पर बस नहीं चलता था उसे अब अवसर मिल गया। ग़रीबों की हाय-पुकार उन्हें ज़ालिम और आततायी बता रही थी। जनता का शस्त्र था सत्याग्रह। इसका उनके पास जवाब नहीं था। जब जनता की ओर से तलवार का प्रयोग हुआ उनकी बन आयी। इस अखाड़े में उनका कौन सानी था। आततायी और हत्यारे के दमन करने का उन्हें क़ानूनी और नैतिक अधिकार था। दो दिन में क़ानून और व्यवस्था की आँधी चली। जन उत्साह और आन्दोलन की बाढ़ लोप हो गयी रह गया केवल कीचड़। कहीं-कहीं पानी के ताल पुरैया बन गये जो कह रहे थे, हाय अन्यान्य! परन्तु हत्यारे की तरफ़दारी में कौन खड़ा होता।

जो नये कलेक्टर आये वे पुराने साहिब की तरह शान्त मिजाज़ के न थे और वे शान्ति का फल भी देख चुके थे। बहुत जल्दी सुव्यवस्था क़ायम होते ही उनके सामने कलेक्टर साहब के हत्यारे मेव का मामला पेश हुआ। जो होने को था वही हुआ। उसे फाँसी का हुकुम हो गया।

जिस दिन मेव को फाँसी लगी उस दिन क़ायदे के मुताबिक़ सुपरिण्टेण्डेण्ट पुलिस, सिविल सर्जन और कलेक्टर ख़ुद मौजूद थे। जिस समय हाथ पीछे को बँधे हुए फाँसी के तख़्ते की ओर मेव ढलवान पर आहिस्ता-आहिस्ता चढ़ रहा था मेरी नज़र कलेक्टर साहिब के चेहरे की ओर गयी। उनका चेहरा तपे हुए ताँबे की तरह लाल था और आँखों में दो टॉर्च जल रहे थे। हाकिम का रोब

मुझ पर तारी हो गया। मैं उनकी ओर से आँखें हटा न सका। देखा वे दाँत से होंठ काट रहे थे।

फाँसी के बाद कलेक्टर साहिब ने पुकारा, "बाबू।"

मैंने सलाम कर जवाब दिया, "हुज़ूर।"

हुकुम मिला, "इस आदमी का लाश बाहर नहीं जायगा। जेल में दफ़न करो।"

मैं, "बहुत अच्छा हुजूर।"

इसकी कबर पर कड़म का साग बोयेगा। जब साग तैयार होगा तो हमको साग भेजेगा।

जवाब दिया, बहुत अच्छा हुज़ूर!

कलेक्टर साहिब का चेहरा अब भी तपे ताँबे की तरह तमतमा रहा था। उनके जेल से चले जाने के बाद मैंने वर्दी पर से पेटी उतारी। एक क़ैदी पंखा करने लगा। माथे का पसीना पोंछा उसी वक़्त जमादार को लाश जेल के एक खेत में दफ़नाकर ऊपर कड़म का साग बो देने का हुकुम दे दिया।

जेल की नौकरी में भरती होने पर जब शुरू में फाँसी के वक़्त हाज़िर होना पड़ा था बहुत परेशानी अनुभव की थी। मन में मतली आती थी और नींद ग़ायब हो जाती। लेकिन बाद में अभ्यास-सा हो गया। बीसियों फाँसियों के समय उपस्थित रहा।

उस दिन भी रात को सो गया। लेकिन वह क़ब्र से साग साहिब को पहुँचाने की चिन्ता स्वप्न में आ सवार हुई। साग तैयार हुआ। डाली सजवाकर ख़ुद साहिब के बँगले पर पहुँचा। साहिब मेज़ पर बैठे दिखायी दिये। बेहरा दस्तरखान लगा रहा था। साहिब का हुकुम डाली में से साग प्लेट पर रखने का हुआ।

साग लेने के लिए डाली की टोकरी के ऊपर से झाड़न हटाया तो देखता क्या हूँ। टोकरी में मेव का शरीर पड़ा है। घबराकर पीछे हट गया।

साहिब ने डाँटकर कहा, "जल्दी करो बाबू।"

मैं आगे बढ़ा पर हाथ रुक गये। इतने में साहब के गुर्राने की आवाज़ फिर कान में आयी, "हुकुम नहीं सुनता मैन?"

काँपते बड़े श्रम से मेव के शरीर को उठाकर साहिब की प्लेट पर रख दिया। साहिब ने दायें हाथ में छुरी और बायें में काँटा पकड़ा और मेरी तरफ़

देखकर हुकुम दिया, "इसका सिर पकड़ो बाबू।" शरीर पसीना-पसीना हो काँपने लगा। साहिब ने फिर डाँटकर कहा, "हुकुम नहीं सुनता बाबू?"

बड़े साहस और यत्न से मेव का सिर मैंने दोनों हाथों से थाम लिया। साहिब ने काँटा मेव की छाती में भोंक दिया और छुरी आहिस्ता से गले पर फेरने लगे। रक्त की धार बहती देख मेरी चीख़ निकल गयी।

आँख मलकर कमरे में देखता हूँ लैम्प की मध्यम रोशनी हो रही है। समीप ही पलँग से चौंककर मेरी स्त्री ने पूछा, "क्या हुआ जी?"

दिल धड़क रहा था। माथे पर पसीने की बूँदें छलछला आयी थीं। मुख से आवाज़ न निकलती थी। स्त्री के दुबारा पूछने पर कहा, "कुछ नहीं ऐसे ही।"

उसने कहा, "देखो हाथ छाती पर आ गया होगा हटा लो।"

करवट बदली। फिर नींद आ गयी।

फिर वही स्वप्न दिखायी देने लगा। साहिब मेव के शरीर में से अंग-प्रत्यंग छुरी-काँटे से काट-काटकर खा रहे हैं और मैं खड़ा रो रहा हूँ। हुजूर मैं ग़रीब मारा जाऊँगा हुजूर, साज़िश क़तल में मुझे फाँसी हो जायगी। साहिब हँसकर मुझे समझा रहे हैं, तुम फाँसी कौन करने सकता। क़ानून और हुकुम के मुताबिक़ चलेगा हम तुम्हारा सिफ़ारिश करेगा तरक़्क़ी होगा राय साहिब होगा, खान बहादुर होगा। मुझे रोता देख साहिब ने मुझे गोद में ले लिया। मैं चुप हो आँखें पोंछने लगा। इतने में देखता हूँ मेरे शरीर पर रोम की जगह साग के पत्ते खड़े हो गये और मेव उन्हें तोड़-तोड़ खाने लगा। पीड़ा से मैं फिर चीख़ उठा।

मेरी स्त्री ने फिर चौंककर कहा, हाय, तुम्हें क्या हुआ है जी? मैं फिर करवट बदलकर लेट गया। नींद न आयी। जेल में उठने की घण्टी बजी। कपड़े पहन जेल के फाटक पर पहुँचा। बेढंगे स्वप्न की बात सोच रहा था। सोचा इतने क़ैदी यहाँ बन्द हैं क्या यह सब मुझसे बदला लेंगे? आख़िर न्याय क्या है उसकी कसौटी क्या है?

यशपाल

१०/४/३८

True Non-violence—Duality of Non-violence

महात्मा गाँधी ने मार्च के अन्तिम और अप्रैल के पहले सप्ताह के 'हरिजन' में कांग्रेस सदस्यों को आत्म परीक्षण द्वारा इस बात का निर्णय करने का आदेश किया है कि उनकी अहिंसा की नीति 'सशक्त की अहिंसा है अथवा निर्बल की'? इसी सिलसिले में वे इस परिणाम पर पहुँचे हैं कि कांग्रेस मन्त्रिमण्डल साम्प्रदायिक दंगों का अन्त नहीं कर सके। यदि वे गुण्डों का शमन अहिंसा द्वारा नहीं कर सके यदि वे व्यवस्थापक सभाओं में कहते हैं कि हम आततायियों को आवश्यकता पड़ने पर फाँसी के तख़्ते पर भेजेंगे या उन्हें गोली से उड़ा देंगे तो यह कांग्रेस की निर्बलता का द्योतक है, उनकी अहिंसा के निर्बल की अहिंसा होने का प्रमाण है और इसके लिए वे लज्जित हैं।

यदि सभी कांग्रेस के सदस्य और सहायक—क्योंकि कांग्रेस की शक्ति केवल रजिस्टर में दर्ज सदस्यों पर ही निर्भर नहीं है—महात्मा जी के निर्णय से सहमत हो जायँ तो इसका अर्थ यह होगा कि कांग्रेस ने जो शासन का उत्तरदायित्व अपने हाथों में ले लिया है उसके लिए वह असमर्थ है। उसे अभी अपने-आपको उसके योग्य बनाने के लिए अहिंसा व्रत का साधन करना चाहिए।

महात्मा जी अहिंसा मार्ग का प्रतिपादन नीति के तौर पर नहीं अपितु धार्मिक विश्वास के रूप में करते हैं यह बात दोहराने की ज़रूरत नहीं है। महात्मा जी की दृष्टि में देश की स्वाधीनता से अधिक मूल्य है देश के अहिंसा व्रत में दीक्षित होने का। उन्होंने १९२० में अपने एक लेख 'Theory of Sword' में स्पष्ट कहा दिया है कि यदि भारत बल प्रयोग से तलवार की शक्ति से स्वराज्य प्राप्त करेगा तो वह उनके हृदय के अभिमान की वस्तु नहीं रहेगा। उनका विश्वास है ....संसार में अहिंसा का प्रचार करना भारत का मुख्य

उद्देश्य है। हम यह नहीं कहते कि भारत तलवार द्वारा स्वतन्त्रता प्राप्त करेगा। यह सवाल उठता ही नहीं। कांग्रेस ने सामूहिक शक्ति अहिंसा की नीति से जो सफलता प्राप्त की है वह हमारे सामने है और वह भविष्य में हमारी सफलता के लिए गारण्टी है।

परन्तु अहिंसा को धार्मिक विश्वास के रूप में मानने में और देश के राजनैतिक ध्येय की प्राप्ति का साधन मानने में बहुत फ़रक आ जाता है। धार्मिक सिद्धान्त का आधार है आत्मा। नीति का आधार है हमारा रोज़मर्रा का अनुभव। हमारा यह ख़याल है कि देश की जनता ने महात्मा जी द्वारा प्रतिपादित अहिंसा मार्ग का ग्रहण उन्हें राजनैतिक नेता के रूप में मानकर किया है धर्मगुरु के रूप में नहीं।

कांग्रेस आध्यात्मिक संस्था नहीं बल्कि राजनैतिक संस्था है। इसलिए कांग्रेस अहिंसा की कसौटी पर कैसी उतरती है इस बात का निर्णय आध्यात्मिक दृष्टि से न कर हमें राजनैतिक दृष्टि से करना होगा।

राजनीति में समाज के पार्थिव हित का ख़याल है आध्यात्मिकता का स्थान नहीं—महात्मा जी की दृष्टि में अवश्य ही यह शोक और लज्जा का विषय होगा परन्तु वास्तविकता से इनकार करने से काम नहीं चल सकता। संसार की राजनीति में भाग लेनेवाले जो देश शस्त्र शक्ति पर भरोसा करते हैं जिन्होंने समय-समय पर युद्धों में भाग लिया है उन्होंने उसे आध्यात्मिक प्रेरणा से नहीं किया। उन्होंने शक्ति का प्रयोग किया है सांसारिक परिस्थितियों से प्रेरित होकर। हम भी अपने राजनैतिक संग्राम में शक्ति का प्रयोग कर रहे हैं। हमारी शक्ति इस संग्राम में हमारी जनता की शक्ति है। जनता की शक्ति का प्रयोग संगठित रूप में हम और किसी तरह नहीं कर सकते। जिस बात को हम न्याय समझते हैं अपना अधिकार समझते हैं उसके लिए हम सामूहिक रूप से संघर्ष कर रहे हैं। संघर्ष को हम अधिक संयत, सबल और सुन्दर रूप में कर सकते हैं; उसी रूप में करेंगे। यदि हम तलवार नहीं उठाते तो इसमें निर्बलता नहीं। हम तलवार या तोप से डरते नहीं उसका सामना अपनी न्याय और औचित्य की धारणा से करते हैं यही हमारा बल है।

लेकिन हम कह चुके हैं अहिंसा हमारी नीति है हम उसे राजनैतिक उद्देश्य की प्राप्ति के लिए ग्रहण करते हैं आत्मिक शान्ति के लिए नहीं। हमारा उद्देश्य सामाजिक और राजनैतिक विकास है आत्मिक शान्ति नहीं। हम नहीं जानते आत्मा है या नहीं। आत्मा की व्याख्या इतने प्रकार की है कि हम घबरा

जाते हैं। हमें उसके अस्तित्व में शक हो जाता है परन्तु समाज तो प्रत्यक्ष सत्य है उसके अस्तित्व में शक हमें नहीं होता।

हमारा मतलब यह नहीं कि राजनैतिक क्षेत्र के अलावा हम हिंसा का ही उपयोग करेंगे। हिंसा मनुष्य की बर्बरता का चिह्न है। ज्यों-ज्यों मनुष्य समाज विकसित होता है त्यों-त्यों हम हिंसा से ऊपर उठते जाते हैं उससे घृणा करने लगते हैं। ज्यों हमारा आचार बल, संस्कृति का बल और नैतिक बल बढ़ता जाता है त्यों हम हिंसा से दूर हटते जाते हैं। हम यह नहीं कहते कि साम्प्रदायिक दंगों का शमन हमें अहिंसात्मक सत्याग्रही स्वयंसेवकों द्वारा नहीं करना चाहिए; ज़रूर करना चाहिए। हम ऐसा करेंगे तो नैतिकता और संस्कृति की एक और सीढ़ी चढ़ जायँगे। परन्तु यदि कांग्रेस मन्त्री ऐसे स्वयंसेवकों के अभाव में पुलिस और फौज़ का प्रयोग करते हैं तो यह उनकी असफलता का द्योतक है, यह हम मानने को तैयार नहीं।

देश में साम्प्रदायिक दंगे होते हैं इसलिए हम राजनैतिक स्वतन्त्रता के योग्य नहीं यही बड़ी विचित्र बात है। यही न कहा जाय जिस देश में चोरी-जारी और जुआ होता है वह देश राजनैतिक स्वतन्त्रता के लायक़ नहीं। यही न कहा जाय यदि हम डाकुओं और अपहरणकर्त्ताओं का शमन पुलिस द्वारा करते हैं तो हम राजनैतिक स्वतन्त्रता के लायक़ नहीं? हमारे साम्प्रदायिक दंगा करनेवाले उपर्युक्त श्रेणी के लोगों से अधिक भले नहीं हैं। जब तक समाज की भिन्न-भिन्न श्रेणियों की सांस्कृतिक उन्नति नहीं होती इन सामाजिक रोगों का उपाय नहीं हो सकेगा। महात्मा जी के विचार के अनुसार अहिंसा की परिपूर्णता तो केवल पूर्ण रूप से वर्गवादी अवस्था में या अनार्किज़्म में ही हो सकती है। विदेशी शासन को इसकी क्या परवाह। इन रोगों का उपाय करने के लिए कांग्रेस या देश की जागरित समूह शक्ति के हाथ में शासन-शक्ति का होना आवश्यक है। उस शासन-शक्ति के लिए ही कांग्रेस चेष्टा कर रही है। देश में स्वतन्त्र शासन-शक्ति का हाथ में होना सामाजिक रोगों की एकमात्र ओषधि है। क्या महात्मा जी चाहते हैं कि सब रोग पहले हटाकर बाद में ओषधि की खोज की जाय? हमें शासन के उद्देश्य को ध्यान में रखकर शासन और हिंसा में भेद करना होगा।

यशपाल

चन्द्रभवन १२/४/३८

पहिली झाँकी

एक प्रकार से सूर्यास्त हो चुकने के बाद मैं निराश होकर बैठ चुका था। युक्त प्रान्त के जेल विभाग के मन्त्री श्री किदवई जी मुस्कराते हुए आये और 'चलिये' कहकर मुझे जेल से बाहर ले आये। जेल से उनकी मोटर में हम शहर की ओर आ रहे थे। मन्त्री महोदय बार-बार मेरे चेहरे की ओर देखते जाते थे। आख़िर उन्होंने पूछ ही तो लिया, "How do you feel?"

मैंने उत्तर दिया, "I am going out after 6 years. No doubt I am happy but I do not feel carried away with joy."

अनुभव करने का कुछ विशेष मौक़ा भी न मिला। लखनऊ में श्री आचार्य जुगुल किशोर जी के मकान पर डेढ़ दिन रह पाया था। यह समय कुछ तो सहानुभूति रखनेवाले सज्जनों को सेहत का हाल बताने, रिहाई की बधाई के प्रत्युत्तर में धन्यवाद देने में, कुछ डॉक्टरों की सलाह लेने में गुज़र गया। दो-तीन दफ़े बाहर शहर में कुछ देर के लिए जाने का भी अवसर हुआ परन्तु उस समय भी धर्मपत्नी और भाई जो पहले से ही आकर लखनऊ में डटे हुए थे उनके ही हाथों में सौंपी हुई निधि की भाँति बना रहा।

श्री जुगुल किशोर जी के मकान पर मुझे पहुँचाकर श्री किदवई जी ने मिसेज़ पाल को सम्बोधन करके कह दिया, "Now he is your prisoner." इस युग में सरकार की शह पाकर भला वे अपने अधिकार का पूरा प्रयोग क्यों न करतीं।

रात दस बजे की गाड़ी से हम लोग भुवाली के लिए रवाना हुए। सुबह ६ बजे गाड़ी भोजीपुरा पहुँची। वहाँ से हमें काठगोदाम के लिए गाड़ी लेनी पड़ी। पहला मौक़ा था कि छह साल के बाद बिना हथियारबन्द पुलिस की रखवाली के सफ़र कर रहे थे। मालूम होता था विस्तृत संसार में बन्धन हट गये हैं जहाँ चाहे चले जायँगे।

जेल में रहते समय मन पहाड़ों के लिए तरस गया था। छूटने से पहले ही सेहत की ख़राबी की वजह से यू. पी. सरकार ने भुवाली Sanatorium में स्थान का प्रबन्ध कर दिया था। इससे निकलते ही पहाड़ की राह पर चल पड़े। पहाड़ी शीतल प्राणपोषक वायु के स्पर्श से शरीर में स्फूर्ति-सी आने लगी। गाड़ी की खिड़की से फैले हुए लहराते हुए विस्तृत खेत बहुत भले मालूम होते थे। सूर्योदय अभी हो नहीं गया था परन्तु वहाँ लाइन के समीप के गाँवों से कुलवधुएँ सिर पर पानी का भारी घड़ा उठाये या सिर पर घास का बोझ उठाये अपने अपर्याप्त वस्त्रों को एक हाथ से सँभालती हुई बोझ से दबती हुई चली जा रही दिखायी पड़ने लगीं और निरावरण बालक-बालिकाएँ कीचड़ सनी आँखों से गाड़ी की ओर देख रही थीं। अधगिरे-से झोंपड़े गोबर और कूड़े से घिरे लाइन के समीप दिखायी दे जाते थे। एक दफ़े सोचा, यदि इन झोंपड़ों में रहना पड़े यदि तुम्हारी माँ-बहन इसी प्रकार अपर्याप्त वस्त्र में पेट के लिए इस क्लेशकर कार्य को करने को बाध्य हों तो क्या यह बाहर का स्वतन्त्र संसार जेल के संसार से अच्छा है?

आकाश बादलों से घिरा हुआ था। नीचे खेतों में दूर-दूर तक पानी खड़ा था। दूर क्षितिज पर पृथ्वी की घनी श्यामलता और घने मेघों के अस्पष्ट संयोग में से सूर्य का लाल-लाल धब्बा झाँकने लगा। नीचे खेतों के पानी में उसके प्रतिबिम्ब की लाल रेखा गहराई में चली जा रही थी। वह प्रकृति संयोग कितना करुण और भावमय जान पड़ता था। पर इसकी परवाह बहुत कम आदमियों को थी। गाड़ी तेज़ी से चली जा रही थी। स्थानीय लोग झपट-झपटकर अपने काम में लग रहे थे। प्रकृति शायद मनुष्य द्वारा उसका रस लेना भी पसन्द नहीं करती इसकी सज़ा भी कड़ी मिलती है। इसलिए मनुष्य की भाषा में इसे आलस्य और निठल्लेपन का नाम देकर दुर्गुण बताया गया है। सूर्य चढ़ने के साथ ही हवा तेज़ हुई और सब रंग उड़ गया।

काठगोदाम से मोटर पर पहाड़ के दुर्ग में प्रवेश किया। विकट पहाड़ खड़े हैं उन पर मोटर चढ़ जायगी यक़ीन नहीं आता परन्तु वाह रे मनुष्य! जहाँ ज़रा पैर धरने की जगह मिली, सरक चला एक खड्ड के किनारे-किनारे ऊपर चढ़ते। पहाड़ी नदी ने जिस समय दुरूह पहाड़ों में से अपने लिये मार्ग खोदा था उस समय उसे क्या मालूम था कि मनुष्य इसी छिद्र की राह से उसके अगम्य महलों में जा पहुँचेगा। चढ़ाई ख़ासी है मोटर दूसरी चर्खी पर ही चली। चट्टानों की बग़ल-बग़ल ऊँचे उठने लगे पहाड़ी नदी नीचे बहने लगी। ऊँचे-ऊँचे वृक्षों-गुल्मों को चीरती हुई सड़क पहाड़ के पार्श्व पर

लिपटती ऊपर की ओर चली जा रही है। एक ओर चट्टानें दूसरी ओर सीधा ढलवान।

कुछ मील ऊपर आकर देखते हैं तो सड़क पीछे पहाड़ों के पार्श्व पर मेघों में कौंधी हुई बिजली-सी दिखायी पड़ती है। ज्यों-ज्यों ऊपर चढ़ रहे हैं हवा ठण्डी हो रही है। सड़क के किनारे किस्म-किस्म के रंग-बिरंगे छोटे-बड़े फूल दिखायी पड़ रहे हैं। सड़क ख़ूब बढ़िया है। इस सड़क की मरम्मत के लिए [जगह] मनुष्य नियत है सवाल यह है कि इसे बनाने में कितने मनुष्यों ने योग दिया होगा तब। आज हम रेल से उतर मोटर में बैठ मज़े में इन दुरूह पहाड़ों पर सरकते चले जा रहे हैं। बीच-बीच में पहाड़ी कुली अब भी माथे पर रस्सी से अटकाये पीठ पर विकट बोझ को लिये जाते दिखायी देते हैं। ऐसे साठ-सत्तर आदमियों का बोझ एक मोटर आसानी से घुरघुराती हुई दिन भर में सैकड़ों मील पहुँचा दे सकती है तिस पर लोग हैं जो मशीनरी को मनुष्य समाज का शत्रु समझते और बताते हैं। मनुष्य ने पीढ़ी-दर-पीढ़ी साधना कर लाख-लाख हाथी की शक्ति के इन देवों की सृष्टि की है इसे आज वे मनुष्य का शत्रु समझते हैं।

यदि जहाँगीर और शाहजहाँ भुवाली आना चाहते तो बेशक आराम से आ सकते थे परन्तु क्या इतनी जल्दी? और तिस पर कितने कहार पालकी की ढुलाई के लिए पहले से जगह-जगह तैयार रहते। मनुष्य के पसीने से तर मार्ग पर मनुष्य के कन्धे पर चढ़कर पालकी में महाराज यहाँ तक पहुँचते। आज सभी आदमी महाराज की अपेक्षा अधिक जल्दी और बिना विशेष कष्ट के यहाँ आ-जा सकते हैं। परन्तु वे सब कुली कहाँ जायँगे जो मोटर से पहले मनुष्य और मनुष्य का सामान ढोकर पेट भर पाते थे? सवाल तो यह भी एक है।

भोवाली में हम सबसे पहले पहुँचे इसलिए बँगला चुन लेने में हमें सुविधा रही। चन्द्रभवन हमने पसन्द किया। स्वर्गीय कमला नेहरू १९३५ में इलाज के लिए आयी थीं। इसी बँगले में ठहरी थीं। बँगला ख़ूब ऊँचाई पर है। पहाड़ों को लेकर नीचे जो प्रांगण तैयार किया गया है उसकी उत्तर की पहाड़ी की चोटी पर हम हैं। नीचे सीधी ढलवान चली गयी है। तली में खेतों का छोटा-सा मैदान-सा है और इसके सभी ओर पूर्व-पश्चिम उत्तर-दक्षिण ऊँचे पहाड़ हैं। पहाड़ी पर से हरियावल नीचे को उतरती आयी है और नीचे पहुँचकर वह खेतों की कोमल हरियावल में परिणित हो गयी है। सामने जो ढलवान खेतों से ऊपर को चढ़ गयी है, उस पर चीड़ के जंगल हैं और दूसरी पहाड़ियाँ दूसरे वृक्षों से ढकी हैं। दक्षिण-पूर्व में भीमताल झलमला रही है। कुछ तेज़ ठण्डी वायु

हरदम चलती रहती है। पत्तों की मरमराहट, पक्षियों का रहस्यमय वार्त्तालाप बस यही सुनायी देता है।

मैं सोचता हूँ यह कितना सुन्दर है! पूर्व के पहाड़ की ओर से सूर्य की किरणें प्रात: पश्चिम की ढलवानों पर छा जाती हैं। सुनहरी हरियाली में प्रकृति करवट बदलती है उसके केशों की वनराशि हवा में लहराने लगती है। आधी धूप में और आधी छाया में यह पहाड़ियाँ, उसके अधमुँहे नेत्रों के समान जान पड़ती हैं। भीमताल के समीप जो दो नग्न पहाड़ हैं सूर्य की प्रथम किरणों से उन पर ईंगुर छा गया है। निद्रिता प्रकृति की बेख़बरी में ही सूर्य झाँकने लगा। उसे अपने उरोजों को ढक लेने का भी समय न मिला। ऊपर छायी आसमानी रेशम की मसहरी में से सूर्य झाँकने लगा। यह सब क्या सुन्दर है!

कई दिन से अकेला हूँ। पहले छह वर्ष तक भी अकेला ही था। मैं यह नहीं कह सकता यह सुन्दर है या नहीं। मनुष्य हूँ मनुष्य के रूप गन्ध स्पर्श के बिना यह क्या सुन्दर है? मैं उत्सुक हूँ जन कलरव सुनने के लिए मनुष्य शरीर की ऊष्मा को अनुभव करने के लिए, उसके स्पन्दित हृदय के नैकट्य के लिए। उसके श्वास के शब्द की स्फूर्ति के लिए। उसके बिना यह सब क्या है?

मैं जिन मनुष्यों को यहाँ देख पाता हूँ उनमें से कितने सौन्दर्य को अनुभव करते हैं। कुछ पहाड़ी स्त्रियाँ नित्य बँगले के पासवाली पगडण्डी से हाँफती हुई पानी के भारी बर्तन सिर पर उठाये सुबह-शाम-दुपहर ऊपर चढ़ा करती हैं। पानी का घूँट लाने के लिए इन्हें पौन मील की उतराई-चढ़ाई तय करनी पड़ती है। पुरुष दिन भर वन-वन घूम पशुओं के लिए घास चुनते हैं। या ढलवानों के खेतों से अनाज काटने लग गये हैं। कभी कोई गाता नहीं कोई खेलता नहीं। सभी कठोर प्रकृति के पार्श्व से दस नाखूनों से खरोंच-खरोंचकर पेट भर लेने की चिन्ता में व्यस्त हैं। यह सौन्दर्य किसके लिए है। हाँ, अगर कुछ सुसभ्य पैसेवाले लोग यहाँ चैन करने आते तो अलबत्ता सौन्दर्य यहाँ हो जाता। गुल्पलता वृक्ष महिलाओं के कोमल कण्ठ और पुरुषों के अट्टहास से मुखरित हो उठते।

भगोड़ा

युद्ध के समय जो सिपाही सेना को छोड़कर भाग निकलता है उसका अपराध अक्षम्य होता है। इसलिए नहीं कि हज़ारों-लाखों की सेना में से एक आदमी के कम हो जाने से सेना की शक्ति में कमी आ जाती है। यदि दो-चार सौ सिपाही मैदान में काम आ जायँ तो इससे कोई ख़ास फ़रक नहीं पड़ता परन्तु अगर एक सिपाही सेना का पड़ाव छोड़कर भाग निकलता है तो उसे सहन नहीं किया जा सकता, करना भी नहीं चाहिए क्योंकि यह एक बीमारी है जो सिपाहियों में पलक मारते फैल सकती है। फिर लाखों सिपाही बेकाम हो जायँगे।

बधानसिंह मेसोपोटामिया में डोगरा पलटन का कैम्प छोड़कर भाग निकला था। वह भागने की कोशिश भी अजीब थी। लड़ाई में दुश्मन की गोली या हवाई जहाज़ से गिरे बम से चोट खा जाना क़िस्मत की बात है। सिपाही की रक्षा का इतना प्रबन्ध होता है कि लाखों गोलियाँ दोनों तरफ़ से चल जाती हैं तब कहीं जाकर २०-२५ हज़ार सिपाहियों में ४०-५० ज़ख़्मी होते हैं, १०-१५ मर जाते हैं परन्तु मेसोपोटामिया के ही रेगिस्तान में कैम्प छोड़कर भागने का मतलब था निश्चित मृत्यु। पचासों मील कहीं पानी का निशान नहीं, कोई रास्ता नहीं, सड़क नहीं, रेत-ही-रेत! तिस पर दुश्मन की चारों ओर फिरती हुई टुकड़ियों की गोली, अपनी फौज़ का पीछा करते हुए सिपाहियों की गोली, इसे आत्महत्या के सिवा और क्या समझा जायगा।

लेकिन बधानसिंह ने भागने की कोशिश की थी। ठीक दुपहर के समय जब रेगिस्तान का सूर्य सिर पर चमक रहा था और रेत का मैदान भाड़ की तरह तप रहा था, जब रेत की चमक से आँखें चौंधियाँ रही थीं और झुलसा देनेवाली रेत से भरी आँधी चल रही थी, जब उत्तर, दक्षिण, पूर्व का कुछ पता न चलता था, बधान ड्यूटी पर खड़ा-खड़ा भाग निकला। ठीक ऐसे समय जब शत्रु भी हमला नहीं कर सकता था वह ड्यूटी छोड़कर चल निकला भांगकर घर

पहुँचने के लिए या मृत्यु के मुख में कूद पड़ने के लिए।

वह पकड़ा गया—या उसका पीछा करने के लिए भेजे गये दस्ते ने उसे पड़ा पाया एक रेत के टीले पर रेत में आधा दबा हुआ कुछ बेहोश-सा कुछ बड़बड़ाते हुए। अगर वह पीछा करनेवाले दस्ते से भागकर जान बचाने की कोशिश करता तो उस पर बीसियों गोलियों के वार हो जाते पर वह तो गिरा पड़ा था। उसकी राइफल ले ली गयी, पेटी छीन ली गयी और क़ैदी की हालत में वापस लाया गया।

*　　　　　　*　　　　　　*

बधानसिंह कोई पुराना सिपाही नहीं था। उसकी उम्र रही होगी यही २३ बरस। लड़ाई के ज़माने में ही वह रँगरूट भरती हुआ था और लड़ाई पर गया लेकिन जार्डन घाटी की लड़ाई में जो हिम्मत उसने दिखायी थी उसकी वजह से उसे एक तमग़ा मिलने का हुकुम हुआ था और उसकी बाँह पर कपड़े की दो सफ़ेद पट्टियाँ लग गयी थीं। आश्चर्य की बात कि वही भाग निकला—मनुष्य भी क्या जीव है। कब वह क्या कर बैठे इसका कुछ ठिकाना नहीं। अफ़सर लोग हैरान थे।

क्योंकि बधानसिंह पीछा करनेवाले दस्ते की गोली से नहीं मारा गया इसलिए क़ायदे से उसका कोर्ट मार्शल करना ज़रूरी हुआ। पाँच अफ़सरों की अदालत के सामने उसे पेश किया गया।

कर्नल साहिब ने पूछा—"बधानसिंह तुम पलटन से डरकर भाग गया?" कर्नल साहब की आवाज़ में घृणा थी, दया थी और क्रोध भी था।

बधानसिंह अदब और लज्जा का पुतला बना खड़ा था परन्तु 'डर' का नाम सुन उसने सीना तानकर कहा, "नहीं हुजूर डरता नहीं हूँ। सिपाही हूँ सीने पर गोली खा सकता हूँ।"

माथे पर त्योरी चढ़ाकर कर्नल साहिब ने पूछा, "तो फिर भागा क्यों?"

"हुजूर भागा नहीं...."

"भागा नहीं तो गया किधर?"

"हुजूर...हुजूर..."

"बोलो!"

"हुजूर...हमारा गाँव...."

'गाँव क्या....बोलो। गाँव....'

बधानसिंह की आँखें आधी मुँद-सी गयीं। उनमें दो नन्हें तारे-से चमकने लगे। शून्य में किसी चीज़ को बहुत ध्यान से देखते हुए उसने कहा—

"गाँव है...फूस की झोंपड़ियों के नीचेवाला है तंग नाला, मलार! थोड़ा पानी बीच में पड़े हुए पत्थरों से खिलवाड़ करता बहता है...कल-कल-कल।...नाले के किनारे-किनारे पेड़ हैं आड़ू के.....बैसाख में...आजकल फूलते हैं। आहा छोटे-छोटे फूल लाखों-करोड़ों हलके जामुनी गुलाबी-से फूल, फूलों की आँधी-से फूल! कैसे गोल-गोल तारों-जैसे!....चार-चार पंखड़ियों... एक पंखड़ी में तीन लकीरें...बीच से सफ़ेद रुआँ उस पर पीले पराग के दाने....फूल-ही-फूल...डालियाँ, टहनियाँ, फूलों से लदी हुई। न डाली, न टहनी न पत्ता कुछ नहीं बस फूल-नीचे हरी घास पर झड़ी हुई फूलों की पंखड़ियों का ऊदा गुलाबी फ़र्श और धीमी हवा से झड़ते फूलों की बारिश...ऊपर नीला आसमान और नीचे फूल... चमकीली धूप में चटकते फूल!...नाले के दोनों किनारों पर से उठी फूलों की दीवार और फूलों की छत-फूलों की परछाईं से रंगीन जल—

अप्रैल की गरमी में

(अपूर्ण)

शिकायत

बैरिस्टर साह मन और आयु की उस अवस्था को पहुँच चुके थे जब मनुष्य भोगों की तुच्छता को समझकर आत्मचिन्तन में ही शान्ति लाभ करता है। बैरिस्टर साह ने धन उपार्जन के लिए कठोर परिश्रम किया था परन्तु वे धन की आराधना के लिए धन नहीं कमाते थे। कमाते थे उसका भोग करने के लिए। इसलिए जब धन आने लगा तो हविस छोड़कर वे शान्ति की खोज करने लगे। वे वैराग्य का सुख लाभ करने लगे जो पूर्णता और तृप्ति से प्राप्त होता है।

हरमल में एक समय किसी अंग्रेज़ ने चाय का एक छोटा-सा बाग़ लगाया था। उस बाग़ से कुछ मुनाफ़ा न हुआ और जब काँगड़ा से कुल्लू को मोटर की नयी सड़क बन गयी तो वह सड़क से पाँच मील परे पड़कर बिलकुल ही उजड़ गया और साहब के आलीशान लम्बे-चौड़े बँगले के बरामदे के एकान्त में गीदड़ों और लोमड़ियों के मूक प्रेम का आदान-प्रदान होने लगा। मनुष्यों की ही तरह मकानों के भी अच्छे-बुरे दिन आते हैं। बैरिस्टर साह की नज़र जब इस बँगले पर पड़ी उसके दिन फिर गये। बँगला आधुनिक सभ्यता के अनुरूप बनाया गया था परन्तु सभ्यता की भौगोलिक परिधि से परे पड़कर वह सिसकता रहता था। भारी-भारी देवदार वृक्षों में अपने नेत्र और नाक, कान बन्द किये कई पर्तों से लदी खपरैल की ढलवाँ छतों से ढका हुआ वह बँगला बैरिस्टर साह को किसी आत्मलीन शान्त तटस्थ वृद्ध पुरुष की तरह मालूम पड़ा। बँगला उन्होंने ले लिया और प्रतिवर्ष चार-पाँच मास वे वहाँ बिताने लगे। बँगले के चारों तरफ़ पहाड़ी के पार्श्वों पर चाय का बाग़ फैला हुआ था जो अब चाय का जंगल बन गया था। चाय की झाड़ियाँ चाय तोड़नेवाले कुलियों की उँगली से त्राण पाकर और पृथ्वी से यथेष्ट रस प्राप्त कर विशाल और हरी-भरी हो उठी थीं। चाय के उस बाग़ में न तो कुलियों के जमादार की गाली मिली कर्कश ललकार ही सुनायी पड़ती थी और न चाय तोड़नेवाली पहाड़िनों के यौवन का

उद्गार उछल पड़ने से सम्मिलित राग की लहरी ही सुनायी पड़ती थी। शायद उन बीते दिनों की सूक्ष्म स्मृति मात्र ही देवदार के घने पेड़ों की छाया में चाय के चिकने पत्तों पर सोती थी। अब उन झाड़ियों में बुलबुलों का एक उपनिवेश बस गया था और उन्हीं के तराने उस सूनसान में गूँजते थे।

बैरिस्टर साह का एक लड़का था भुवन और वह बाईस वर्ष की अवस्था में एम. एस-सी. पास कर प्रोफ़ेसर हो चुका था। पिता की उँगली पकड़कर चलने के झंझट से अपने-आपको बचाने के लिए उसने एक पुत्री पैदा कर दी थी। इसके अतिरिक्त भुवन की ससुराल से बहन के पास आकर रहनेवाले साले-सालियों पर भी बैरिस्टर साहब के वात्सल्य की बूँदें पड़ती ही रहती थीं। पहाड़ जाने के मौसम में बैरिस्टर साहब के साथ हरमल में निरन्तर रूप से यदि कोई साथ रहता था तो नौकर-चाकर और यही पोती 'बुलबुल' अपनी आया को साथ लेकर। परन्तु उस वर्ष जब अप्रैल के मध्य से ही बैरिस्टर साहब के पहाड़ जाने की तैयारी होने लगी उस समय भुवन की छोटी साली निर्मल लाहौर में बहन के यहाँ ही थी। उस वर्ष निर्मल ने वूमन्स कॉलेज से बी. ए. की परीक्षा दी थी। निर्मल के परीक्षा क्लान्त मुख की ओर स्नेह से देख बैरिस्टर साहब ने अपने हरमल के बँगले की एकान्त, शान्त शोभा का वर्णन कर कहा, "आओ बेटी चलो तुम भी गरमी में वहीं आराम करना। बुलबुल को पढ़ाने में तुम्हारा दिल भी बहल जायगा।"

निर्मल ने मसूरी और कश्मीर की सैर की थी। पहाड़ जाने का नाम सुन उसकी स्मृति गुदगुदा उठी। अपनी विपुल वेणी को दोनों हाथों से थामकर उसने बहन की ओर देखकर पूछा—"चली जाऊँ?" अनुमति मिल गयी।

झगड़े-झंझट, कर्त्तव्य, शिकायत और शहरों की गरमी के संसार को पीछे छोड़ जब निर्मल ताऊ जी और बुलबुल के साथ हरमल के बँगले में पहुँची तो उस शान्त, एकान्त और ठण्डी वायु की सिहरन को प्रचुर मात्रा में अनुभव करने के लिए वह दीर्घ निःश्वास ले अपनी लम्बी पलकों को खोलने और मूँदने लगी।

दो नौकरों ने दो दिन पहले से ही आकर कमरों की सफ़ाई और झड़ाई कर दी थी परन्तु फिर भी तीन-चार दिन तक निर्मल को साड़ी का आँचल कमर में लपेटकर प्रबन्ध करना पड़ा। बैरिस्टर साहब अख़बार गोद में रख उत्तर-पूर्व की ओर कोहरे से ढकी नीली पर्वत राशि पर छायी धूप में रंग बदलती बरफ़ की ओर देख-देखकर और स्वामी विवेकानन्द के राजयोग को

पढ़-पढ़कर समय बिता देते। बुलबुल के लिए हरिया ने एक छोटा-सा बड़े-बड़े बालोंवाला पिल्ला ला दिया था, उसे उसकी चिन्ता में फ़ुर्सत नहीं मिलती थी। निर्मल बड़े हॉल में पुस्तक लेकर बैठती तो अकेली, दुपहर में लेटने जाती तो अकेली, और देवदारों की छाया में चाय की ऊँची झाड़ियों में टहलती तो अकेली।

सप्ताह समाप्त होते-होते परीक्षा की सब थकान दूर हो गयी और जीवन की क्रियात्मक स्फूर्ति से कुछ करने की इच्छा अनुभव होने लगी। निर्मल की प्रवृत्ति बहिर्मुखी थी। पढ़ने की अपेक्षा उसे हाथ से कुछ करने में ही अधिक सन्तोष होता था। स्वास्थ्य, चुस्ती और सुघड़ता के लिए उसकी प्रशंसा थी। भावपूर्ण कविता की अपेक्षा एक राउण्ड बैडमिण्टन खेलना और लिखने की अपेक्षा बोलना उसे अधिक पसन्द था। समय की कमी को उसने कभी अनुभव नहीं किया। कभी निढाल और अस्त-व्यस्त उसे किसी ने नहीं देखा।

बैरिस्टर साह सुबह-शाम घूमकर व्यायाम करते थे। उसके लिए या तो वे पुरानी सड़क पर अकेले डेढ़ मील जाकर लौट आते या घड़ी में समय देखकर चाय की वीथियों में घूम लेते। हृदय वात्सल्य से छलकता रहने पर भी उनके सुबह-शाम के भ्रमण में किसी के सहयोग के लिए स्थान न था। अलबत्ता भ्रमण के लिए वे बुलबुल और निर्मल दोनों को ही नसीहत करने से न चूकते थे।

बैरिस्टर साहब को भ्रमण के लिए जूते पहनते देख निर्मल भी भ्रमण के लिए तैयार होने लगी। अभ्यासवश उसने घर से बाहर निकलने से पहले मुँह-हाथ धोये, शृंगार की आलमारी के सामने गयी, अपनी विशेष पसन्द की नीली साड़ी पहनी। वह घूमने चली परन्तु पैर उठते नहीं थे, उन्हें घसीटना पड़ता था। एक अनुत्साह-सा उसे निढाल किये दे रहा था ठीक उसी प्रकार जैसे मोटर के पहियों में से हवा निकल जाने पर होता है। चारों ओर फैली हुई चाय की झाड़ियों, ऊँचे देवदारों और पहाड़ के पार्श्व पर दूर-दूर तक छाये हुए फूलों की उपेक्षाभरी उदासीनता एक अदृश्य कीचड़ की तरह उसकी गति को अवरुद्ध कर रही थी, मानो वायु की लहरों पर चलनेवाला शब्द शून्य में पहुँचकर आगे चलने में असमर्थ हो रहा हो। इसके मुक़ाबले में अनारकली बाज़ार की वह भीड़, जहाँ सन्ध्या समय राह चलतों के वस्त्रों का स्पर्श अनुभव किये बिना एक क़दम चलना भी सम्भव नहीं, लाहौर की दूसरी सड़कों का अनुभव जहाँ क़दम-क़दम पर उत्सुक और कौतूहलपूर्ण तीव्र दृष्टि वस्त्रों को भेदकर शरीर की

त्वचा को रोमांचित करती जाती है वहाँ क़दमों में कितनी स्फूर्ति अनुभव होती है; मानो पैरों में स्प्रिंग लगे हों। एक विद्युत् से व्याप्त वातावरण जो सभी ओर आकर्षित करता है।

सन्ध्या के मन्द समीर में ऊँचे देवदार और बाँझ के वृक्षों से एक अस्पष्ट मर्मर ध्वनि निकल रही थी। चाय की घनी झाड़ियों पर दिनचर्या से लौटे हुए बुलबुल-समाज का व्यग्रतापूर्ण कलरव हो रहा था, चट्टानों के आस-पास लैण्टिना के लाल और पीले फूल अपने सूर्य की अन्तिम किरणों में अपने तीखे निःश्वास छोड़कर अलसा रहे थे, चौपतिये जंगली गुलाब मोती की गुलाबी आब की पुट ले अपनी मस्ती में निश्चल थे और इस सब आत्मसन्तोष, शान्ति, उपेक्षा के समारोह में, अपना पूर्ण यौवन और परिष्कार लिये निर्मल निर्जन सड़क पर वर्षा में भीगते एक मुसाफ़िर की तरह थी जिसके लिए छत का आश्रय कहीं नहीं।

निर्मल आधी ही राह से लौट आयी। जाते समय की अपेक्षा लौटते समय उसकी गति कहीं तेज़ थी, मानो वह शरण पाने के लिए भागी जा रही हो। चाय की वीथियों में बुलबुलों का कलरव इस समय पहले की अपेक्षा भी अधिक था परन्तु निर्मल के कानों में वह प्रेम स्वागत नहीं प्रत्युत दुत, दुत की दुतकार जान पड़ती थी। लौटकर वह बरामदे में पड़ी आरामकुर्सी पर मानो गिर पड़ी जैसे मार खाकर आयी हो। बैरिस्टर साहब ने लौटकर सन्तोष से कहा, "आज तो सैर करने गयी थी निर्मल, अरे सैर से लौटने के बाद बिना गरम कपड़े के यहाँ इस ठण्ड में इस तरह पड़ी हो, न, न, भीतर जाओ या गरम कपड़ा लो।" वे भीतर चले गये।

बिजली के अभाव में बड़े कमरे में पेट्रोमैक्स (गैस) जल रहा था और गैस के तीव्र प्रकाश में सामने आदमक़द आईने में गोरे शरीर पर नीली साड़ी पहने, घुँघराले बालों से भरे सिरवाली निर्मल को निर्मल ने पहचान लिया। वही निर्मल जो मेलमिलाप के अवसरों या बाज़ार से तृषित और मुग्ध आँखों पर क़दम रखती हुई गर्व से लौटती थी। ठीक उसी तरह जिस तरह सन्तुष्ट पशु कोमल घास को पैरों से रौंदकर चलता है। आईने के सामने पहुँचकर अभ्यस्त विजय की मुस्कराहट निर्मल के ओठों पर फैल गयी—वह तो वही विजयी निर्मल है! परन्तु यहाँ वह किस पर विजय प्राप्त करे? वह आग की लपट-सी सुन्दर निर्मल यहाँ किसे जलाये?....और जब जलाने को कुछ नहीं है तो क्या वह बुझ जाय....।

गहरी ग्लानि के रूप में हृदय से एक नि:श्वास ने उठकर कहा—कहाँ आ मरी तू। जिस प्रकार फोड़े को दबाकर मवाद निकाल देने से एक उत्कट पीड़ा के बाद शान्ति मिली सह्य पीड़ा शेष रह जाती है उसी प्रकार की एक वेदना लिये निर्मल आईने के सामने से हट गयी। गैस का दप-दप करता प्रकाश और मनुष्य की आँखों से शून्य हाल असह्य हो रहा था। उसके ओंठ काँप उठे मानो आँखों से अभी जल बह जायगा। वह झपटकर फिर बरामदे के बाहर अन्धकार में चली गयी। तारों से छिटके आकाश के अन्धकार में देवदारों की घटाटोप छाया में पहुँच उसे मालूम हुआ वह ज़िन्दा ही क़ब्र में पहुँच गयी है। दूर, दूर, दूर संसार से जीवन से दूर पृथ्वी के अन्धकारमय गर्भ में...यह शान्ति है...जीवनरहित, निष्क्रिय, निश्चेष्ट शान्ति उसका दम घोट रही थी और जीवन और यौवन का श्वास अपने वेग से उसके फेफड़ों को फाड़े डाल रहा था।

अचानक उसे कई आवाज़ें सुनायी दीं, आया और नौकर पुकार रहे थे—"बीबी जी! बीबी जी!"

बुलबुल परेशानी में चिल्ला रही थी—"मासी जी! मासी जी!" और बैरिस्टर पुकार रहे थे—"निर्मल! बेटा निर्मल!"

हाय! यह उसे क्या हो गया! निर्मल गुसलख़ाने में जा तौलिये से हाथ-मुँह पोंछती हुई बाहर निकल आयी। बैरिस्टर साहब ने हँसकर कहा—"क्या गुसलख़ाने में सो गयी थी!" बुलबुल ने उसके घुटनों से लिपटकर कहा—"खाना खाओ।"

पहाड़ों की सैर की उमंग में निर्मल तीन सूटकेसों में काफ़ी साड़ियाँ साथ लायी थी। दूसरे दिन विशेष परिश्रम से उसने सभी साड़ियों को अदल-बदलकर देखा—उनमें सबसे सादी साड़ी कौन थी। अपने ऊपर क्रोध कर वह अपने-आपको मिट्टी में मिला देना चाहती थी।

हरिया प्रति दूसरे दिन ११ बजे पालमपुर जाता था डाक छोड़ने और डाक के साथ बाज़ार से दूसरा सामान लाने। इसलिए निर्मल बरामदे में फैली प्रात:काल की धूप में बैठ पैड पर अपने बिखरे केशों की धूप-छाया में अपनी सहेली हेमा को याद कर यह सन्देश लिख रही थी—

"....पहाड़ों के इस भयंकर निर्जन में मन पर एक कैसा बोझ-सा अनुभव होता है! जान पड़ता है सजीव ही क़ब्र में दबा दिया गया है जहाँ से अपनी आवाज़ भी संसार के कानों तक नहीं पहुँच सकती। जीवन की व्यर्थता साकार

सामने खड़ी होकर पूछती है तुम ज़िन्दा क्यों हो और ज़िन्दा हो इसका प्रमाण क्या है? ऊँचे-ऊँचे पहाड़ हैं, बड़े-बड़े पेड़ हैं, फूल भी बहुत हैं, पक्षी भी चहचहाते परन्तु मनुष्य के सुख-दुःख की उन्हें कुछ परवाह नहीं है मानो मनुष्य धूल में रेंगनेवाला एक कीड़ा मात्र है। मेरा विचार था पहाड़ के जलवायु से स्वास्थ्य को लाभ पहुँचेगा परन्तु यहाँ अनुभव होता है एक निढालपन Depression। सुबह-शाम दिसम्बर का-सा जाड़ा लगता है और वायु मानो घृणा से हमें सूखे पत्तों की तरह उड़ाकर यहाँ से उठाकर नीचे फेंक देना चाहता है और धमकाता है, तुम यहाँ आये क्यों? चाहती हूँ किसी वायु के झोंके से उड़कर लाहौर पहुँच जाती, मुझे गरमी मंजूर है, पसीना मंजूर है परन्तु इस डरावनी निर्जनता से भय लगता है।

"बुलबुल एक कुत्ते के बच्चे से खेलती रहती है या कुछ पहाड़ी बच्चों से खेलती रहती है। उसे देखकर मैं सोचती हूँ क्या अज्ञान ही सुख है? तो शायद मृत्यु सबसे बड़ा सुख हो। ताऊ जी चुपचाप पहाड़ों और पेड़ों को देखा करते हैं या घड़ी लेकर अपनी नब्ज़ गिनते रहते हैं मानो चिर शान्ति के लिए मन को अभ्यास करा रहे हैं। सोचती यहाँ से भाग निकलूँ परन्तु ताऊ जी को क्या कारण बताऊँ? अभी तो बारहवाँ ही दिन है और यहाँ मैं आयी हूँ चार मास के लिए। कमल बहन जी को चिट्ठी लिखती पर पहले तुम्हें ही लिख रही हूँ। मिलो तो कह देना बुलबुल मज़े में है और ताया जी भी...।"

सन्ध्या समय हरिया पालमपुर से डाक और सौदा लेकर लौटा। निर्मल वानप्रस्थी मनोवृत्ति में बरामदे में टहल रही थी। हरिया ने डाक उसके सामने छोटी मेज़ पर रखकर सौदे का सामान दिखा दिया। डाक में कुछ अख़बार थे तीन-चार पत्र बैरिस्टर साहब के नाम थे और दो स्वयं उसके नाम। इनमें से एक के लिफ़ाफ़े पर बड़ी बहन कमला के हाथ के अक्षर थे और दूसरे पर हेमा के।

हेमा निर्मल की अन्तरंग साथी थी। इस उदासी में उसका पत्र पा हृदय में एक गुदगुदी-सी अनुभव होने लगी। शेष डाक छोड़ उसी पत्र को ले वह तुरन्त जले पेट्रोमैक्स के प्रकाश में पढ़ने भीतर चली गयी। दो दफ़े पूरा पढ़ चुकने के बाद भी वह फिर तीसरी दफ़े पत्र को पढ़ने लगी—

"...नगरों का जीवन कितना घृणित है। पुरुषों का व्यवहार कितना घृणापूर्ण होता है। बाज़ार में, सड़क पर, जहाँ देखो वे अपनी भूखी दृष्टि की चोंचें मार-मारकर स्त्रियों के शरीर से मांस नोच लेना चाहते हैं। स्त्रियों को दुःख देने में आख़िर इन्हें क्या मिलता है? आदमी करे तो क्या? ज़रा घर से बाहर निकलते

ही शव पर मँडराते हुए चील, कौवों की तरह बेहया नज़रें घेर लेती हैं। क़दम उठाना दूभर हो जाता है। इस शरीर को क्या किया जाय? क्या ज़मीन में गाड़ दें तभी शान्ति मिलेगी? मैं सोचती हूँ कहीं कोई एकान्त स्थान पृथ्वी के किसी कोने में मिल जाता तो स्वतन्त्रता की साँस ले सकती! मकान से निकलते ही दो-एक पीछे लग जायँगे और शिकारी कुत्तों की तरह पीछा किये जायँगे। सोचती हूँ इससे इन्हें क्या लाभ? और हमारा ही इसमें क्या नुक़सान फिर भी मालूम होता है कि यह अपनी नज़रों के धक्कों से बावला-सा कर देते हैं, धक्कों-ही-धक्कों में पैर ज़मीन से उठकर सिर चकराने-सा लगता है। चाहती हूँ इस शहर को छोड़कर कहीं एकान्त में चली जाऊँ जहाँ यह पुरुष न हों...''

जब तक निर्मल पत्र को पढ़ती रही जीवन की एक ऊष्णता उसे घेरे रही परन्तु पत्र को समाप्त कर एक ओर करते ही मानो एकान्त निर्जनता की क़ब्र का बोझ हृदय पर आन पड़ा। वह घबराकर फिर तुरन्त पत्र को पढ़ने लगी।

पत्र समाप्त होते ही उसे बुलबुल की पुकार सुनायी पड़ी, ''मासी जी! ओ मासी जी आओ न!''

मानो बुलबुल बहुत दफ़े पुकारकर खिझला उठी है।

भोजन के बाद फिर वही पत्र! वह पत्र को छोड़ना ही न चाहती थी मानो पत्र में भरी 'शिकायत' के शब्द कानों में समाप्त होते ही संसार समाप्त होने लगता है।

यशपाल

२४/५/४०

This exercise book contains one hundred and seventy four leaves.
This exercise book is allowed to B class prisoner Yashpal by order.
Superintendent Distt. Jail Sultanpur

यशपाल
बरेली केन्द्रीय जेल
५ दिसम्बर, १९३५

Introductory Lectures on Psychoanalysis

By Sigmund Freud M.D., LL.D.

Professor of Vienna University 1915 & 1917

"—that psychoanalysis is a method of medical treatment for those suffering nervous disorders." In psychotherapy diagnosis is made through words and treatment is given also through words.

"—one of the discoveries of psychoanalysis consists in the assertion that impulses, which can only be described as sexual in both the narrower and wider sense, play a peculiarly large part, never before sufficiently appreciated, in the causation of nervous and mental disorders."

Why is civilized man unwilling to give its due significance to sexual impulses?

—"The sexuals are amongst the most important of the instinctive forces thus utilized : they are in this way sublimated, that is to say their energy is turned aside from its sexual goal and diverted towards other ends, no longer sexual and socially more valuable. But the structure thus built up is insecure for the sexual impulses are with difficulty controlled; in each individual who takes up his part in the work of civilization there is a danger that a rebellion of the sexual impulses may occur, against this divertion of energy. Society can conceive of no more powerful menace to its culture that would arise from the liberation of sexual impulses and return them to their original goal. Therefore society dislikes this sensitive place in its development being touched upon; that the power of sexual impulse be recognized, and the significance of individual sexual life be revealed, is very far from its interests; with a view to discipline it has rather taken the course of rather diverting attention for this whole field.

The cause of mistake in the form of a slip of tongue is either physical viz. fatigue, distraction or inattention; or psychical i.e. mental action in form of a concurrence anticipation or certain prejudice.

All sorts of forgetfulness has an indirect though unconscious desire to put out of mind the undesirable thing, connection or circumstances temporarily or permanently. The 'subject' is very un-willing to acknowledge it but it is due to his unconsciousness of the fact.

Errors are mental acts arising from the mental interference of two intentions—say contrary intentions.

"The mental phenomenon has a meaning; and by meaning we understand significance, intention, tendency and a position in sequence of mental series of links.

There happen mistakes in the form of negligence whom we may not give the serious name of error in psychologic sense. We may call these 'accidental' or symptomatic acts. They may seen unnoticed but they are in reality emotions or gestures of hidden ideas. These omissions or commissions or humming of tunes to ourselves are slight indications of more important mental facts or processes just like the errors are mental actions of reverse intentions.

Three explanations of slips of tongue :

(1) Due to anticipation + perseveration of words (2) Due to perseveration of a tendency recently occupying the mind (3) Due to latent hostility, hatred or fear of the expression current.

Errors are compromise formations. Partly suppressed and partly expressed tendencies.

Forgetting of common names may be due to apathy or antipathy. But equally it may be due to association of the name with some intimacy. In such circumstances the name received is lodged in the brain in the pre-existing circle of intimacy and is refused an independent place unless it has sufficient worth independently.

"That unwelcome impressions are easily forgotten is an indubitable fact."

Loosing the things—An article is generally lost when it loses its worth due to whatever reasons it may be.

Forgetfulness of appointments—is generally due to a latent desire to avoid the painful recollections in its many subtle forms. Mistaking of objects or erroneous performances are generally due to a desire to fulfill a wish which should otherwise be denied.

Wundt's school originated "Association Experiment" in which the subject of experiment is bidden to reply to a given 'stimulus word' as quickly as possible with whatever reaction word occurs to him.

Sleep is physiologically recuperation of body and psychologically suspension of interest with the outer world. The intra-uterine condition.

Dream is life of mind during sleep or an intermediate condition between sleeping and working.

There is much similarly between the hypnotic state and essential condition of dreaming. Hypnosis is called artificial sleep. We say to people when hypnotized, Sleep! and the suggestions made to them are comparable to the dreams of natural sleep. The mental condition is analogous in two cases.

Interpretation of dream requires to consider the Dream element. The conception of dream element is not in it self a primary and essential thing, a thought proper but a substitute for something else unknown to the person concerned, just as is the underlying intention of the error, a substitute for something the knowledge of which is indeed possessed by the dreamer but is inaccessible to the dreamer.

For the Interpretation of Dreams—

(1) We are not to trouble about the surface meaning of the Dream, whether it be clear or confused or absurd.

(2) We are to confine ourselves to calling of substitute ideas for every element.

(3) We must wait until the hidden thoughts which we are seeking for spring up its on its own accord.

There is nothing in a dream trivial or matter or chance. Dreams are not the disturbers of sleep as is the common belief. They are rather guardians of it. They let the brain discharge the somatic or mental stimuli disturbing the sleep. For want of such discharge through dreams sleep would be impossible. Dream are the means of removing, by hallucinatory satisfaction mental stimuli that disturb the sleep.

Distortions and Gaps in dreams are due to censorship of our ethical, aesthetic or social standards.

The ego which has discarded ill ethical bonds feels itself at one with all the demands of sexual impulse and chooses for the pleasure of libido even the forbidden incestuous objects. Impulses of hate or revenge too are satisfied in dreams giving glorification to unrestrained ego.

Plato remarks about the intemperance in dreams : Good are those who content themselves with dreaming of what others, the wicked actually do. Symbols play very important part in interpretation of dreams. House with plain walls generally represents a man. A house with balcony or other component parts a woman. Parents by kings, queens. Brothers and sisters by small animals or vermins. Birth by some relation to water. A journey represents death. Clothes nakedness. Sexual life is proportionately very rich. Symbols are more numerous than the objects. Number three represents male genitalia. And penis is represented by anything representing it viz. straight and erect, pointed penetrating. Even by firearms due to similarity of shape. Due to its capacity to resist the power of gravitation it is even represented by balloons or airplanes. The whole body of an individual may be personified by penis and subsequently it may be symbolized by flying in dreams. There is no in consistency in women having flying dreams as well. It may seem rather awkward that even fishes, reptiles and such things as hats clocks or even hand and foot may represent the male organ, but they do it all the same.

Symbols representing women are varied and difficult to grasp. A complicated house, a church, a door, a snail or any like that. Women genitalia is represented by anything comprising the idea of inclosing space and having the capacity of receptacles even by such things as machinery and landscape due to the complicated topography of women genital.

Breasts and larger hemispheres are represented by apples or other such fruit. Public hair in both sexes is represented by woods thickets.

A jewel represents a beloved one. Climbing hills, ladders represent sexual intercourse because it leads to panting which is directly proof of excitement. Sweetmeats represent sexual pleasure so do certain playing dancing or being run over. Onanism is represented by sliding or gliding or falling of teeth.

Oedipus Complex = death wish between parents and children. Attributed to mythical figure. Oedipus who wanted to murder his father to marry his mother.

Sexual impulse among children perverted in these forms (1) In disregard to barriers of species. (2) In disregard to barriers of disgust. (3) Transgression of incest barrier. (4) Homosexuality. (5) Substitution of other body parts for genitals. Sexual impulse is in existence certainly even before puberty and barriers come in existence with the development of conscience child is even polymorphously perverse. He on account of his not very intense sexual impulse seeks and finds pleasure in playing with genitalia or secondary sexual organs. Such subtleties may be found in him as to be seen highly developed stages of love.

Autoerotism denotes libido satisfied without any external object.

Neuroses

Neuroses is the result of disturbance of the forces in the mental life.

When a mental disturbance cannot be dissipated by the facts of reality it does not spring from reality.

Foundation of Psychoanalytic Therapy is Breuer's theory that "Symptoms vanish when their unconscious antecedents have been made conscious." This theory is fully supported by S. Freud by his research and experience. Another theory may be said to be "that all gaps in the memory of the patient should be filled and Amnesias removed.

Obsessional Neurosis patient's mind is occupied by thoughts which are quite absurd irrelevant useless to the patient and afford him no pleasure. They cause a strained concentration of thought which exhausts the patient and patient cannot rid himself of these. He is even not conscious of these thoughts or actions whom he repeats often and on.

Traumatic neurosis is caused by certain terrible shock or accident.

Neurosis is generally caused by sexual disorder or abnormalities.

(Page 259, Introductory Lecture on Psychoanalysis) : "Caotic assembly of sexual disorders calls for classification if it is not to bewilder us completely. We divide them in to those in whom sexual object has been altered, as with the homosexuals, and those in whom first and foremost the sexual aim has been altered. In the first group belong those who have dispensed with the mutual union of the genital organ and who have substituted for the genitals in one of the parents in the act, another organ or part of the body—mouth or anus or vagina—making light of the anatomical difficulties and suppression of the disgust involved. There are others who it is true retain the genital organs as object, not however by virtue of their sexual function, but on account of other functions in which they take part anatomically or by reason of their proximity. Say by looking at, touching or by seeing others indulge. These people demonstrate that the exceretory functions which in the course of child's upbringing are relegated to a limbo as indecent, remain capable of attracting the entire sexual interest. There are others who have given up entirely the sexual organs as object, and instead, have exalted some others part of the body to serve as the object of desire, a women's breast, a foot, or plait of hair. There are others yet to whom even a part of the body is meaningless, while a particle of clothing, shoe or part of underclothing, will gratify all their desires; these are the fetishes. Further on in the scale come the saddists- those who indeed demand the object as a whole; but whose requirements in regard to it take specific forms, of an extraordinary or horrible nature—even to the point of seeking it as a defenceless corpse and, urged by their criminal desires or obsessions, of making it one in order so to enjoy it."

Masochist types rather enjoy to be tortured and humiliated by the adored.

Ivan Bloch says that sexual diversions are not necessarily a degeneration. They have and exist in all societies and times.

Paranoia a neurotic disorder invariably arises from subduing powerful impulses of homosexuality.

Perverse sexuality is very common among children and so general that it may even be called infantile sexuality. To believe that children are free from sexual tendencies and desires before the age of puberty would be unacceptable to biology. A[t] puberty only the productive forces begin to manifest themselves but they exist all the time. Sexuality and reproductivity are by no means identical.

Sexual life begins with sucking mother's breast and is transferred to sucking of thumb or some other objects such as a rubber comforter. Then child does not fail to find out more and easily excitable parts of his body. The concurrence of nutrition and passing of feces the motion of bowels is a pleasurable sexual satisfaction is a proof of trying to have maximum pleasure at the same time. Child is most likely to make the present of his excreta to those in whose hands he feels most pleased and is very much pleased by his achievements in the way of urinating.

Narcissism is when libido is fixed on one's own person.

Psychoanalysis Today

Freud's Influence on Medicine by Sandor Ferenczi, M.D.

S. Ferenezi says about Freud, "He was able to trace the motor force behind the psychic life to its biological source and to confirm its analogy with the physical driving force."

Utraquism is the dualistic conception of Fraud dividing psychic and physical comprehension.

Sigmund Freud, in his Delusion and Dream Interpretation of "Grodiva" by Wilhelm Jensen writes—

"...story tellers are valuable allies, and their testimony is to be rated high, for they usually know many things between heaven and earth that our academic wisdom does not even dream of. In psychic knowledge, indeed, they are far ahead of us ordinary people, because they draw from sources that we have not yet made accessible for science. Would that the partisanship of literary workers for senseful nature of Dreams were only more unequivocal."

For falling hair

Salicylic acid	1	part
precipitate of sulphur	2.5	parts
rose water	25	parts

Shampoo the scalp. Apply above for six nights. Shampoo again. Rest for six weeks.

parts

1 Hydrochloric acid	15	parts
2 Alcohol	2250	parts

Lotion to be applied nightly

Henley's Twentieth Century Book of Formulas :

Processes and trade secrets

New York, The Norman W. Henley Publishing Company 2 West 45th Street

Blackheads

Lactic acid	1	drachm
Boric acid	1	do
Ceresine	1	do
Paraffine	6	do
Hydrous wool fat	1	ounces
Castor oit	6	drachms

Fire Extinguishers (For Automobiles)

Mix well together.	98	parts of carbonate of soda
	2	parts of oxide of iron

When this mixture is thrown on a fire Carbonic acid gas is liberated. This gas being heavier than air, smothers the fire.

(1)	1 Calcium chloride	184	parts
	2 Magnesium chloride	57	parts
	3 Sodium Chloride	13	parts
	4 Potassium Bromide	22	parts
	5 Barium chloride	3	parts
	6 water to make	1000	parts

Dissolve and fill into flasks

(2)	1 Iron sulphate	4	parts
	2 Ammonium Sulphate	16	parts
	3 water	100	parts

Mix dissolve and fill into flasks

(3)	1 Sodium chloride	430	parts
	2 Alum	195	parts
	3 Glanber salts	50	parts
	4 sodium carbonate (Impure)	35	parts
	5 Water glass	266	parts
	Water	233	parts

Mix etc.

(4)	1 Sodium Chloride	90	parts
	2 Ammonium Chloride	45	parts
	Water	300	parts

Mix well dissolve and put into quart flasks of glass.

(5) Make 6 solutions as follows—

(a)	Ammonium chloride	20	parts
	water	2000	parts

* * *

(b)	Alum calcined and powdered	35	parts
	water	1000	parts

*   *   *

(c)	Ammonium Sulphate powdered	30	parts
	water	500	parts

*   *   *

(d)	Sodium chloride	20	parts
	water	4000	parts

*   *   *

(e)	Sodium carbonate	35	parts
	water	500	parts

*   *   *

(f)	Liquid water glass	450	parts

(Waterglass is known as Sodium Silicate)

Mix the solutions in order given above and to the mixture still yellow and turbid add 2000 parts of water and let stand when the precipitate has subsided. Fill up the clear liquid in thin glass vials.... to deter decomposition each half gallon capacity.

(6)	Calcium Chloride	30	parts
	Magnesium Chloride	10	parts
	water	60	parts

(7)	Sodium Chloride	20	parts
	Ammonium Chloride	9	parts
	Water	71	parts

(8)	Sodium Carbonate	16	parts
	Sodium Chloride	64	parts
	water	920	parts

The most affective of all extinguishers is ammonia water. It is almost instantaneous in its effect and only a small quantity is required to extinguish any fire. Next in value is carbonic acid gas. This may be thrown from siphons or soda water tanks. The vessel containing it should be thrown into fire in such a way as to ensure its breaking.

Dry power for fire extinguishing

(I)	Alum	24 parts
	Ammonium Sulphate	52 parts
	Ferrous Sulphate	4 parts
(II)	Sodium Chloride	8 parts
	Sodium Bi Carbonate	6 parts
	Sodium Sulphate	2 parts
	Calcium Chloride	2 parts
	Sodium Silicate	2 parts
(III)	Sodium Chloride	6 parts
	Ammonium Chloride	6 parts
	Sodium Bicarbonate	8 parts
(IV)	Ammonium Chloride	10 parts
	Sodium Sulphate	6 parts
	Sodium tricarbonate	4 parts

Fire proofing

For textiles : 1 up to present this has generally done by the use of a combination of water-glass or soluble glass and tungstate of soda. The following is cheaper and more suitable for the purpose. Equal parts by weight, of commercial white copperas, Epron salt and sal ammonia are mingled together and mixed three times their weight of ammonia alum. This mixture soon changes into a moist pulp or paste that must be dried on a low heat. When dressing the material, add 1/2 part of this to every part of starch.

Good results are also obtained from the following formula. Supersaturate a quantity of super phosphate of lime with ammonia, filter and decolorize it with animal charcoal. Concentrate the solution and mix with 5% of gelatinous silica, evaporate the water, dry, and pulverize. For use mix 30 parts of this power with 35 parts of gum and 35 parts of starch in sufficient water to make of suitable consistency.

For Rope and straw matting

Ammonium	15	parts by weight
Boric acid	6	parts
Borax	5	parts
water	100	

Articles to be left in the water (solution) heated to 200°F for about 5 hours. Squeeze out and dry.

For clothing—the following starch is recommended—water

Sodium tungstate perfectly natural	30	parts
Borax	20	parts
Wheat or raw starch	60	parts

The constituents to be pulverized finely, dried sharply and mixed. The starch to be used on any other articles. Stiffened with it, if set on fire will not burst in to flame but smolder only.

For tents : water	100	
Ammonium Sulphate chemically pure	14	
Boric acid	1	by weight Hart
shorn salt	1	
Borax	3	
glue water	2	

Boil the water, put ammonium sulphate into a vat, pour a part of boiling water on and then add the remaining material in rotation. Next follow with the rest of the hot water. The vat should be kept covered until the solution is complete.

For stage decoration—

Much recommended and used as a fire proofing composition is a cheap mixture of barrow, bitter salts and water, likewise for canvas a mixture of ammonium sulphate, gypsum and water. Ammonium sulphate and sodium tungastate are also known for impregnating canvas before painting.

For wood

(1) For immersion imbibitions the following solution is advised : Ammonium phosphate—100 parts; Boric acid 10 parts per 1000 or Ammonium sulphate 135 pasts; Sodium carbonate 15 parts; Boric acid 5 parts per 1000. For each of these solutions two coats are necessary.

For application with brush :

(2) (a) Apply hot sodium silicate 100 parts, Spanish white 50 parts, glue 100 parts.

(b) Apply successively and hot for first application, water—100 and Aluminum Sulphate 20 parts
Second application
water 100 and sodium silicate (liquid) 50 parts

Fire proof paper—

Ammonium Sulphate	8	parts
Boric acid	3	parts
Borax	2	parts
Water	100	parts

For the same purpose sodium tungastate may be used.

Mahatma Gandhi wrote an article in 1920 entitled 'Theory of Sword'. In which advocating non-violence as the real force he wrote :

"It (non-violence) will not....through its inherent weakness. It may fail because of poverty of response. Then will be the time for real danger. The high souled men, who are unable to suffer national humiliation any longer will want to vent their wrath. They will take to violence. So far as I know, they must perish without delivering themselves or their country from the wrong. If India takes up to the doctrine of sword, she may gain momentary victory. Then India will cease to be the pride of my heart. I am wedded to India because I owe my all to her. I believe absolutely that she has a mission for the world." Quotation taken from J.L. Nehru's autobiography.

According to Lenin

Strategy : Strategy is the determination of the direction of the main proletarian onslaught in this or that phase of the revolution; the elaboration of the best plan for the distribution of the revolutionary forces (the main reserves and secondary reserves) and the endeavour to carry out this plan during the whole period of this or that phase of the revolution.

Tactics : is the determination of the line to be taken by the proletarian during a comparatively short period of the ebb or flow, the movement of advance or retreat of the revolution, the maintenance of this line by the substitution of the new forms of struggle and organisation for those that have become out of date. On the discovery of the new watch words, or by a combination of new methods with old etc. whereas strategy is concerned with such wide purposes as the winning of the war against Czarism or the bourgeoisie. Tactics has a narrower aim; tactics is concerned, not with the war as a whole, but with the fighting of this or that campaign, with the gaining of this or that victory—which may be essential during a particular period of the general revolutionary advance or withdrawal. Tactics are thus parts of strategy and subordinate thereto.

बढ़ी हुई, ढाई सौ रुपये की भी और उसके दाम छूते हैं। ढाई सौ रुपये में तो ज़िंदगी की नींव आ जाती है। जब्बार ने छुआ, और आह को सीने में दबा कर करवट बदल ली।

इकलौते बेटे का यों हिम्मत का बिखरना मां बाप से देखा न गया। ~~आखिर दोनों ने~~ ~~उसके कहा जो कुछ~~ शब्बो ने कहा मेरा बच्चा है, पढ़ा लिखा है, अब उसका पहला जो कुछ है उसी के लिये है। रोज़ी का सहारा यह दो ही हैं यह भी जा न पाएँ फिर ~~फ़ाकों~~ फ़क़ीरों की तरह पर रोज़ी छूटने की नमाज़ पूरी करेगा। लोग यही कहेंगे, कि जब्बार का बेटा नमाज़ पूरी करने लगा। लो इसकी किस्मत में क्या लिखा बैठा रहूंगा? आखिर दोनों उसकी बाज़ू के बाज़ार में बेचे दिये गये और शब्बो दुल्हन की बहू बन कर आ गई।

शब्बो को इस बात का अन्दाज़ा नहीं था कि उसकी कीमत अढ़ाई सौ रुपये में चुकाई गई है। पानी भरने जाती आधा ही घड़ा ले कर लौटती, बहुत सम्भलती सम्भालती। पड़ोस की औरतें समझातीं, ऐसा सम्भलो ठीक नहीं। मर्दों को काम प्यारा होता है किसी रोज़ ऐसी मार पड़ेगी कि सारा सब्र जाता रहेगा।

शब्बो ने अपनी कलाई तक फैली ~~मैली~~ समेट कर और हाथ का अंगूठा दिखा कर कहा "ओ हो! मेरे बाप ने चार बीसे पर दस रुपये गिन कर मुझे मारने को ही तो यहां भेजा है कोई मुझे हाथ तो लगाये? तेरा क्या है? तेरे मर्द ने तीन बीसे में तुझे लिया है। मांगनी सस्ती हो जायगी तो एक और लाही।"

ग़ज़ब की शोख और शौक़ीन। काली बालकट, जिसमें सीप के सौ बटन लगे थे, पहनकर पानी भरने जाती। ~~[illegible]~~ वालों की पगड़ियां मांग से बैठा कर कानों तक लाती, और बाहिर जाती तो उस पर पानी का हाथ फेर कर उन्हें चमका लेती। हर महीने अपने कपड़े छांटती और बाल धोती। जब्बार की मां यह सब देखती और ~~कहती~~ नाक पर हाथ रख पड़ोसिन से कहती, देखो तो अढ़ाई सौ रुपये दे कर ब्याह किया पर मुझे क्या आराम मिला। इसे तो अपने नखरों से ही छुट्टी नहीं।